産業クラスター戦略による
地域創造の新潮流

税所哲郎──【編著】
Tetsuro Saisho

佐藤進・孟勇・張強・葛永盛・近藤信一・今井健一・
高橋賢・稲垣京輔・水野由香里──【著】

**New Trend of Region Creation
by Industrial Cluster Strategy**

東京 **白桃書房** 神田

まえがき

　産業クラスター（industrial cluster）とは，ハーバード大学のマイケル・E・ポーター（Michael Eugene Porter）が著書『*On Competition*』で地域の競争優位を示す概念として提唱したものである。

　この著書では産業クラスターの概念を，「産業クラスターとは，ある特定の分野における，相互に結び付いた企業群と関連する諸機関からなる地理的に近接したグループであり，これらの企業群と諸機関は，共通性と補完性によって結ばれている。」と定義する。

　具体的には，「産業クラスターとは，ある特定分野における関連企業，専門性の高い供給業者，サービス提供者，関連業界に属する企業，関連機関（大学や業界団体，自治体など）が地理的に集中し，競争しつつ同時に協力・協調している状態」のことである。

　本来，クラスターは「群れ」や「（ぶどうの）房」などを意味しており，産業クラスターでは，(1) 特定分野で関連機関が集積，(2) 競争しつつ協力・協調，(3) シナジー効果の発揮の3つが重要であるとされている。

(1) 特定分野で関連機関が集積

　産業クラスターは，最終製品や産業分野において，ある特定分野の最終製品・サービス販売者，諸資源・部品・サービスなどの供給者，諸関連・流通チャネル，インフラ提供者，金融機関といった企業を中心とした産業集積だけではなく，大学，行政機関，研究機関，推進機関などの関連機関を幅広く含んでいる。また，産業クラスターの地理的範囲は，一都市の小さな関係から，国全体あるいは隣接する複数の国のネットワークにまで及ぶ場合があるとして，情報の粘着性を規定する。

1　Porter, M.E. (1998), *On Competition*, Harvard Business School Press.
2　*Ibid.*, p.199.
3　シナジー効果（synegy effect）とは，相乗効果のことで，2つ以上の要素が相互に作用して個別の価値以上の価値を生み出す効果のことである。

(2) 競争しつつ協力・協調
　産業クラスター内の競争は，イノベーションを誘発するものとして，ネットワークでは内外の多様な組織，および企業間や産業間の繋がりや補完性，あるいは技術，スキル，情報，マーケティング，顧客ニーズなどの連携関係であるのに対し，産業クラスターではそれらの競争関係を内包している点が異なる。

(3) シナジー効果の発揮
　産業クラスター内では，主体が単に存在するだけでなく，組織や機関，要素，機能，業務などの主体が，単体で活動するよりも連携して共同で活動することで，より大きな効果が得られることを指すものである。様々な主体間には，一定の関係があり，その関係のなかでイノベーションが促進される。

　そこで，産業クラスターの効果としては，大きく分けて「生産性の向上」と「イノベーションの誘発」の2つをあげることができる。
　生産性の向上では，集積による効果は，外部経済[4]として古くから認識されている。産業クラスターにおいては，専門性の高い投入資源，情報アクセス，補完性，各種機関や公共財[5]へのアクセスなどにより，企業や産業における生産性が向上するとされている。ただし，市場や技術，供給源のグローバル化，機動性の増大，輸送・通信費用の低下，情報化社会の進展などにより，従来の集積のメリットは根拠を失いつつある
　イノベーションの誘発では，集積による効果として，産業クラスターはイノベーションを誘発するとされている。産業クラスター内では，新しい顧客ニーズの把握が容易であること，新しい製品やプロセス，サービスなどの実験が低費用で行えること，新しい技術・オペレーション・

---

[4] 外部経済（external economies）とは，英国の経済学者アルフレッド・マーシャル（Alfred Marshall）が用いた言葉で，産業全体の生産規模の拡大が市場の拡大，関連産業の発展などを通して個々の企業におよぼす利益のことである。

[5] 公共財（public goods）とは，(1) 特定の人（消費者）をその財（サービス）の消費から排除することができない（排除不可能性）こと，(2) 同時に多くの人々によって消費されることが可能で，消費者の間で，その財の消費をめぐる競合の余地が生じない（消費の集団性）こと，の2つの特徴を有する公衆衛生や道路，公園，消防，警察，国防などの財，およびサービスのことである。

製品情報の確保や学習ができること，イノベーションの必要性やチャンスを見抜けること，競争による刺激などの効果があることが指摘されている。

　これらの言葉の意味するところは，高度に専門化され，プロセスが分断されやすい分業型組織において，抜本的に，かつ劇的に改革するためには，組織やビジネスルール，堅固に構築されてしまった手順を根本的に見直すことの必要性である。そのための手段として，産業クラスター戦略を採用して，ビジネスプロセスへの複眼的視点を忘れず，組織や機関，要素，機能，業務などの主体を再設計しようとするものである。

　ところで，従来，特定の産業集積は，自然発生的に企業や関連機関などの同業者が集まり，その中から新たな企業や産業が生まれ，大きな産業クラスターが形成されてきた経緯がある。これらは，米国や欧州などに多く見られる，地域に根ざした企業や大学，研究機関，金融機関などの関連機関の競争・協力・協調から，イノベーションを生み出すという"内発的"な産業クラスターへの取り組みである。

　しかし，近年では，政府が産業クラスター形成の目標を掲げて，計画的に産業集積を図るやり方が成功している事例もある。これらは，中国の他，アジアや欧米にも見られる。この取り組みは，政策的に形成されたものとして，国内の都市部から地方・地域への企業誘致，あるいは特定地域における海外企業の誘致などに頼る"外発的"な産業クラスターとしての地域産業政策としての取り組みである。

　現在，世界的に代表的な産業クラスター（ハイテク型）の事例としては，米国のシリコンバレーやオースティン，ボストン，リサーチトライアングル・パーク，英国のケンブリッジ，イングランド，ドイツのミュンヘン，フィンランドのオウル，フランスのソフィア・アンティポリス，韓国の大徳研究開発特区，中国の中関村科技園区[6]，台湾の新竹サイエンスパークなどがある。

6　税所哲郎（2014）『中国とベトナムのイノベーション・システム―産業クラスターによるイノベーション創出戦略―【第2版】』白桃書房で，詳細な考察が行われている。

シリコンバレー（Silicon Valley：IT産業分野）では，1950年代にサイエンスパーク設立，1990年代に世界の大企業が研究所を置いている。現在，スタンフォード大学やUCバークレー，およびベンチャーキャピタル，関連ハイテク企業などが集積している。

　オースティン（Austin：IT産業分野）では，1980年代に国家的半導体研究プロジェクトがスタート，その後にITベンチャー企業が多数出現している。現在，テキサス大学オースティン校やIT関連のハイテク企業などが集積している。

　ボストン（Boston：医療・バイオ産業分野）では，1970年代～80年代にハーバード大学やMITの研究者がバイオベンチャー企業を起業している。現在，ハーバード大学やMIT，ボストン大学，マサチューセッツ総合病院，および医療・バイオ関連企業などが集積している。

　リサーチトライアングル・パーク（Research Triangle Park：医療・バイオ産業分野）では，1960年代に州がリサーチパークを整備，州政府主導でバイオベンチャーを振興している。現在，ノースカロライナ州立大学やデューク大学，ノースカロライナ大学の他，国立環境科学研究所，リサーチトライアングル研究所，およびバイオベンチャー企業，バイオ研究企業などが集積している。

　ケンブリッジ（Cambridge：バイオ産業分野）では，1980年代にケンブリッジ大学からスピンオフ[7]，90年代にこれらからのスピンオフとして起業している。現在，ケンブリッジ大学やケンブリッジサイエンスパーク，およびハイテク企業，バイオ関連企業などが集積している。

　イングランド（England：ナノテク産業分野）では，1999年に北東イングランド開発公社設立，5大学との連携でナノテクを推進している。現在，ダラム大学やニューカッスル大学，ノーサンブリア大学，およびナノテク企業などが集積している。

　ミュンヘン（Munich：医療・バイオ産業分野）では，1996年にバイオ産業促進のビオレギオ政策を開始している。現在，ミュンヘン工科大

---

[7] スピンオフ（spin-off）とは，企業が事業部などの1部門を独立させて別の会社（例えば，子会社）をつくることでる。なお，スピンアウト（spin-out）とは，ある企業が社内の1部門を切り離し，1企業として分離独立させることを指すが，分離元の企業と完全に関係が切れてしまう場合に使用することが多い。

学やマキシミリアン大学，ニューロバイオロジー研究所，国立環境・健康研究センター，およびバイオ関連企業，ベンチャーキャピタルなどが集積している．

オウル（Oulu：IT・バイオ産業分野）では，1980年にサイエンスパークによるオウル市振興構想，その後，インキュベート活動を推進している．現在，オウル大学や国立技術研究センター，およびIT企業やバイオ関連企業などが集積している．

ソフィア・アンティポリス（Sophia Antipolis：IT・環境・生命科学産業分野）では，1960年代に構想，72年に国家プロジェクト指定，1980年代に企業が集積，90年代にベンチャー企業が出現している．現在，国立科学研究所やニース大学科学研究所，パリ鉱山大学，およびIT企業，環境企業，生命科学企業などが集積している．

大徳研究開発特区（Daedeok R&D Special Zone：IT・バイオ・ナノテク・ロボット・宇宙産業分野）では，1971年に国家プロジェクト構想発表，97年のアジア通貨危機以来，スピンオフが活発化している．現在，韓国科学技術院や韓国電子通信研究院，韓国航空宇宙研究院，韓国原子力研究院を含む241の研究教育機関，および関連ハイテク企業などが集積している．

中関村科技園区（Zhongguancun Science Park：IT・バイオ・エネルギー・エレクトロニクス・新素材，環境産業分野）では，1988年に中国中央政府のハイテク産業開発区の指定，99年に北京市政府のサイエンスパーク特区の指定でハイテク分野が活発化している．現在，清華大学や北京大学の他30大学，国立研究機関が200機関以上，および関連ハイテク企業などが集積している．

新竹科学工業園区・新竹サイエンスパーク（Hsinchu Science Park：電子産業分野）は，1980年，台湾初のサイエンスパークとして設立，高品質のハイテク産業の発展基地として活動している．現在，工業技術研究院や国立清華大学，国立交通大学などの研究学術機構，および関連ハイテク企業などが集積している．

また，日本においては，代表的な産業クラスターの事例として2001年～20年までの経済産業省の「産業クラスター計画（Industrial Cluster

Plan）」と，2002年〜09年までの文部科学省の「知的クラスター創成事業（Knowledge Cluster Initiative）」がある。産業クラスター計画では，産学官の広域的な人的ネットワークを形成し，日本全国で19のプロジェクトを推進している。また，知的クラスター創成事業では，大学などの公的研究機関を核とする研究開発型企業などを結集し，日本全国で15地域（13のクラスター）と試行3地域を推進している。

　世界各国で推進されている産業クラスター戦略であるが，米国や欧州の先進国の産業クラスターでは，自然発生的な形成である"内発的"な取り組みが多く見られる。一方，アジアなどの途上国の産業クラスターでは，国内外からの企業誘致などによる"外発的"な地域産業政策で形成されたものが多く見られる。

　このように，世界各国では，地域経済の活性化を図ることを目的として，産業クラスターの概念による地域戦略を展開している。特に，近年は，米国や欧州などの先進国だけでなく，開発途上国や社会主義国などの国々においても，産業クラスターの概念を取り入れた積極的な地域産業政策として地域開発や地域活性化を展開している。つまり，地域産業政策では，特定の産業の下，新事業が次々と生み出されるような事業環境を整備することにより，競争優位を持つ企業（中小企業やベンチャー企業を含む）が核となって広域的な産業集積が進む状態を目指しているのである。

　そこで，本書では，アジアと欧州の産業クラスター戦略について，以下の章立てを行い『産業クラスター戦略による地域創造の新潮流』として，10人の執筆者がそれぞれの視点からの考察を行った。その結果，各執筆者が，世界中から産業クラスター戦略を展開している特異な事例を調査研究し，第1章から第11章までの総計11の事例研究論文と，第12章のインプリケーションとしての論文を編集したものができあがった。

　第1章　カンボジアのプノンペン経済特区における産業集積の現状と
　　　　　投資環境からの課題（税所哲郎）
　第2章　ミャンマーのミャンマーICTパークにおける産業集積の実態
　　　　　とインフラ面からの課題（税所哲郎）

第3章　タイにおける物流システムを利用した産業集積の連携によるイノベーションの創出（税所哲郎）
第4章　ベトナムにおけるソフトウェア分野の産業集積の現状と課題（佐藤進）
第5章　中国・上海における科学技術型中小企業の発明特許転化の現状と課題（孟勇・張強）
第6章　中国におけるインキュベータの経営革新の現状と課題（張強・孟勇）
第7章　中国（上海）自由貿易試験区における産業集積の現状と改革推進からの課題（葛永盛・税所哲郎）
第8章　日本におけるスマートシティ導入による新しい産業集積の形成と地域産業の活性化（近藤信一）
第9章　日本におけるグリーンテクノロジーの集積に向けた自治体の取り組み（今井健一）
第10章　フランス・ブルゴーニュ州におけるイノベーション創出政策と産業クラスター政策の現状（高橋賢）
第11章　イタリア・ミランドラ地域のバイオメディカル・バレーにおける起業家輩出と企業間ガバナンス（稲垣京輔）
第12章　産業クラスターのライフ・サイクルと政策的支援の意義（水野由香里）

　それぞれ，国別の産業クラスター戦略が，独立した章として組み立てられているので，読者は興味をお持ちの事例から読み始めて頂いて一向差し支えない。
　対象となる想定読者は，政府や企業，大学，NGO，NPOなどの政策立案者，管理者，研究者，構成員，学生であり，理工科系や文科系というような区分は不要である。なお，産業クラスター戦略の対象として，国家や社会，企業，関連機関などの分類が明記されているので，対象をつかみやすいように工夫したつもりである。
　読者諸賢のご提言やご感想をおよせ頂ければ幸いである。

編著者　税所哲郎

目次

まえがき―― i

第1章 カンボジアのプノンペン経済特区における産業集積の現状と投資環境からの課題（税所哲郎）

1 ▶はじめに ―― 1
2 ▶カンボジアの概況 ―― 2
3 ▶カンボジアの経済特別区 ―― 6
4 ▶プノンペン経済特別区の特徴 ―― 10
5 ▶プノンペン経済特別区の課題 ―― 15
6 ▶おわりに ―― 18

第2章 ミャンマーのミャンマーICTパークにおける産業集積の実態とインフラ面からの課題（税所哲郎）

1 ▶はじめに ―― 20
2 ▶ミャンマーの概要 ―― 22
3 ▶ミャンマーのICT産業に関する振興機関 ―― 28
4 ▶ミャンマーの産業集積とICTパークの実態 ―― 33
5 ▶ミャンマーICTパークの課題 ―― 38
6 ▶おわりに ―― 39

第3章 タイにおける物流システムを利用した産業集積の連携によるイノベーションの創出（税所哲郎）

1 ▶ はじめに ─── 42
2 ▶ 産業集積と物流システムのリンケージ ─── 43
3 ▶ 物流システム活用による産業集積のリンケージ ─── 46
4 ▶ おわりに ─── 56

第4章 ベトナムにおけるソフトウェア分野の産業集積の現状と課題（佐藤進）

1 ▶ はじめに ─── 60
2 ▶ ベトナムソフトウェア産業の規模 ─── 61
3 ▶ ベトナムソフトウェア産業の人材育成 ─── 67
4 ▶ ベトナム政府の支援政策と業界団体 ─── 69
5 ▶ ベトナム産業集積の状況 ─── 72
6 ▶ おわりに ─── 75

第5章 中国・上海における科学技術型中小企業の発明特許転化の現状と課題（孟勇・張強）

1 ▶はじめに ―― 79
2 ▶上海における特許転化と科学技術型中小企業の発明特許転化 ―― 80
3 ▶先進国・地区および中国国内各地域の経験 ―― 87
4 ▶上海市を背景とした科学技術型中小企業の発明特許転化の戦略経路 ―― 92
5 ▶おわりに ―― 97

第6章 中国におけるインキュベータの経営革新の現状と課題（張強・孟勇）

1 ▶はじめに ―― 99
2 ▶インキュベータ関連概念のまとめ ―― 101
3 ▶政治・政策環境要因 ―― 106
4 ▶中国のインキュベータの発展段階 ―― 107
5 ▶新時期におけるインキュベータの革新と進化 ―― 110
6 ▶おわりに ―― 116

第7章 中国(上海)自由貿易試験区における産業集積の現状と改革推進からの課題
（葛永盛・税所哲郎）

1 ▶はじめに ――― 118
2 ▶中国（上海）自由貿易試験区とは ――― 119
3 ▶中国（上海）自由貿易試験区の政策推進 ――― 122
4 ▶中国（上海）自由貿易試験区の
　産業集積としての特徴 ――― 127
5 ▶おわりに ――― 129

第8章 日本におけるスマートシティ導入による新しい産業集積の形成と地域産業の活性化（近藤信一）

1 ▶はじめに ――― 137
2 ▶スマートシティと中小企業 ――― 137
3 ▶スマートシティの導入による地域産業の活性化 ――― 143
4 ▶スマートシティ導入による
　中小企業と地域産業の活性化 ――― 150
5 ▶中小企業と地域産業の活性化のインテグレート領域 ――― 154
6 ▶おわりに ――― 154

第9章 日本におけるグリーンテクノロジーの集積に向けた自治体の取り組み　（今井健一）

1 ▶はじめに ——— 156
2 ▶グリーンイノベーション分野における研究開発の推移 ——— 157
3 ▶自治体におけるグリーンイノベーションの促進 ——— 160
4 ▶グリーンテクノロジーの国際競争力 ——— 167
5 ▶おわりに ——— 174

第10章 フランス・ブルゴーニュ州におけるイノベーション創出政策と産業クラスター政策の現状 （高橋賢）

1 ▶はじめに ——— 176
2 ▶ブルゴーニュ地域圏庁の取り組み ——— 176
3 ▶ブルゴーニュ州議会によるイノベーション創出の取り組み ——— 180
4 ▶競争力拠点VITAGORAの取り組み ——— 187
5 ▶おわりに ——— 193

第11章 イタリア・ミランドラ地域のバイオメディカル・バレーにおける起業家輩出と企業間ガバナンス（稲垣京輔）

1 ▶ はじめに ── 195
2 ▶ イタリアにおける起業家活動とハイテク産業の集積を研究対象とした経営学的関心 ── 196
3 ▶ ミランドラ地域における医療機器メーカーの集積と企業群の特徴 ── 198
4 ▶ スピンオフ連鎖と起業家輩出 ── 200
5 ▶ 企業間ガバナンス機能の発展 ── 205
6 ▶ おわりに ── 210

第12章 産業クラスターのライフ・サイクルと政策的支援の意義（水野由香里）

1 ▶ はじめに ── 216
2 ▶ 産業クラスターの生成の論理 ── 217
3 ▶ 産業クラスターの形成・発展の論理 ── 219
4 ▶ 産業クラスターの衰退・再生の論理 ── 221
5 ▶ 産業クラスターの政策支援の実態 ── 226
6 ▶ 産業クラスターの政策支援の意義 ── 229
7 ▶ おわりに ── 230

あとがき ── 236
執筆者紹介 ── 242
編著者紹介 ── 245

第1章
カンボジアのプノンペン経済特区における産業集積の現状と投資環境からの課題

税所哲郎

1 ▶ はじめに

　東南アジアにある国王を元首とする立憲君主制（シハモニ国王：2004年即位）のカンボジア王国（Kingdom of Cambodia：以下，カンボジア）は，インドシナ半島の中央に位置し，西部をタイ，東部をベトナム，北部をラオスと国境を接し，南部は南シナ海に接している。

　現在，カンボジアにおける主要産業は，農業や漁業，林業の第一次産業が中心である。しかし，近年の観光業や縫製業などによる発展で，2006年から2015年の過去10年間の実質国内総生産（GDP）の成長率が平均6.95％の高い経済成長を続けている。最近では，チャイナ・プラスワン（チャイナ＋1）[1]のリスク分散国のひとつの国として注目を浴びており，外国からの海外直接投資[2]も大きな伸びを示している。

　特に，中国・韓国系企業が，社会インフラ・不動産関連を中心に積極的な投資を行っている。例えば，首都プノンペン市内でのカンボジア首相府のビル（中国）や42階建ての高層ビル（韓国），プノンペン郊外での20億米ドル規模の新興都市（韓国）の建設，およびカンボジア南部のタイランド湾に面した港湾都市シハヌークビルのインフラ整備（中国）

---

[1] チャイナ・プラスワン（China plus one）は，中国に生産拠点を持つ日本の製造業が，賃金上昇やストライキなどの労働事情の悪化を背景に，中国1国集中ではリスクが高いと認識して，チャイナリスクを回避するためのリスクマネジメントである。

[2] 海外直接投資（FDI：foreign direct investment）とは，企業による長期の海外投資や国際間資本移動のことで，投資先企業の経営を支配したり，経営に参加したりする目的で行う対外投資である。FDIでは，既存外国法人への資本参加や現地法人の設立，支店の設立，不動産の取得などを行う。

などに多額の投資を行っている。

一方，カンボジア国内の産業政策においては，経済特別区（SEZ：special economic zone）や工業団地（IZ：industrial zone）などの産業集積を中心とした地域産業を開発することで，積極的な外資誘致政策を展開している。

本章では，筆者の現地調査[3]に基づき[4]，産業集積の開発，および同地域への日系企業の進出が数多く見られるプノンペン経済特区（PPSEZ：Phnom Penh Special Economic Zone）の事例を中心に，カンボジアにおける産業クラスター[5]としての発展の可能性についての考察を行うこととする。

2 ▶ カンボジアの概況

カンボジアは，1953年11月9日建国（フランスから独立），図表1-1に示すように，面積18万1,035km^2（日本の約2分の1），人口約1,506万人（2015年）[6]，人口増加率は101.5％増（2015年）の小規模の国家である[9]

3　本章は，拙稿（2012）「カンボジアにおける産業クラスター形成の可能性に関する一考察－プノンペン経済特区を事例として－」『グローバリゼーション研究』を大幅に加筆・修正したものである[7]。

4　筆者は，工業経営研究学会の2011年8月20日（土）～27日（土）「ベトナム・カンボジア企業視察」，および国際機関日本アセアンセンターの2011年12月4日（日）～10日（土）「カンボジア・ベトナム（南部経済回廊）投資環境視察ミッション」，2015年1月18日（日）～22日（木）「カンボジア投資環境視察ミッション」に参加して，カンボジアの中央・地方政府機関，商工会議所，産業集積，各種施設，ローカル企業，外国企業を訪問し現地調査を行った。

5　産業クラスター（industrial cluster）は，ハーバード大学のマイケル・E・ポーターが提示した概念で，ある特定の分野に属し，相互に関連した企業と各種機関（大学や研究機関など）が地理的に集中し，競争しつつ同時に協調している状態である。産業クラスター形成により，地域の生産性が向上し，イノベーション（innovation）の創出が促進されると示している[2]。同様の意味で使われている言葉で，比較的狭い地域で相互に関連の深い多くの企業が集積している状態の産業集積（industrial agglomeration）がある。しかし，産業集積では，ひとつ，あるいは複数の企業が地理的に集積して，ひとつの産業構造を形つくっているだけで，競争も協調も行われている状態ではない。もちろん，イノベーションの創出も行われない。

6　国際連合（United Nations）は，1945年の創設以来，世界各国に対して10年に1度の人口センサス（population census，国勢調査）の実施を呼びかけている。多くの国々では，それにこたえて10年に1度，あるいは5年に1度，自国の実情を踏まえて実施している。実際の調査では，経費が嵩む上，センサスが複雑になるために，途上国では過去10年間に1度も実施していないことがある。

図表1-1 カンボジアにおける主な経済特区の位置

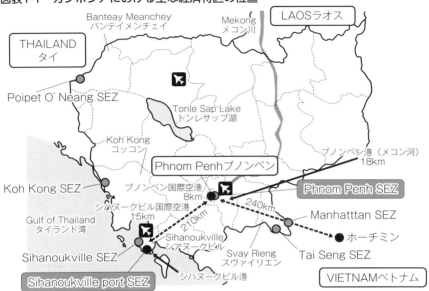

(出所) フォーバルカンボジアHP『カンボジア経済特区』に加筆・修正のうえ筆者作成。

[10][11]。

また、2013年には、5年ごとの民主的な選挙を実施し、人民党（第1党）およびフンシンペック党（第4党）の連立政権（フン・セン首相）による長期政治体制（上院と下院の2院制）を築いている。

カンボジアの首都はプノンペン（Phnom Penh）、その面積は国土の僅か0.16％の294km^2、人口は全国の約1割強の183.5万人（2015年）である。また、23の州（県）に、民族はカンボジア人（クメール人）が90％で他に36の少数民族、言語はカンボジア語、宗教は仏教（小乗仏教）（97.9％）で一部イスラム教（1.1％）やキリスト教（0.5％）である。

経済的指標の側面について、2006年～2015年までの過去10年間の実質GDP成長率は、平均6.95％の高い成長率を示している。これは世界各

---

7 本章のカンボジアの経済指標（実質GDP成長率・輸出額・輸入額・名目GDP総額など）は、JETRO（2016）『カンボジア基礎的経済指標』『カンボジア基礎的経済指標（10年長期統計）』による[10][11]。

国からカンボジアに対する多額の援助実施（支援），および外資法の施行に伴う海外直接投資の増加，米国の最恵国待遇付与[8]に伴う縫製業への外資企業の進出，首都プノンペンとシェムリアップ（Siem Reap）[9]などを観光地として確立させたことによる観光業などが同国の成長に寄与した結果である。

　また，カンボジアの輸出額（通関ベース）は，2006年の35億6,935万米ドル（対日本は3,412万米ドル）から2015年の119億3,150万米ドル（対日本は8億8,042万米ドル）へ約3.3倍増（対日本は約25.8倍増）となっている。輸入額（通関ベース）は，2006年の29億7,937万米ドル（対日本は1億2,960万米ドル）から2015年の187億1,160万米ドル（対日本は3億3,216万米ドル）へ約6.3倍増（対日本は約2.6倍増）と貿易も活発化している。

　一方，カンボジアの名目GDP総額（実績推定値）は，2006年の72.68億ドルから2015年の181.6億ドルへ2.5倍増（平均124.9億ドル），1人当たり名目GDP（実績推定値）は2006年の536.15米ドルから2016年の1,168.04米ドル（平均852.0米ドル）へ約2.2倍増の高い経済成長率を示している。

　これには縫製業を中心とする製造業の輸出増，プノンペンの王宮や国立博物館，アンコール遺跡群のアンコールワットなどの堅調な観光業，および米やキャッサバなどの良好な農業産品の生産，中国・韓国からの積極的な建設業への投資，その他外国からの直接投資の増加，ビジネスの創造・拡大による銀行貸出の増加などが寄与している。ただし，中国・韓国系の外資系企業は，安い人件費と特恵関税[10]を利用した縫製業による進出を除くと，約80％の投資が不動産開発や資源・エネルギー開発といった社会インフラ・不動産関連に偏って，現地に進出している。

8　最恵国待遇（most - favored - nation treatment）とは，通商条約や商航海条約において，ある国が対象となる国に対して，関税などについて別の第三国に対する優遇処置と同様の処置を供することを現在および将来において約束することである。

9　シェムリアップ（Siem Reap）は，カンボジアのシェムリアップ州の州都で，アンコールワットやアンコールトムなどを含むアンコール遺跡群の観光拠点となっている。

10　特恵関税とは，一般特恵関税制度（GSP：generalized system of preferences）のことで，開発途上国の輸出所得の増大や工業化と経済発展の促進を図るために開発途上国から輸入する一定の農水産品，鉱工業産品に対して，一般の関税率よりも低い税率（特恵税率）を適用する制度である。

2009年には，カンボジアにおいてもリーマンショック[11]が大きく影響しており，実質GDP成長率（実績推定値）は2008年の6.69％から0.09％へと急激に減速している。これには貿易相手国の不況，インフレの高進，自国通貨高による縫製業の輸出の減少，観光収入の減少，金融収縮などが原因である。その後，2010年の実質GDP成長率は5.96％を達成して，リーマンショックによる経済的な影響を脱した回復基調を見せているが，これは貿易相手国の経済回復とともに，観光収入の増加などが原因である。

　このようにカンボジアの国内経済は，リーマンショック以前の過去4年間の実質GDP成長率[12]の平均が10.23％の高い経済成長率を見せており，リーマンショック後も堅調な経済成長を続けて，1人当たり名目GDPは2009年の734.66米ドルから2015年の1,162.04米ドルへと約1.6倍増の増加，2014年の消費者物価上昇率は1.23％と堅調である。また，カンボジアは，チャイナ・プラスワンのリスク分散国のひとつとして，ASEAN諸国のベトナムやタイ，ラオス，ミャンマーなどとともに注目されている国である。

　ところで，タイはすでに先進国並みに産業構造が発展，ベトナムは第2次ブーム到来ですでに多くの日系企業が進出，ラオスは内陸国であるという各国の事情を抱えている。これに対して，港湾施設や南部経済回廊を擁しているカンボジアは，今後，最も成長性が見込める国・地域である。カンボジアは，地誌学的にもタイとベトナムを結ぶ交通の要衝で，海に面しているために港湾・海洋開発が可能で，歴史遺産や観光資源，天然資源が豊富といった優位性もある。

11　リーマン・ショック（Lehman shock）は，2008年9月15日に米国の大手投資銀行リーマン・ブラザーズの破綻が引き金となって発生した世界的な金融危機，および世界同時不況のことである。

12　国内総生産（GDP：gross domestic product）は，国内で1年間に新しく生みだされた生産物やサービスの金額の総和のことで，その国の経済力の目安に用いられる。また，経済成長率は，GDPが1年間でどのくらい伸びたかを表すものである。ただし，GDPは，企業が海外で生産したモノやサービスは含まない。

3 ▶ カンボジアの経済特別区

カンボジアでは，1949年のフランスからの独立後に，国内では長い間の内戦が続いていた。しかし，その後の復興時代を終えて，フン・セン首相の強いリーダーシップの下，上院はチア・シム議長（人民党党首），下院はヘン・サムリン議長（人民党名誉党首）との長期政権が現在も継続している。

しかし，2013年7月28日の国民議会選挙で野党救国党が躍進，与野党間での協議結果，2014年7月22日に政治合意達成，8月8日に国民議会選挙後の国民議会に野党が初参加している。その後，2015年初めに与野

図表1-2　カンボジアの経済特区（SEZ）

SEZ名	
Neang Kok Koh Kong SEZ	Thary Kampong Cham SEZ
Manhattan（Svay Rieng）SEZ	D&M Bavet SEZ
Phnom Penh SEZ	Kampong Chhnang SEZ
Tai Seng Bavet SEZ	Kiri Sakor Koh Kong SEZ
Sihanoukville SEZ	Kampong Saom SEZ
Sihanoukville Port SEZ	P（SEZ）IC
Dragon King SEZ	MDS Thmorda SEZ
Sanco Poi Pet SEZ	Kandal SEZ
Shangdong SEZ	H.K.T. SEZ
Suoy Chheng SEZ	Try Pheap Oyadav SEZ
S.N.C SEZ	High Park SEZ
Stung Hav SEZ	Suvannaphum Investment SEZ
N.L.C SEZ	GIGA Resource SEZ
Doung Chhiv Phnom Den SEZ	Ratana Hi-Tech SEZ
Poi Pet O'Neang SEZ	Chhak Kampong Saom SEZ
Kampot SEZ	Ly Ut Ny Poi Pet SEZ
Sihanoukville SEZ 1	Yubo Energy Industrial Park SEZ
Oknha Mong SEZ	Poi Pet PP SEZ
Goldfame Pak Shun SEZ	Tian Rui（Cambodia）Agricultural Cooperation SEZ

（出所）筆者作成。

党関係が悪化，10月26日に救国党議員2名への暴力事件発生，10月30日にケム・ソカー国民議会第一副議長が与党人民党動議で解任されている。11月13日にサム・ランシー救国党党首に対する逮捕状が出されて，海外滞在中の同党首は帰国しない状況が続いている。その結果，政府は2016年4月に内閣改造を行っている。

　また，フン・セン政権では，積極的な経済開放政策を推進し，海外からの直接投資や縫製業による輸出，プノンペンやアンコールワットなどの観光業を中心に，過去10年間の実質GDP成長率は，前述のように平均6.95％の高い成長率を続けている。カンボジア政府では，労働集約型産業や輸出加工型産業を中心に，農業・農産物加工業，鉱物資源・エネルギー産業，人材育成産業を奨励する産業政策を推進している。

　そのような産業政策の中，さらに外国投資の促進と雇用創出の政策として，SEZの推進を目指した経済特区政令を2005年12月に発布している。また，カンボジアのSEZにおける根拠法が「経済特別区の設置および管理に関する政令148号」（2005年12月29日）である。カンボジアのSEZは，面積が50ha以上，SEZ管理事務所の設置，電力システム，給水システム，下水・排水処理，固形廃棄物，環境保護などのインフラ設備を供給する地域・エリアとしている。

　現在，図表1-2に示すように，シハヌークビルSEZ（1,100ha，2006年10月25日付けSub-Decree〔閣僚会議令〕），プノンペンSEZ（360ha，2006年10月27日付けSub-Decree），マンハッタンSEZ（170ha，2006年10月27日付けSub-Decree），シハヌークビル港SEZ（70ha，2009年9月2日付けSub-Decree）などのSEZが認可を受けている。

　なお，カンボジアでは，海外からの進出企業（外資系企業）に対する投資優遇措置として，以下の3つの優遇策がある。

　第1の優遇策である法人税では，一般企業は20％の免除，あるいは税法13条規定の特別償却が認められ割増償却が40％，条件により「始動期間＋3年＋優遇期間＝最大9年」受けられる。なお，始動期間とは，最初に利益を計上した年，もしくは最終投資登録証明書（FRC：final registered certificate）取得後の売り上げを計上した年から3年（短い方）となっている。

　第2の優遇策である輸入関税では，適格投資案件（QIP：qualified

investment project)[13] 合致の原材料，建設資材，生産設備の輸出加工型企業による輸入の場合に輸入税免除，QIP合致の建設資材や生産設備の国内市場型企業による輸入の場合に輸入税免除となる。なお，QIP合致の原材料，建設資材，生産設備の裾野産業型企業による輸入の場合に輸出分のみが輸入税免除となっている。

第3の優遇策である付加価値税では，QIP合致の輸出加工型企業の場

---

[13] カンボジアの最も重要な投資優遇制度は，適格投資案件（QIP：qualified investment project）制度である。対象は，下記の投資分野と投資額などの条件が定められている。下表に示すような条件により，法人税（20%）の免税を最大9年間（軽工業の場合は8年）受けられる（中小企業の場合は6年）ことになる。その対象外となるのは，小売りや輸出入，卸，免税店，運輸，レストラン，観光，カジノ，金融，報道，不動産開発などである。また，輸出加工の場合には原材料や建設資材，生産設備の輸入関税が免税，付加価値税（10%）について，SEZ入居企業は輸入時に免税される。

優遇措置付与に必要とされる投資条件

投資分野	投資条件
輸出産業にすべて（100%）の製品を供給する裾野産業	10万米ドル以上
動物の餌の製造	20万米ドル以上
皮革製品および関連製品の製造	30万米ドル以上
金属製品製造	
電気・電子器具と事務用品の製造	
玩具・スポーツ用品の製造	
自動2輪車およびその部品・アクセサリの製造	
陶磁器の製造	
食品・飲料の生産	50万米ドル以上
繊維産業のための製品製造	
衣類縫製，繊維，履物，帽子の製造	
木を使用しない家具・備品の製造	
紙および紙製品の製造	
ゴム製品およびプラスチック製品の製造	
上水道の供給	
伝統薬の製造	
輸出向け水産物の冷凍および加工	
輸出向け穀類，作物の加工	
化学品，セメント，農業用肥料，石油化学製品の製造；現代薬の製造	100万米ドル以上
近代的なマーケットや貿易センターの建設	200万米ドル以上 1万ha以上 十分な駐車場用地
工業，農業，観光，インフラ，環境，工学，科学その他の産業向けに用いられる技能開発，技術向上のための訓練を実施する訓練・教育機関	400万米ドル以上
国際貿易展示センターと会議ホール	800万米ドル以上

合，輸入時10％支払，輸出時還付となる。なお，縫製業・製靴業は，特例で2005年度から輸入時の付加価値税の支払が免除となっている。また，SEZでは，3つの優遇策の他にもQIP合致の国内市場型企業，およびQIP合致の輸出加工型企業の場合には，10％の付加価値税が2010年末まで時限法として免除されていた。

近年では，産業政策に基づく投資政策を刷新するための「カンボジア産業政策2015-2025」を2016年内に策定予定である。この産業政策では，カンボジアの産業発展に必要な技術や知識ベースを培うことで，国内産業の競争力・生産性を向上させて，国内経済とグローバル経済を結ぶグローバル・サプライチェーンとして，ネットワーク組織を構築し，国内外の連携を推進していくものである。これは，カンボジア産業を近代化し，2025年までに労働集約型産業から知識・技術型産業中心の産業形態に変革させるものである。

ところで，2016年3月末現在，図表1-2に示すように，カンボジア国内には32カ所のSEZがある。そのほとんどがカンボジア沿岸部，もしくはタイとベトナムとの国境付近に位置している。タイとベトナムとの国境付近に対して，SEZが数多く位置するメリットとしては，以下のような理由がある。

カンボジア側では，タイのレムチャバン港やベトナムのサイゴン港などの外洋港へのアクセスがしやすいこと，あるいは電力供給などにおいて自国より技術が発展しているタイやベトナムのインフラを利用できることなどのメリットがある。

一方，タイやベトナム側では，自国の国境沿いの隣接地であるカンボジア国内に工場を設置することで，様々な税制優遇を受けられることとともに，自国よりも安価な労働力を手に入れることができるといったことがある。

以下，カンボジアの日系民間工業団地で，日本による資本参加と開発推進が積極的に行われているプノンペン経済特区（PPSEZ）についての考察を行う。

4 ▶ プノンペン経済特別区の特徴

　カンボジアでは，わが国が推進している「東アジア産業大動脈構想[14]」において，タイのバンコクとベトナムのホーチミン間の道路を繋ぐ南部経済回廊（Southern Economic Corridor）[15]を建設し，また沿線地域の通信・物流インフラを整備している。なお，南部経済回廊によるプノンペンからホーチミン港までの輸送は，カンボジアとベトナム間の相互乗り入れ協定に基づき，カンボジアのトラックがベトナムとの国境で積荷を積み替えることなく，そのままホーチミン港まで輸送することが可能である。

　この南部経済回廊の要に位置するのがカンボジアの首都プノンペンであり，PPSEZを中心にして沿線地域の経済開発を推進している。PPSEZは，2006年8月に日本企業のゼファー[16]（出資比率22％）とカンボジア企業のATTWOOD社[17]（出資比率78％）が合弁で立ち上げたカンボジアでの日系民間工業団地（産業集積）である。

　PPSEZは，総面積360ha（東京ドーム約77個分）の広大な規模を誇り，第1期から第3期までの3段階に分けて開発を進めている。図表1-3に示すPPSEZは，内陸水運網であるメコン河に位置するプノンペン港へは車で約1時間の18km，プノンペン近郊にある軍民共用のプノンペン国際空港へは車で約15分の8kmの場所に位置する[4]。

　PPSEZでは，正門入口を出てすぐのところが，首都プノンペンとカ

---

14 東アジア産業大動脈は，ベトナムのホーチミンからカンボジアのプノンペンを経てタイのバンコク，インド南部タミルナド州のチェンナイを結ぶ新たな高速道路をつくり，流通のルートを整備するものである。また，そこから西へ300kmのミャンマーの深水港ダウェーまでを結び，マラッカ海峡を経由せずとも東南アジアとインドを結ぶことができるようにする構想である。

15 南部経済回廊（Southern Economic Corridor）は，第2東西経済回廊（Second East-West Economic Corridor）ともいい，タイのバンコクからカンボジアのプノンペン経由で，ベトナムのホーチミン（サイゴン港）を結ぶ陸上路である。この陸上路は，全長約1,000kmの道路で，東西の移動には2～3日間を要するルートである。

16 株式会社ゼファーは，東京都千代田区に本社を置く日本の不動産会社である。2008年7月18日，不動産に対する金融機関からの融資の手控えなどのあおりを受けて，負債総額約949億4,800万円で民事再生法の適用を東京地裁に申請し経営破綻した。その後，2009年2月再生計画案の認可決定，2011年7月民事再生手続きが終結している。

17 ATTWOOD社とは，Attwood Investment Groupのことで，ビルの所有・管理なども行っているカンボジアで有数の企業グループのひとつである。同社の代表者は，カンボジア華僑の林秋好（リム・チホー）女史で，フン・セン首相などの政府要人と親密な関係にあると言われている。

図表1-3　プノンペンSEZの概要

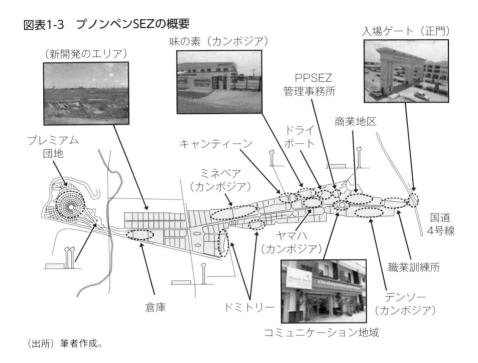

（出所）筆者作成。

ンボジア最大の港湾があるシハヌークビル（Sihanoukville）を結ぶ国道4号線に面しており，210kmを約4時間で移動することが可能である。PPSEZの東側には，首都プノンペンとカンボジア南部のタイランド湾に面した港湾都市であるシハヌークビルとを結ぶ鉄道が設置されている。今後の展開では，内戦後ほぼ機能が停止している鉄道の復旧事業が進展すれば，PPSEZから国際海洋港のシハヌークビル港への鉄道による貨物輸送も可能となり，物流面における成長性も期待される。

　PPSEZの総面積は，前述のように360ha，第1期141ha，第2期162ha，第3期57haにわかれて開発が行われている。現在，SEZの開発状況は，発電施設（13MW），浄水施設（5,300m³/日），排水施設（4,500m³/日），通信施設が稼動してインフラが完備しており，第1期は完売しており，第2期は販売中である。また，PPSEZ敷地内には，海外貿易を推進する

10haのドライポート[18]があり，入居企業の物流・保管業務をサポートすべく，コンテナトラック，倉庫などを完備している。

一方，PPSEZでは，2010年9月から提供している行政の代表的サービスであるワンストップ・サービスセンター（one-stop service center）[19]が，経済特区管理事務所内で稼働している。

ワンストップ・サービスセンターには，政府機関のカンボジア開発評議会（CDC：Council for the Development of Cambodia），および関税局，労働省，商業省の担当行政官が常勤しており，投資申請，輸出入申請，通関手続き，原産地証明書発行，労働許可申請を迅速な処理が可能である。その他，PPSEZへの投資家とその家族に対しては，入居家族への永住権の付与，および99年間の土地使用権の付与，建物所有権の付与，収益の外国への自由な送金といった特典がある。

現在では，PPSEZ入居企業の工場で働く労働者を遠くから集めやすいように，敷地内工場には集合キャンティーン（canteen）や現地ワーカー用ドミトリー（寮）（dormitory）[20]などの施設も設置されている。

2017年1月末現在，図表1-4に示すように，PPSEZにおける許認可ベースを含む入居企業（製造業）は77社であり，そのうち44社が日系企業や日本企業が資本参加した企業である。また，非製造業は5社で，PPSEZ内では，すでに多くの企業が操業し，数多くの工場労働者が働いている[3]。

PPSEZへの日系入居企業は，クリーンサークル（製靴，現在は工場の拡張工事中），味の素（調味料），ハルプノンペン（古本再生），ミネベア（小型モーター，現在は第2工場を建設中），プロシーディング（和装仕立），ファーストシルクトレーディング（和装仕立），ディシェルズ（耐熱塗料），新希望集団（家畜飼料），コンビ（小児品製造），オーアンドエム工芸（皮革製品），マルニクス（家電用部品製造），協和製函（紙製

18　ドライ・ポート（dry port）とは，貨物の保管・通関手続きなどを行う施設のことである。
19　ワンストップ・サービスセンター（one-stop service center）とは，輸出入や港湾手続きなどにおいて，複数の部門や機関にまたがる行政サービスをひとつの窓口で受け付けて提供する施設である。
20　ドミトリー（Dormitory）とは，相部屋の社員寮のことである。また，キャンティーン（canteen）とは，会社や工場，学校などの食堂のことである。途上国では，地方から出稼ぎに来る労働者（ワーカーおよびマネージャー）のために，アジアの多くの産業集積・産業クラスター内の工場などで，これらの施設の設置が多く見られる。

図表1-4 プノンペン経済特区への進出企業（製造業）一覧（2017年1月末現在）

	COMPANY	NATIONALITY	INDUSTRY	TYPE	START OF OPERATION
1	Tiger Wing	Japan	Lady shoes	E	2008年8月
2	Cambodia Success Industry	Malaysia	Wire mesh	D	2008年11月
3	New Evergreen Industrial	Taiwan / Cambodia	Garment (Jeans)	E	2009年1月
4	Ji-Xiang	Taiwan	Carton box	S	2009年4月
5	Cambox	Singapore	Plastic container	D	2009年6月
6	Wen Yun Co., Ltd.	Taiwan	Hanger	S	2010年3月
7	Clean Circle	Japan	Lady shoes	E	2010年4月
8	Sin Chn Hong Plastics Industry	Taiwan	Shoe sole	S	2010年4月
9	Ajinomoto Cambodia	Japan	Food processing	D	2010年10月
10	Haru Phnom Penh Comic Center	Japan	Comic reuse, E-comic	E	2010年11月
11	Shin Feng Paper	Taiwan	Carton box	S	2011年1月
12	Atlas Ice	Malaysia	Ice	D	2011年1月
13	Minebea	Japan	Small size motor	E	2011年4月
14	Redian Industrial	Korea	Plastic package	S	2011年4月
15	Sichuan New Hope Agribusiness Cambodia	China/Japan	Animal feed	D	2011年7月
16	O & M Cambodia	Japan	Leather product	E	2012年1月
17	Marunix Cambodia	Japan (Hong Kong)	Wire harness	E	2012年2月
18	Kyowaseikan Cambodia	Japan	Box and packaging	E	2012年2月
19	Sunhsin Tread and String Cambodia	China	Tread and string	S	2012年2月
20	Zion Label and Printing	Singapore/China	Apparel label	S	2012年2月
21	Sumi Cambodia Wiring Systems	Japan	Wire harness for automobile	E	2012年4月
22	Soon-West Cambodia	Japan/Korea	Earphone for mobile phone	E	2012年4月
23	Japan Rocks S.E.A. Phnom Penh	Japan	Lady wear	E	2012年4月
24	Jia Long Plastic Products	China	Plastic package	S	2012年7月
25	Mega Labels & Stickers Cambodia	Malaysia	Label and sticker	E	2012年8月
26	Weibo Best Production Cambodia	Turkey/China	Garment	E	2012年9月
27	Weibo EIC Garment Manufacturing Cambodia	Turkey/China	Garment	E	2012年9月
28	Liwayway Cambodia Food Industry	Philippines	Snack food	D	2012年11月
29	Yamato Konpo Unyu Cambodia	Japan	Packaging	S	2012年12月
30	Footmark Cambodia	Japan	Garment	E	2013年2月
31	GS Electech Cambodia	Japan	Wireharness	E	2013年7月
32	DENSO Cambodia	Japan	Automobile parts	E	2013年7月
33	Taiwa Seiki Cambodia	Japan	Rice-polish machine	D	2013年8月
34	Lecien Cambodia	Japan	Lady underwear	E	2013年10月
35	Marusan Phnom Penh Plastic	Japan	Automobile parts	E	2013年10月

（続き）

36	Tanaka Foresight Cambodia	Japan	Optical parts for eyeglasses	E	2013年11月
37	Taica Cambodia	Japan	Shock absorber for shoes	E	2013年11月
38	Maru-T Ohtsuka Phnom Penh	Japan	Painting tools	E	2013年11月
39	Phnom Penh Combi	Japan	Baby goods & toys	E	2014年1月
40	Taiyo Kogyo	Japan	Flexible container bag	E	2014年2月
41	Stratco Cambodia	Australia	Metal building materials	E	2014年2月
42	CH Steel Wire Industries Cambodia	Malaysia	Wire mesh	D	2014年4月
43	Laurelton Diamond	USA	Diamond polish	E	2014年5月
44	Nikko-Kinzoku Cambodia	Japan	Lost-wax casting	E	2014年6月
45	Meikodo Cambodia	Japan	Pin	E	2014年6月
46	Kousei Plastic	Taiwan	Plastic products	E/D	2014年9月
47	Takeoff Cambodia	Japan	Stuffed animals	E	2014年11月
48	Rohto-Mentholatum	Japan	Eye drop	D	2014年12月
49	Heiko Cambodia	Japan	Packaging products	E/D	2014年12月
50	Printe Cambodia	Japan	Electrical parts	E	2015年1月
51	Shinih Cambodia	Taiwan	Non-woven fabric	E	2015年1月
52	Yi Zhixin Non-Woven Shinih Cambodia	Taiwan	Non-woven fabric	E	2015年1月
53	Midori Technopark Cambodia	Japan	Automobile interior trim	E	2015年2月
54	Heng Yang Cotton and Plastic	China	Thread	E	2015年2月
55	Kanejyu Cambodia	Japan	Garment	E	2015年5月
56	Artnature	Japan	Hair piece	E	2015年5月
57	Rokko Phoenix	Japan	Shoe	E	2015年6月
58	Ruey Chang Cambodia	Taiwan	Jewelry carving	E	2015年6月
59	Nakatora Cambodia	Japan	Garment	E	2015年8月
60	Betagro Cambodia	Thailand	Animal feed	D	2015年8月
61	Kuipo Cambodia	Japan	Leather bags and wallets	E	2015年8月
62	Okato Cambodia	Japan	Household production	E	2015年9月
63	Angkor Dairy Products	Vietnam/ Cambodia	Dairy products	D	2015年10月
64	YHS (Cambodia) Food & Beverage	Singapore	Food and Beverage	E/D	Factory construction on going
65	Aprati Foods Cambodia	USA	Candy	D	Factory construction on going
66	Cambodia Beverage	USA	Food and Beverage	D	Factory construction on going
67	Yamaha Motor Cambodia	Japan	Motorbike assembly	D	Preparing factory construction
68	Medipro Cambodia	Japan	Medical garment	E	Preparing factory construction

(続き)

69	Hosiden Cambodia	Japan	Connectors	E	Preparing factory construction
70	Winsun Cambodia	Cayman Island	Sanitary production	E	Preparing factory construction
71	SVI Public Cambodia	Thailand	Electonics and Electrical products and parts	E	Preparing factory construction
72	Toyota Cambodia	Japan	Bonded warehouse	D	Preparing factory construction
73	Masakatsu Kouzai	Japan	Construction meterial	E	Processing application registration
74	Yamato Printing	Japan	Packaging and paper products	E	Processing application registration
75	Thai President Food	Thailand	Instant noodle	E	Processing application registration
76	Wing Corporation	Japan	Dietary supplement	E	Processing application registration
77	Sankei Engineering	Japan	Precision parts	E	Processing application registration

（注1）日系企業や日本企業が資本参加した企業は，スミ色の箇所である。
（注2）TYPE欄のEはExport，DはDomestic，SはSupportingを表す。
（出所）PPSEZのHP（2017）"Customers at Phnom Penh SEZ"に加筆・修正のうえ筆者作成。

包装材製造），スミ・カンボジア（住友電装・自動車部品製造）大和音響（携帯スピーカー製造），大和梱包運輸（包装），メディプロ（医療用衣服），ヤマハモーター（二輪車組立業）などの多数の企業があり，投資申請中あるいは投資申請準備中，および，すでに政府の投資認可を受けて操業開始している。

5 ▶ プノンペン経済特別区の課題

　PPSEZにおける投資環境からの課題については，カンボジアへの進出企業における共通の課題とPPSEZへの進出企業における固有の課題に大別される。まず，カンボジアへの進出企業における共通の課題については，以下のような内容がある。
　第1の課題は，カンボジアの産業構造が，縫製業中心の製造業やプノ

ンペンとアンコールワットなどの観光業といった特定産業に偏っていることである。したがって，外国の経済状況や入国する観光客の増減など，外部環境の影響を大きく受けやすいことである。

　第2の課題は，電力料金が割高で，その供給においては不安定な状況となっていることである。カンボジアにおける電力の調達は，自国での発電ではなく，隣国のタイやベトナムからの買電に依存しており，電力価格はタイの1.5倍，ベトナムやラオスの2倍となっている。

　第3の課題は，長い間の内戦の影響もあって，労働者の基礎教育が弱いことである。その能力が近隣諸国と比べて全般的に劣っており，教育水準の高い労働力が不足している状況である。なお，基礎教育の源泉である識字率は，クメール・ルージュ時代の教育禁止の影響もあり，15歳以上の人口のうち，読み書きができ日常生活についての簡単な短文を理解できる人の割合，すなわち成人の識字率は74％（2015年）と低い水準となっている[5]。

　また，国内の高等教育機関（大学）は，国立大学の農業大学，保健化学大学，芸術大学，カンボジア軍保健科学研究所，プノンペン大学，経営大学，法律・経済大学，工科大学，高等師範学校，マハリシュ・ベディック大学，スヴァイ・リエン大学，経済財政研究所の12校がある。私立大学は，ノートン大学，メコン大学，カンボジア大学，パンニャサストラ大学，アンコール大学などがある。しかし，大学入試の実態は，プノンペン大学などの一部の大学の特定の学部以外では，倍率なしの実質的には全入という実態もある。これは，人材育成の面や研究面において，必ずしも十分な人材を確保しているとはいえず，今後の教育の質の向上が期待されている。

　第4の課題は，行政が不透明なことである。1994年8月公布の投資法，2003年3月公布の改正投資法など，海外からの投資に関する投資関連法は整備されつつあるが，他の途上国同様に許認可における基準が不透明となっていることである。これには運用手続きが統一されていないこと，行政の末端の組織や職員にまで浸透していないこと，一部の職員による賄賂の要求といった原因がある。

　第5の課題は，インフラが脆弱なことである。南部経済回廊などにより，国内の主要幹線道路は隣接する各国と結ばれている。その道路のほとん

どはアスファルト舗装が行われて，都市部はタイやベトナムなどの近隣諸国との道路環境とは遜色がない。しかし，プノンペンなどの都市部以外の地方道路の整備状況は，舗装の未実施が多く，道路環境は貧弱な状態となっている。

第6の課題は，労働者の確保の問題である。国全体の人口（IMF推計）が1,578万人（2016年）と近隣国のタイの6,898万人（2016年）やベトナムの9,264万人（2016年）と比較すると非常に少ないことである[1]。しかし，首都プノンペンの人口は，183.5万人（2015年）（全体の約8分の1）という状況で，現時点ではカンボジアにおける人口の多くがプノンペンに集中しているため，PPSEZにおける労働力の確保についての不安はない。

これらの労働者については，18歳以上になれば必ずしも自動的に労働力になるというわけではなく，採用してから十分に人材育成に力を入れる必要がある。また，労働者の確保と人材育成とともに，労働者を管理するリーダーやマネージャークラスの人材も不足している。

次に，PPSEZへの進出企業における固有の課題については，以下のような内容がある。

第7の課題は，港湾立地の問題である。カンボジアでは，カンボジア南部のタイランド湾に面したシハヌークビル港が国際海洋港で，国内で唯一大型船が入港できる大水深港である。この港湾施設は，カンボジアにおける海上輸送の拠点であるが，PPSEZが位置する首都プノンペンからは南西210kmの場所に位置しており，輸出入における利便性が非常に悪い状態となっている。

第8の課題は，地方労働者の確保の問題である。今後，多くの日系企業を含めた外資系企業がPPSEZに進出すると，労働力の確保に向けた取り組みが必要になる。カンボジアでは，人口1,578万人（2016年）の約80％以上が地方農村部で生活している[1]。そこでの生活環境は，メコン流域の肥沃な土地に恵まれ安定収入は少ないが，それなりに現在の生活に満足している国民が数多く存在している。また，国内の電化率は低く，ようやく20％を超えた程度なので，テレビが労働者確保の効果的な情報媒体（広告手段）となっていないのが実態である。

加えて，中国やベトナムで見られるような都市部で生活することへの

憧れやインセンティブも低く，労働力を行使するうえでの都市集中も強くない。したがって，農村部の人々（労働者）が，都市部に出て働こうとするモチベーションは，中国やベトナムと比べると著しく低いといわざるを得ないのが現状である。このようなカンボジアの状況を踏まえて，今後，PPSEZ入居の企業が労働力を安定的に確保できるかどうか，カンボジアへの進出を検討する際に考慮しなければならない。

6 ▶ おわりに

　カンボジアにおけるSEZによる産業集積による国内の産業振興政策は始動したばかりであり，PPSEZにおいても発展過程の途中である。

　このような状況は，マイケル・ポーターが提示した産業クラスターの概念である，「特定地域に集積する企業や関連機関などが互いに競争，協調，協力しているもの」とは言えない。また，新たな商品やサービスを生み出して，産業育成と地域振興，地域活性化を行ってイノベーションを誘発してもいない。

　したがって，現時点では，PPSEZは産業クラスターの状況に該当するとはいいがたい地域である。つまり，PPSEZでは，入居した個々の企業が生産活動を開始したばかりであり，企業の集積が少ない。それとともに，行政面でのワンストップ・サービスセンターの設置はあるが，大学や研究機関，金融機関などの技術革新を支えるための関連する諸機関の集積もない，あるいは少ないのが現状である。

　今後，PPSEZが産業クラスターとして成長・発展していくためには，カンボジアへの進出企業共通の課題とPPSEZへの進出企業固有の課題を解消するとともに，成長・発展を支えるための大学や研究機関・金融機関などの存在も必要である。

　また，これらの数多くの課題をひとつずつ克服して，産業クラスター戦略を展開することで，将来において様々な関連する諸機関や組織の集積が行われるとともに，各組織のwin-winの関係を構築した相乗効果がえられて，地域の生産性が向上するといったイノベーションが創出される可能性がある。

〈参考文献〉

[1] IMF（2016）"World Economic Outlook Databases," International Monetary Fund.
〈http://www.imf.org/external/ns/cs.aspx?id=28〉（2016/10/30閲覧）
[2] Porter, M.E.（1990）*The Competitive Advantage of Nations*, Free Press.
[3] PPSEZ HP（2017）"Customers at Phnom Penh SEZ," Phnom Penh Special Economic Zone.
〈http://www.ppsez.com/ja/about-us/our-customers.html〉（2016/10/30閲覧）
[4] PPSEZ HP（2017）"Zone Map," Phnom Penh Special Economic Zone.
〈http://www.ppsez.com/the-zone.html〉（2016/10/30閲覧）
[5] UNICEF（2016）"TABLE 1. BASIC INDICATORS," The State of the World's Children 2016 -A fair chance for every child-, UNICEF Division of Communication.
〈http://www.unicef.org/publications/files/UNICEF_SOWC_2016.pdf〉（2016/10/30閲覧）
[6] 外務省（2016）「カンボジア王国」『アジア』外務省。
〈http://www.mofa.go.jp/mofaj/area/cambodia/data.html〉（2016/10/30閲覧）
[7] 税所哲郎（2012）「カンボジアにおける産業クラスター形成の可能性に関する一考察－プノンペン経済特区を事例として－」『グローバリゼーション研究』工業経営研究学会，No.9，pp.21-33。
[8] 在カンボジア日本国大使館HP『カンボジア王国概況』在カンボジア日本国大使館。
〈http://www.kh.emb-japan.go.jp/political/gaikyo.htm〉（2016/10/30閲覧）
[9] フォーバルカンボジアHP『カンボジア経済特区』。
〈http://www.forval-cambodia.com/business7.html〉（2016/10/30閲覧）
[10] JETRO（2016）『カンボジア基礎的経済指標』日本貿易振興機構。
〈http://www.jetro.go.jp/world/asia/kh/stat_01/〉（2016/10/30閲覧）
[11] JETRO（2016）『カンボジア基礎的経済指標（10年長期統計）』日本貿易振興機構。
〈https://www.jetro.go.jp/ext_images/jfile/country/kh/stat_01/at_download/file/cambodia_stat.xls〉（2016/10/30閲覧）
[12] JETRO（2016）『タイ一般的事項』日本貿易振興機構。
〈http://www.jetro.go.jp/world/asia/kh/stat_01/〉（2016/10/30閲覧）
[13] JETRO（2016）『ベトナム一般的事項』日本貿易振興機構。
〈https://www.jetro.go.jp/world/asia/vn/basic_01.html〉（2016/10/30閲覧）

第2章

ミャンマーの ミャンマーICTパークにおける 産業集積の実態とインフラ面からの課題

税所哲郎

1 ▶ はじめに

　東南アジアの共和制の国であるミャンマー連邦共和国（The Republic of the Union of Myanmar：以下，ミャンマー）は，1948年1月4日に英国から独立，農産物や水産物，鉱物，石油，天然ガスなどの豊かな天然資源に恵まれた拡大メコン地域（GMS）[1]最大の国である。図表2-1のように，ベンガル湾に面しているとともに，インド，タイ，ラオス，中国といった国々と国境を接している[4]。

　ミャンマーは，親日的な国であるとともに安価な労働力，豊富な天然資源，広大で肥沃な国土，豊かな農産品，地理的重要性と優位性，消費市場としての潜在性を有している。また，後発開発途上国（LDC）[2]の最貧国ではあるが，投資優遇制度や特恵関税（GSP）の適用，および「チャイナ＋1」や「タイ＋1（タイ・プラスワン）」[3]のリスク分散国のひと

---

[1] 拡大メコン地域（GMS：Greater Mekong Subregion）とは，チベット高原に源流を発し，中国の雲南省，ミャンマー，ラオス，タイ，カンボジア，ベトナムに抜ける大河であるメコン川流域の国々や地域の総称である。

[2] 後発開発途上国（LDC：least developed country）とは，国連開発計画委員会が認定した基準に基づいて，国連経済社会理事会の審議を経て，国連総会の決議により認定された特に開発の遅れた国々である。3年に一度LDCリストの見直しが行われる。アジアでは，カンボジア，ラオス，ミャンマー，アフガニスタン，バングラデシュ，ブータン，ネパール，イエメン，東ティモールの9カ国がLDCである。

[3] タイ・プラスワン（Thai Plus One）とは，タイの労働力不足と賃金上昇で労働集約的な生産のメリットが薄れる，失業率が1％を下回り賃金水準が2年間で30％以上も上昇するなどによるタイの

図表2-1　ミャンマーの位置

（出所）外務省のHPより筆者作成。

つとして注目を浴びており，2005年度以降，海外直接投資（FDI）も大きな伸びを示している。

　また，ミャンマーを含む東南アジア諸国連合（ASEAN）加盟国では，各国内需の拡大に支えられて安定成長が続いている。ASEANでは，共通実効特恵関税（CEPT：common effective preferential tariff）の適用により，先行の6カ国については2010年1月1日に域内関税を撤廃している。残りのベトナム，ミャンマー，ラオス，カンボジアは，2015年1月1日付けで，一部例外（全品目の7％まで）を除く品目については，関税撤廃されている。残る品目の関税についても2018年までに撤廃実施予定である。

　その他，ミャンマー国内では，民主化と経済開放路線の動きが急速に進展し，世界各国が安価な労働力やGSPを利用した製造業，および商社，流通，金融などの様々な業界の企業が拠点開設を急いで本格進出の準備

リスクを回避するためのリスクマネジメントである。

4　ミャンマーは東南アジア諸国連合（ASEAN：Association of South-East Asian Nations）に1997年加盟。ASEANは東南アジアにおける経済，政治，文化，社会，安全保障での地域協力機関である。ASEANは，1967年8月8日，インドネシア，マレーシア，フィリピン，シンガポール，タイの海洋部東南アジアの5カ国外相会議で設立された。現在の参加国は，設立の5カ国に加えて，ブルネイ，カンボジア，ラオス，ミャンマー，ベトナムの計10カ国である。

を始めている。

　また，ミャンマーにおいて，ICT産業（information and communication technology industry）は，国家の重要な産業となっている。国内の豊富で安価，良質な労働力（技術者）を利用して，情報システム開発における国際分業体制を構築している情報システムのグローバルデリバリー（オフショア開発）の主要拠点となる潜在能力を有している。

　本章[5]では，筆者の現地調査[6]に基づき，ミャンマーのICT産業振興やICT教育の現状とともに，産業クラスターへの取り組みとしてICT分野の産業集積であるミャンマーICTパーク（Myanmar ICT Park）の事例を中心にして，ミャンマーにおけるICT産業の実態とインフラ面からの課題についての考察を行うこととする。

2 ▶ ミャンマーの概要

　ミャンマーは，1948年に英国連邦を離脱して独立，面積67万6,578km^2（日本の約1.8倍），人口（IMF推計）は5,225万人（2016年），実質GDP成長率は7.03％（2015年推計値），1人当たり名目GDPは1,291.96米ドル（2015年推計値），政治体制は大統領制（任期5年）の共和制，議員数664人，上院と下院の二院制（議員制度）を採用している[2][7][8]。

　首都は2006年にヤンゴンより遷都のネーピードー（Nay pyi daw），民族は70％のビルマ族とその他の約134の少数民族，識字率89.9％，言語はミャンマー語，シャン語，カレン語，英語，宗教は仏教（小乗仏教）89.4％，仏教（89.4％），キリスト教（4.9％），イスラム教（3.9％），ヒンドゥー教（0.5％）で成り立っている国である[7][8]。

5　本章は，拙稿（2014）「ミャンマーにおけるICT産業の実態と課題－ミャンマーICTパークを事例として－」『東アジアへの視点』を大幅に加筆・修正したものである[6]。
6　筆者は，工業経営研究学会の2013年8月21日(水)～27日(火)「ミャンマー視察」，および日本アセアンセンターの2013年10月20日(日)～25日(金)「ミャンマー投資環境視察ミッション」，iCRAFT JPN Myanmarの2013年12月10日(火)～13日(金)「ミャンマー視察」，アジア物流研究会の2016年9月10日(土)～12日(月)「第21回アジア物流研究会（ダウェー・ヤンゴン視察）」に参加して，ミャンマーの中央・地方政府機関，商工会議所，産業集積，各種施設，ローカル企業，外国企業を訪問し現地調査を行った。

ミャンマーの経済は，これまで国内軍事政権に対する欧米の経済制裁で長く低迷してきた。しかし，2011年3月30日，大統領に就任したテイン・セイン（Thein Sein）氏が民主化・国民和解に向けた改革とともに，外資導入を基本とする経済開放政策を行い，高い経済成長を実現している。その後，2015年11月8日に5年ぶりの総選挙が，1990年以来の自由で公正な環境下で行われ，最大野党・国民民主連盟（NLD）[7]が勝利，2016年3月30日にティン・チョー（Htin Kyaw）氏が国会で宣誓を行い新たな大統領に就任している。現在，ミャンマーでは，NLDによるティン・チョー政権が発足し，新たな政権運営が始まっている。

　経済的指標[8]の側面について，実質GDP成長率は，図表2-2に示すように2005～2007年まで高い成長率で，2008年の世界同時不況によりいったん落ち込んだが，2009年以降も平均6.8％の安定した経済成長が続いている[2]。2015年のミャンマーの実質GDP成長率（実績推定値）も引き続けて，7.03％（前年比▲0.19％）と高い経済成長を続けている。これは，ミャンマーにおいては，輸出を構成する項目のなかで割合が大きい水力発電や天然ガス，石油などのエネルギー分野が，同国の経済成長に大きく貢献しているからである。また，図表2-2に示すように，GDPの総額をその国の人口で割った数値である1人当りの名目GDP（実績推定値）も一貫した成長を見せている[2]。

　具体的には，FDIの増加とともに，第三国の投資家とその投資財産に劣後しない待遇を相手国投資家と，その投資財産に付与する最恵国待遇付与に伴う特恵関税を利用した衣類や靴などの労働集約型製品の輸出が，2013年の経済成長6.82％に寄与している。

　GDPの産業別の内訳（2010年）は，図表2-2に示すように，農林水産業37.93％，商業・サービス業23.83％，製造業18.85％となっており，一次産業に大きく依存する経済構造である[2]。この産業割合は，近隣国であるカンボジアやラオスなどの途上国と同構造を示している。

7　国民民主連盟（NLD：National League for Democracy）は，1988年9月設立，党首はアウン・サン・スー・チー（書記長兼任），中央執行委員会議長ティン・ウのミャンマー政権党の政党である。2015年の総選挙による2016年の政権獲得までは，軍事政権やその流れを継ぐ政権の施策に抵抗しており，ミャンマー最大の反政府組織であった。

8　本章のミャンマーの経済指標（実質GDP成長率・輸出額・輸入額・名目GDP総額など）は，DICA（2016）とIMF（2016），およびJETRO（2016）のデータによる[1][2][7][8]。

図表2-2 ミャンマーにおける主要経済指標の推移

	2005	2006	2007	2008	2009
実質GDP成長率（％）	13.57	13.08	11.99	3.60	5.14
農業	35.58	33.81	31.87	30.10	31.87
畜産・漁業	7.52	7.51	7.63	7.45	7.63
林業	0.54	0.48	0.42	0.38	0.42
エネルギー	0.15	0.14	0.13	0.11	0.13
鉱業	0.53	0.55	0.57	0.58	0.57
製造業	14.95	16.03	17.24	18.85	17.24
電力	0.21	0.21	0.22	0.26	0.22
建設	4.01	4.29	4.42	4.51	4.42
輸送	10.95	11.59	12.15	12.43	12.15
通信	1.41	1.30	1.40	1.35	1.40
金融	0.09	0.10	0.12	0.15	0.12
社会・行政サービス	0.86	0.84	0.81	0.74	0.81
その他サービス	1.64	1.69	1.70	1.74	1.70
商業	21.58	21.45	21.32	21.35	21.32
総計（産業構成比GDP成長率）	100.00	100.00	100.00	100.00	100.00
1人当りの名目GDP（USD）	287.99	345.62	477.87	704.11	770.21
対外債務残高（USD100万）	10,082	10,818	11,865	12,607	14,417
失業率（単位：％）	4.00	4.00	4.00	4.00	4.00
消費者物価上昇率（％）	10.74	26.33	30.94	11.54	2.25
経常収支（国際収支ベース）（USD億）	5.82	7.94	13.81	12.47	9.86
貿易収支（国際収支ベース）（USD億）	19.8397	21.5210	27.4884	29.3992	25.8811
外貨準備高 USD（100万）	7.71	12.36	30.89	37.18	52.52
為替レート（期中平均値、対USDレート）	5.82	5.84	5.62	5.44	5.58
政策金利（期末値、％）	10.00	12.00	12.00	12.00	12.00
輸出額 USD（100万）	3,715.34	4,543.23	4,838.36	6,277.52	5,913.10
対日輸出額 USD（100万）	184.85	225.61	269.20	288.63	309.50
輸入額 USD（100万）	3,563.71	3,912.40	5,595.41	6,976.35	7,080.93
対日輸入額 USD（100万）	100.97	114.08	193.98	207.25	222.07
輸出入額 USD（100万）	151.63	630.83	▲757.05	▲698.83	▲1,167.83
対日輸出入額 USD（100万）	83.87	111.53	75.21	81.38	87.43
直接投資受入額 USD（100万）	4,686	5,191	6,088	6,809	7,958

（注）為替レートは、2012年4月から管理変動相場制に移行、公定レートが大幅に見直されたことで変動している。

(続き)

	2010	2011	2012	2013	2014
実質GDP成長率（％）	5.35	5.91	7.33	8.43	8.70
農業	30.10	n.a.	n.a.	n.a.	n.a.
畜産・漁業	7.45	n.a.	n.a.	n.a.	n.a.
林業	0.38	n.a.	n.a.	n.a.	n.a.
エネルギー	0.11	n.a.	n.a.	n.a.	n.a.
鉱業	0.58	n.a.	n.a.	n.a.	n.a.
製造業	18.85	n.a.	n.a.	n.a.	n.a.
電力	0.26	n.a.	n.a.	n.a.	n.a.
建設	4.51	n.a.	n.a.	n.a.	n.a.
輸送	12.43	n.a.	n.a.	n.a.	n.a.
通信	1.35	n.a.	n.a.	n.a.	n.a.
金融	0.15	n.a.	n.a.	n.a.	n.a.
社会・行政サービス	0.74	n.a.	n.a.	n.a.	n.a.
その他サービス	1.74	n.a.	n.a.	n.a.	n.a.
商業	21.35	n.a.	n.a.	n.a.	n.a.
総計（産業構成比GDP成長率）	100.00	n.a.	n.a.	n.a.	n.a.
1人当りの名目GDP　（USD）	996.63	1,196.92	1,181.92	1,179.58	1,278.71
対外債務残高　（USD100万）	15,477	19,085	10,815	13,338	13,884
失業率　（単位：％）	4.00	4.00	4.00	4.00	4.00
消費者物価上昇率　（％）	8.22	2.77	2.83	5.71	5.91
経常収支（国際収支ベース）（USD億）	15.74	▲15.61	▲12.60	▲3.89	▲16.41
貿易収支（国際収支ベース）（USD億）	34.7725	2.0805	5.9168	▲1.1404	▲30.0516
外貨準備高　USD（100万）	57.17	70.04	69.64	n.a.	n.a.
為替レート（期中平均値, 対USDレート）	5.63	5.44	640.65	933.57	984.35
政策金利　（期末値, ％）	12.00	12.00	10.00	10.00	10.00
輸出額　USD（100万）	6,452.36	8,330.18	8,266.56	10,423.50	22,494.80
対日輸出額　USD（100万）	353.40	538.69	612.25	687.98	779.56
輸入額　USD（100万）	9,947.55	13,720.20	17,071.90	20,485.60	24,425.40
対日輸入額　USD（100万）	290.47	557.68	1,384.45	1,161.48	1,303.44
輸出入額　USD（100万）	▲3,495.19	▲5,390.02	▲8,805.34	▲10,062.10	▲1,930.60
対日輸出入額　USD（100万）	62.93	▲18.99	▲772.20	▲473.50	▲523.88
直接投資受入額　USD（100万）	8,752	11,713	1,128	3,167	4,366

（出所）The International Monetary Fund（2016）"World Economic Outlook Databases"より作成。

経済成長に伴って，農業から鉱工業，およびサービス業，通信，金融への転換が少しずつ見られる。農林水産業の割合は，2003年の50.06%が2010年の37.93%に減少，その一方で製造業の割合は2003年の11.38%が2010年の18.85%に増加している。これは天然ガスと石炭を中心とした，天然資源を利用したエネルギー開発の増加による貢献の部分も大きい。また，電力と建設，および輸送，商業・サービス業は41.03%を占めており，内需型の経済構造を有している。

　輸出入額は，2006年度までは6億3,083万米ドルの黒字を境として，2007年には7億5,705万米ドルの赤字に転換，以降赤字が続いている。なお，対日輸出入額は，2010年の6,293万米ドルの黒字を境として，2011年に1,899万米ドルの赤字を計上，以降赤字が続いている。

　ミャンマーの主要輸出品目（2015）は，天然ガス，豆類，縫製品が上位3種である[7]。第1位の天然ガスは，すべての輸出額の約4割を占めており，そのほぼすべてがタイへの輸出となっている。第2の豆類はインドへ輸出しており，豊作により輸出額を伸ばしている。第3位の縫製品は，GSPを利用したもので，日本向けに輸出を伸ばしており，紳士服やジャケット，ワイシャツなどが中心となっている。その他，翡翠などの宝石の輸出も行われている。国別・地域別の輸出では，中国向けが最も大きく，シンガポールと日本，タイを含めた上位4カ国で輸出額全体の75.7%を占めている。

　一方，主要輸入品目（2015）については，一般・輸送機械が最も多く，次いで石油製品（主にディーゼル油），卑金属・同製品が上位を占めている[7]。一般・輸送機械は，2006年ヤンゴンより遷都した新都市である首都ネーピードーにおける開発需要や，宝石類の採掘機械需要が大きく寄与している。また，乗用車については，日本からの中古車輸入が大きく増大した他，米国からの天然ガス採掘機械や航空部品などの輸入も見られる。国別・地域別の輸入では，中国からが最も大きく，タイ，シンガポール，インドを含めた4カ国で輸入額全体の81.6%を占めている。

　ところで，貿易黒字が縮小し貿易赤字が拡大している最大の理由は，輸入が急増しているからである。特に，乗用車の輸入は，2010年の1.7億米ドルから2011年の13.3億米ドルへと約8倍拡大している。この急拡大の理由は，2011年9月から実施の政策である登録期間が長期に及ぶ中

古車の代替プロジェクトが大きく影響している。これまで，中古車の輸入許可証は，なかなか発行されていなかった。しかし，これが陸運局に登録のある車両のうち，登録期間が20年以上経過した自動車を廃車した場合，代わりに中古車の輸入許可証を発行することが行われるようになり，その中古車輸入の増加が原因である。

　また，2012年5月から実施している政策として，外貨預金口座を開設した人に対して，輸入ライセンスを付与していることも輸入増に影響をおよぼしている。これは，外貨預金口座を開設したミャンマー国民に対して，2007～10年式の車両1台分の輸入許可が与えられることによる中古車輸入の増加である。加えて，排気量1,350cc以下の自動車輸入の場合は，車両登録料の大幅な減免措置（50％減免）が認められたことも中古車輸入の増加に拍車をかけている。

　これまで，ミャンマー政府は，輸出で得た外貨の範囲内でのみ輸入を認めるという「輸出第一主義（EFP：Export First Policy）」を貿易政策の中心としていた。しかし，2012年5月，このEFP政策を完全撤廃したことで，資本財や建設資材，消費財などが流入しており，このことも貿易黒字が縮小，赤字基調となっている理由のひとつである。

　一方，FDIの受入は，金額の増減は見られるが，大きな実績を示しており，天然ガスや石炭を始めとするエネルギー産業，および縫製業や製靴業などの製造業，ICTを含む通信産業，金融業，サービス業などに投資が集中している。

　国別・地域別のFDI受入では，中国，シンガポール，タイ，香港の順となっている[1]。わが国のミャンマーへのFDIは，1995年以降，ミャンマーの豊富で安価な労働力やGSPを背景として，一貫して増加傾向にある。しかし，1997年のアジア通貨危機やミャンマーの外貨送金制限の強化を受けてFDIは低迷して，2011年の117億1,340万米ドルをピークにして，2015年は43億6,600万米ドルの状況である。

　このように，各国からのFDIによる積極的な投資が行われている。しかし，ミャンマーは人口規模に比較した場合，まだ経済規模が小さく，

9　2014年11月以降，車両登録料は，貨物自動車5％，バス5％，1,350cc以下の乗用車50％，1,351cc以上2,000ccまで80％，2,001ccから5,000ccまで100％，5,001cc以上の車両120％となっている。

投資が集中しているICT産業も規模が大きくない。ところで，現在，ミャンマーには，ICT系の教育を提供する大学が全国に20校以上あり，毎年数千人の学生を輩出する。企業にとっては，ICTに関する基礎知識と英語力も備える新卒人材を大量活用できるビジネス環境が存在する。

3 ▶ ミャンマーのICT産業に関する振興機関

ミャンマーにおけるICT産業の展開で重要なのが，ICT政策や産業振興に関与する政府機関，業界団体である。主要なICT産業振興機関として，図表2-3に示すように，ミャンマー通信郵便電信省（MCPT），ミャンマー郵電公社（MPT），ミャンマー科学技術省（MOST），ミャンマーコンピュータ連盟（MCF）がある[5]。

3.1 ミャンマー通信郵便電信省
（MCPT：Ministry of Communications, Posts and Telegraphs）

MCPTの内局である郵便電気通信局が郵便，電気通信，放送の3分野を所掌しており，主な業務としては，政策の立案，および電気通信サービスの管理監督，各種免許の付与と免許料の徴収を行っている。その他にも，通信機器と通信システムに関する標準化と国際交渉，および電気通信関連の調査研究などを行っている。

3.2 ミャンマー郵電公社
（MPT：Myanmar Posts and Telecommunications）

1972年に電気通信監督機関から分離した組織が，1989年の国有企業法（State-owned Economic Enterprises Law）に基づいて公社として設立されたのがMPTである。MPTは，電気通信市場における独占事業者として，固定電話や移動体通信，国際情報通信などの部門を設けた事業を展開しており，電気通信情報サービスの提供を始め，電気通信分野における研究開発，および通信設備の製造，輸出も行っている。

図表2-3　ミャンマーにおけるICT産業振興組織（中央省庁再編前）

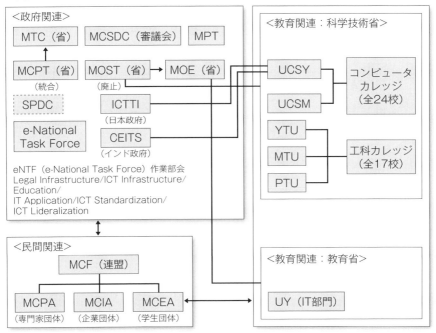

（出所）国際情報化協力センター（2009）『平成21年度「アジア各国・地域におけるIT・電気電子産業の政策・産業動向等に関する実態調査」報告書』より加筆・修正して作成。

3.3 ミャンマー科学技術省
（MOST：Myanmar Ministry of Science and Technology）

　MOSTは，1996年に産業開発と研究開発の強化のために設立された官庁である。ヤンゴンコンピュータ大学（UCSY：University of Computer Studies, Yangon，学生数約4,300人），マンダレーコンピュータ大学（UCSM：University of Computer Studies, Mandalay，学生数約3,200人）の2つのコンピュータ大学とともに，ヤンゴン工科大学（YTU：Yangon Technological University），マンダレー工科大学（MTU：Myanmar Technological University），ピャヤイ工科大学（PTU：Pyay Technological University）の3校（ICT学部，学生数合計で約300人），および工科カレッジ（Engineering College，17校・ICT関係，学生数約

500人），コンピュータ・カレッジ（Computer College, 3年制24校，学生数約7,700人）などのICT教育機関を所管しているのが科学技術省である。

3.4 ミャンマーコンピュータ連盟 (MCF : Myanmar Computer Federation)

MCFは，ICTエンジニアの登録団体であるミャンマーコンピュータ専門家協会（MCPA：Myanmar Computer Professional Association, 会員数約8,000人），ICT企業の加盟団体であるミャンマーコンピュータ産業協会（MCIA：Myanmar Computer Industry Association, 会員企業数約600社），学生団体あるミャンマーコンピュータ学生協会（MCEA：Myanmar Computer Enthusiasts Association, 会員数約75,000人）の3つの協会の統括組織として，ミャンマー最大のICT業界団体である。なお，MCF傘下の組織には，約400社のICT企業が加盟している。

ところで，ミャンマーのICT関連振興策は，1996年9月制定のコンピュータ科学開発法（CSDL：Computer Science Development Law）に基づいており，コンピュータなどの言葉の定義，コンピュータ・ソフトウェアや情報の輸出管理，ミャンマーコンピュータ科学開発審議会（MCSDC：Myanmar Computer Science Development Council）の設置，MCPT（通信郵便電信省）によるコンピュータの輸入や所有，使用の事前許可と許可，違法行為と罰則，同法の実施などを策定している。

その他のICT産業振興の関連機関としては，政府系の国立ヤンゴン大学（UY：University of Yangon）を管轄する教育省（MOE：Ministry of Education），およびミャンマーコンピュータ科学開発審議会（MCSDC：Myanmar Computer Science Development Council），軍事政権の最高決定機関であった国家平和発展評議会（SPDC：State Peace and Development Council），情報通信技術訓練センター（ICTTI：Information and Communication Technology Training Center），ITスキル向上センター（CEITS：Centre for Enhancement of IT Skills），ASEAN加盟国の合意による電子政府化に向けた取り組みであるe-National Task Force（eNTF）がある。

このように，ミャンマーでは，官民含めて数多くの組織・大学がICT産業振興の一端を担っている。なお，ミャンマーの情報化に関する最高意思決定機関は，関係閣僚や政府機関代表者，および産業界代表者などで構成されるMCSDC（科学開発審議会）である。

3.5 ミャンマーの省庁再編とICT政策

ミャンマーでは，1962年の軍事クーデターによりネ・ウイン将軍（後の大統領）による社会主義政権が成立，そして1988年のネ・ウイン政権退陣要求の全国的民主化デモにより社会主義政権が崩壊し，デモを鎮圧した国軍がクーデターにより政権を掌握している。軍事クーデター以降，軍事政権による統治が続いていたが，2015年11月，テイン・セイン前大統領政権の下で民政移管後，初の総選挙が行われている。この総選挙では，アウン・サン・スーチー氏が率いる最大野党のNDLが圧勝し，過半数の議席を確保している。その結果，2016年3月30日，NLDが主導する政権として，ティン・チョー氏が大統領に就任し，55年ぶりに選挙で国民の支持を得た政権が発足したのである。

ミャンマーの新政権は，図表2-4に示すように，各省庁を現在の「36」から「21」へ削減し，各大臣を18名に減らすことが3月17日のミャンマー連邦議会議長より告知されている。そして，ミャンマー国会では，3月21日，ティン・チョー次期大統領（当時）が提出していた中央省庁再編案を9割超の賛成多数で可決したのである。

ミャンマーの中央省庁再編では，①通信郵便電信省，鉄道運輸省，運輸省を統合した「運輸・通信省（MTC：Ministry of Transport and Communications）」創設，②農地農業・灌漑省と畜産水産地方開発省を統合した「農業畜産灌漑省」創設，③環境保護・林業省と鉱山省を統合した「資源・環境保護省」創設，④電力省とエネルギー省を統合した「電力・エネルギー省」創設，⑤労働雇用・厚生省と入国管理国勢省を統合した「労働者・入国管理国勢省」創設，⑥国家計画・経済開発発展省と財務省を統合した「計画・財務省」創設，⑦少数民族による独立・反政府運動に対応の「少数民族問題省」新設，および⑧「科学技術省」の廃止などの統廃合が行われている。

一方，この中央省庁再編では，テイン・セイン前大統領時代，退役将

図表2-4　ミャンマーにおける中央省庁再編

	旧		新
1	外務省	1	外務省
2	農地農業・灌漑省	2	農業畜産灌漑省
3	畜産水産地方開発省		※農業畜産灌漑省に統合
4	運輸省	3	運輸・通信省
5	鉄道運輸省		※運輸・通信省に統合
6	通信郵便電信省		※運輸・通信省に統合
7	文化省	4	文化・宗教省
8	宗教省		※文化・宗教省に統合
9	鉱山省	5	資源・環境保護省
10	環境保護・林業省		※資源・環境保護省に統合
11	エネルギー省	6	電力・エネルギー省
12	電力省		※電力・エネルギー省に統合
13	労働雇用・厚生省	7	労働者・入国管理国勢省
14	入国管理国勢省		※労働者・入国管理国勢省に統合
15	国家計画・経済開発発展省	8	計画・財務省
16	財務省		※計画・財務省に統合
17	工業省	9	工業省
18	保健省	10	保健省
19	建設省	11	建設省
20	教育省	12	教育省
21	社会福祉救援復興省	13	社会福祉救援復興省
22	ホテル観光省	14	ホテル観光省
23	経済・通産省	15	経済・通産省
24	情報省	16	情報省
25	大統領府（6人の大臣）	17	大統領府（6人いる大統領府相を1人にする）
26	国防省	18	国防省
27	内務省	19	内務省
28	国境省	20	国境省
29	スポーツ省		※廃止（教育省へ引継ぎか？）
30	科学技術省		※廃止（教育省へ引継ぎか？）
31	協同組合省		※廃止（経済・通産省へ引継ぎか？）
		21	少数民族問題省（※新設）

（出所）筆者作成。

校の事実上の受け皿として36まで省が拡大していたものが，これを21に集約し，行政機関の効率化を図る目的もある．また，中央省庁再編の注目点のひとつは，すべての少数民族武装勢力との停戦協定実現（少数民族武装勢力との停戦を含む国民融和）を目的とし，少数民族問題省を新設していることである．今回の中央省庁再編は，テイン・セイン前大統領時代に膨れ上がった行政コストを削減し，効率的な意思決定を実現させると期待されている．

ところで，この中央省庁再編の結果，これまで情報通信分野の担当省庁であった通信郵便電信省（MCPT）が運輸・通信省に統合されている．ミャンマーでは，これまでも国家の監督官庁である中央省庁の数が多過ぎて，どの分野の産業・業種・業態・企業などについても，どの省庁が担当しているのかが不透明な部分があったが，行政のスリム化が実施された結果，効率的，かつ迅速な運営になる見込みである．

ただし，今回の中央省庁再編により廃止された科学技術省（MOST）については，その業務を教育省が引き継いだと見込まれているが，現在のところ明確な方針や内容は明示されていない．また，ミャンマーでは，ICT産業の推進やICT教育の実施といったICT関連政策の場合，これまではMCPTとMOSTが共同担当して重要な役割を担ってきたが，政権交代後，今後は再編後の中央省庁の動向を見極めていく必要がある．

4 ▶ ミャンマーの産業集積とICTパークの実態

4.1 ミャンマーの産業集積

ミャンマーでは，基本的に政府のICT産業振興支援やサポートはあまり大きくない，かつ積極的でない．そのため，国内各地に，民間主導によるICT産業集積を設置し，産業クラスター戦略を展開している．

現在，国内の主なICT産業集積は，（1）最大都市であるヤンゴン（旧ラングーン，前首都）のミャンマーICTパーク（MICTP：Myanmar Information Communication Technology Park），（2）第2の都市マンダレーのマンダレーICTパーク（MaICTP：Mandalay Information

Communication Technology Park)，(3) マンダレーとピンウールウィンの中間地点（マンダレー近郊 Pyin Oo Lwin）のヤダナボン・サイバーシティ（YCC：Yadanabon Cyber City）の3つである。

(1) ミャンマーICTパーク（MICTP）

　第1のMICTPは，2002年1月，前首都であり，国内最大都市であるヤンゴンに開設されたICTパークである。MICTPの運営は，ミャンマーICTパーク開発会社であるミャンマー・インフォテック（Myanmar Info-Tech）が行っており，同社は民間ICT企業の50社が9割をコンソーシアム[10]で共同出資し，残りの1割を政府出資によって事業展開している。

　MICTPでは，ミャンマー政府から土地提供などの支援を受けて，高速インターネット・アクセスや予備電源の提供を始めとする国際レベルのソフトウェア開発環境を持つビル群を建設している。また，2期工事も完了，その後も複数の新しいビル工事を継続して行っており，多数のICT企業が入居し活動を行っている。

(2) マンダレーICTパーク（MaICTP）

　第2のMaICTPは，2003年8月，ミャンマー第2の都市であるマンダレーに開設されたICTパークである。MaICTPの運営は，マンダレーICTパーク開発会社であるヤダナボン・サイバー・コーポレーション（Yadanabon Cyber Corporation）が行っており，同社は複数の民間ICT企業が7割を共同出資し，残りの3割を政府出資によって事業展開している。

　MaICTPは，マンダレーから車で1時間以上離れた郊外地に整備された施設で，数多くのICT企業が入居している。MICTPの施設を比較すると，インフラの規模ではMaICTPがMICTPを上回るが，人的資源のレベルや産業集積の内容，交通網の普及といった質的な側面ではMICTPに劣っている。

　MICTPとMaICTPのICTパークは，経済特別区（special economic zone）としての産業集積を形成しており，ICT関連企業に対するサポー

---

10 コンソーシアム（consortium）とは，大規模開発事業の推進や大量な資金需要に対応するため，国際的に銀行や企業が参加して形成する国際的な借款団や融資団などの組織である。

トや支援，優遇策などの便宜を図っており，入居するICT企業に対して適切な設備・施設を提供できる特別なエリアである。

(3) ヤダナポン・サイバーシティ（YCC）

第3のYCCは，一部のインフラの下2007年9月にプレ開設，翌年の2008年10月にはすべてのインフラを完備して正式に開設されている。YCCの運営は，ミャンマー大手通信社のヤダナポン・テレポート（Yadanapon Teleport）が行っており，同社にはMPTとともにミャンマー政府が出資し，長い間ミャンマーの通信市場を独占してきた企業である。

YCCでは，インド型のソフトウェア・パークをモデルにしており，テレポートや会議施設の他，国内外のソフトウェア，およびハードウェア企業の製造ブロック，展示ホール，製品販売センター，ICTスキル向上のための研修センターなどが設立されている。また，企業に対しては，製品（ソフトウェアを含む）の輸出を行うために，行政手続きのワンストップ・サービスセンター，税務局，銀行などの海外取引に必要な諸機関が敷地内に開設されている。

YCCは，マンダレーから車で40分，エリア内には大学も設立，近くには国内線，および国際線が就航する空港も開港しており，ここから海外への直接製品輸出が可能となる。

4.2　ミャンマーICTパークの実態

MICTPの位置は，図表2-5に示すように，ダウンタウンから車で30～40分程度で，ヤンゴン国際空港に近いヤンゴン大学のHlaingキャンパスの中につくられている。なお，MICTPには，民間プロバイダーであるバガンサイバーテック（Bagan Cyber Tech）が隣接している。

MICTPは，ヤンゴンで最もインフラの信頼性の高いICT開発拠点で，敷地内の中央棟（管理棟）は，MICTPのシンボルとなるビルで，正面

11　2013年8月，ヤンゴン国際空港の拡張工事が発表され，2016年7月にターミナル1がオープン，600万人が利用できるようになる。今後は，2017年12月に1,200万人の扱いを目指したヤンゴンから75km北の土地で建設準備が進むハンタワディ国際空港がメインの国際空港となり，ヤンゴン国際空港は国内線，チャーター機用などとして利用される。

図表2-5　ミャンマーICTパークの位置関係

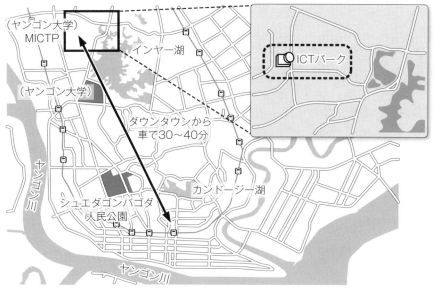

（出所）筆者作成。

　玄関を入って1階の右側には，各種セレモニーやレセプション，大規模な講演会などを行うためのカンファレンスホールがある。また，中央棟の1階の左側には，要人などの控室や会議室のVIPルーム，2階には大型会議室，3階には図書室とMCF事務所が入居している。
　敷地内のオフィスビルであるプロダダクション棟（オフィスビル棟）には，MICTPが開設の際に出資した民間ICT企業を含めた多くのICT企業が各部屋を賃貸しており，システム開発の拠点として活用している。なお，プロダクション棟の規模は，8室の生産室（1,250平方フィート）を含む2階建物，および12室の生産室（1,900平方フィート）を含む3階建物，住居床面積（48フィート×27フィート）を備えている。
　プロダクション棟の設備については，6つの電話線を始め，光ファイバー施設，同基盤施設，共同ロケーション（共用作業スペース）・サービス，サイバーテクノロジー・インターネット・サービス（100Mbps），クライアントLAN（テレポートHUBサイト：100Mbps），超小型衛星通信

局（VSAT）[12]ネットワークのリモート・クライアント・サイト，VoIP[13]，ゲートウェイ・サービス，および直ちに利用可能なデータセンターなどがBagan Cybertechによって提供されており，どの企業や組織，個人でも利用可能である。

　プロダクション棟には，ミャンマーを代表する情報通信会社であるRed Link（Red Link Communications）を始め，日本の京セラなど，国内外のICT企業が約50社入居している。Red Linkは，2008年設立，ヤンゴン市に本社がある企業で，WiMAXブロードバンド回線，およびインターネットインフラを提供している。サービス提供地域は，ヤンゴンとマンダレーで，国内ではBagan Cybertechに次いで，第2位のインターネットサービスプロバイダーである。

　MICTPの役割は，facilitator（ファシリテーター），promoter（プロモーター），incubator（インキュベータ），catalyst（カタリスト），coordinator（コーディネーター），single window service（複数システムの相互接続・連携），gateway（ネットワーク間接続の中継）である。

　現在，MICTPでは，ソフトウェア開発，人的資源開発，情報サービス，全国レベル・プロジェクト（例えば，e-governmentなど），データ処理業，コンサルタント業，オンコール・サービス，アプリケーション・サービス提供者（ASP），インターネット・サービス提供者（ISP），コンピュータ設備サービス，データベース・サービス，ハードウェア製造業などが活動中である。

　ところで，MICTPの開発推進には，これまで論じてきたように，ICT開発の拠点を提供することの他3つの目的がある。第1の目的は，ICTでミャンマーの社会経済発展の達成に寄与することである。第2の目的は，ミャンマーにソフトウェア開発者と輸出者を設立することである。第3の目的は，国際的レベルの設備を備えたICTパークを開発することである。

12　超小型衛星通信地球局（VSAT：very small aperture terminal）システムにより，地上回線のない地域でも双方向通信が可能で，ユーザーが直接，衛星とのデータ送受信を行えるようになった。
13　VoIP（voice-over internet protocol）とは，インターネットやイントラネットなどのTCP/IPネットワークを使って音声データを送受信する技術のことである。

37

5 ▶ ミャンマーICTパークの課題

　これまで考察してきたように，ミャンマーは製造業，およびサービス，流通，金融だけでなく，ICT産業の発展においても大きな可能性を秘めているが，いくつかのインフラ面からの課題も存在する。

　第1は，電力供給の課題である。ミャンマーのICT産業においては，社会インフラの中でも，特に停電や電力不足の影響が極めて大きい。毎年10月～2月の乾季には，水力発電の水不足となる。MICTPでは，バックアップ電源を備えて，電力供給に問題無い施設を提供することになっているが，実際は自家発電装置を必ず置かなければならない。自家発電は，燃料コストが割高で，経営が逼迫する要素ともなっている。

　第2は，通信インフラの課題である。MICTPのインターネットでは，最高の国内環境が提供されているが，実際の通信環境は著しく低い。MICTPでは，通信速度が100Mbpsの回線を常時接続できる通信環境を提供していることになっている。しかし，現実には，インターネットの通信速度は非常に遅く，かつ接続している回線がよく瞬断している。これは，実際に入居企業が利用できる通信速度は，通常2Mbps程度で，光ファイバーを利用した場合においても10Mbpsの回線容量しか確保できないからである。

　第3は，金融システムの課題である。ミャンマーでは，金融システムが確立されておらず，現金主義によるビジネスが展開されている。銀行自体が信用されてなく，ビジネス上において必要となる資金提供，資金送金，資金決済などの効率的な業務ができない。モノの移動が伴わないICT産業においては，金融システムの確立は必須であるが，今後の金融システム整備に時間がかかりそうである。

　第4は，人的資源の課題である。ミャンマーには，現在，ICT企業が300社以上あると言われているが，大型案件を海外から受注できるような規模や技術水準を持つ企業が少ない。優秀なシステムエンジニアやプログラマーなどのICT技術者は，シンガポールやタイへ出稼ぎに行き，国内に留まっているものが少ない。そこで，ミャンマーへ進出したわが国のNTTデータや大和総研などの大手ICT企業は，ミャンマーでの独自展開を行っている。

NTTデータは，2012年5月にミャンマー投資委員会へ設立申請書を提出，NTT DATA Myanmar Co., Ltd.の設立に向けて準備，ミャンマー政府より正式に許可を受けて，ミャンマーICTパーク内に400m^{2}を確保，2012年11月8日より営業を開始している。今後，NTTデータのアジア地域における新たなシステム開発拠点として，5年後に500人規模の体制を目指している。また，ヤンゴンコンピュータ大学への寄付講座の提供，および2012年12月から奨学金の制度も開始，ICT人材の育成のために大学との連携強化を行っている。

　大和総研（DIR）は，2013年4月8日，ミャンマーのICT企業であるACE Data Systems Ltd.と，ICTサービスを提供する日本初の合弁会社として，ミャンマーICTパーク内にDIR-ACE Technology Ltd.（出資比率はDIR50％，ACE50％）を設立し，営業を開始している。ACEはミャンマーで銀行システムも手掛けている有数のICT企業，DIRは2010年12月よりACE社に対して証券業務にかかわるシステム開発を中心に開発委託し，協力関係を築いてきた。今後，DIRとACEは継続的な開発委託を通じて，技術力を高め100人規模の体制を目指している。

　第5は，各種法整備の遅れの課題である。2012年11月に新外国投資法が発効したが，輸出入手続きに関連した実務や経済特区に関する法整備が遅れている。また，税法を含めた各種法律の不透明さも拭いきれていない状況にある。

6 ▶ おわりに

　ミャンマーのICT産業における産業集積について，MICTPを事例として考察してきた。MICTPでは，いくつかのインフラ面での課題もあるが，それ以上のメリットや優位性，将来性もある。例えば，ミャンマーにおける市場規模拡大の可能性である。人口は5,148万人（2015年）を擁しており，ICT分野の利用者においても，労働力（技術者）の供給においても，および経済発展に伴う今後の消費市場としても市場拡大が予想される。

　また，オフショア開発では，高等教育を受けた，豊富で安価，良質な

労働力（技術者であるICTエンジニア）を大量に利用できる。大型案件を経験した熟練技術者の採用は厳しい（難しい）が，ICT専攻の新規大卒者の採用は企業側の買い手市場である。ミャンマーでは，優秀な新規大卒者を大量採用することができ，中国やインド，ベトナムなどにおける労働力確保の困難さとも，ほとんど無関係である。

　さらに，オフショア開発の価格競争力に加えて，日本語習得の高さと国民性の類似がある。ミャンマー人の日本語の習得能力や理解力の高さと，ミャンマー人と日本人とが一緒に仕事をしやすいといった開発環境のことも，日本向けのオフショア開発に適している要因である。したがって，今後，日本のオフショア開発における，これまでの中国の絶対的な優位性を覆すことができる可能性があるのもミャンマーであると言える。

　その他，MICTPには，ICT人材育成のための研修センター（MJeLC：Myanmar Japan e-Learning Centre）が設置されている。MJeLCは，日本政府が財政面での支援をして設立した組織で，2001年から日本の経済産業省とミャンマーのeNTF，MCFが後援してのICT研修が行われている。また，提携については，わが国の情報処理技術者試験を年2回実施，その資格は両国で相互承認されており，この点からもミャンマー人のICT技術者の能力を定量的に判断することが可能であり，採用判断のひとつとなるのである。

　ヤンゴン市内には，MJeLC以外にも，2013年8月9日，国際協力機構（JICA：Japan International Cooperation Agency）はミャンマー商工会議所連合会（UMFCCI：The Union of Myanmar Federation of Chambers of Commerce and Industry）と共同で，ミャンマー日本人材開発センター（JMC：Japan Myanmar Centre）を開設している。JMCは，ミャンマーの未来を担うビジネス人材育成と日本－ミャンマー間の人材交流の拠点として設立されたもので，日本企業や外国企業からの投資を呼び込むために，ミャンマー経済に係る講座も開講する。

　ICT産業，特にソフトウェア開発企業は，PCとソフトウェア，インターネット環境があれば起業が可能で，大規模な設備投資といった初期投資が少なくても事業の立ち上げができる業種である。また，この分野は，グローバル展開も比較的に容易に行うことが可能である。したがって，ソフトウェア開発に携る人材，およびグローバルビジネスに対応し

た人材の確保が競争優位となる。

　このように，ICT分野の産業においても，その消費市場としても，大きな潜在能力を持っているのがミャンマーである。今後，日本のICT企業が国際競争力を強化していくためには，ミャンマーのICT人材をうまく活用していくことが重要になる。

〈参考文献〉

［1］ Directorate of Investment and Company Administration, 2016/September Foreign Direct Investment By Country, "Foreign investment by country Data & Statistics," DICA.
〈http://www.dica.gov.mm/sites/dica.gov.mm/files/document-files/by_country_0.pdf〉（2016/10/30閲覧）

［2］ International Monetary Fund（2016）"World Economic Outlook Databases," IMF.
〈http://www.imf.org/external/ns/cs.aspx?id=28〉（2016/10/30閲覧）

［3］ Porter, M.E.（1990）*The Competitive Advantage of Nations*, Free Press.

［4］ 外務省（2016）「ミャンマー連邦共和国」『アジア』外務省.
〈http://www.mofa.go.jp/mofaj/area/myanmar/index.html〉（2016/10/30閲覧）

［5］ 国際情報化協力センター（2009）『平成21年度「アジア各国・地域におけるIT・電気電子産業の政策・産業動向等に関する実態調査」報告書』CICC.

［6］ 税所哲郎（2014）「ミャンマーにおけるICT産業の実態と課題－ミャンマーICTパークを事例として－」『東アジアへの視点』国際東アジア研究センター，2014年9月号，第25巻第3号，pp.37-48.

［7］ JETRO（2016）『ミャンマー基礎的経済指標』日本貿易振興機構.
〈http://www.jetro.go.jp/world/asia/mm/stat_01/〉（2016/10/30閲覧）

［8］ JETRO（2016）『基礎的経済指標（10年長期統計）』日本貿易振興機構.
〈https://www.jetro.go.jp/ext_images/jfile/country/mm/stat_01/at_download/file/myanmar_stat.xls〉（2016/10/30閲覧）

第3章

タイにおける物流システムを利用した産業集積の連携によるイノベーションの創出

税所哲郎

1 ▶ はじめに

　現在,陸のASEAN[1]を中心とした東南アジア(以下,ASEAN)では,ダイナミックな経済活動や積極的な企業行動が展開され,地域の活力が見られる。ASEANにおけるダイナミックな経済展開の源泉のひとつとなっているのが,工業団地や経済特別区,ハイテクパーク,サイエンスパーク,ソフトウェアパークといった産業集積(産業クラスターを含む)の取り組みである。

　また,ASEAN各国の産業集積を活用した地域開発や地域発展などの連携をインフラ面から支えているのが,各国を接続する物流システムである。ASEANの物流システムでは,域内を横断する南北経済回廊や東西経済回廊,南部経済回廊などの陸上路,タイのレムチャバン港やマレーシアのポート・ケラン港,ベトナムのカイメップ・チーバイ港,ミャンマーのヤンゴン港などの海上路,国際鉄道輸送による鉄道路などがあり,これらを積極的に活用した各国間の連携におけるグローバル・サプライチェーン体制(global supply chain management system)[2]を構築し

1 　陸のASEANとは,東南アジア諸国連合(ASEAN:Association of South‐East Asian Nations)のうち地理的にインドシナ半島の陸地に位置するタイ,ベトナム,カンボジア,ミャンマー,ラオスの国々である。ASEANは,1967年のバンコク宣言によって,タイ,インドネシア,シンガポール,フィリピン,マレーシアの5カ国で設立,1984年にブルネイが加盟後,現在はベトナム,カンボジア,ミャンマー,ラオスを加えた10カ国で構成されている。

2 　グローバル・サプライチェーン・マネジメント(global supply chain management system)とは,

ている。

　例えば，陸のASEAN各国では，物流システムを利用し，近隣国との間で国境を跨いだ産業集積間のリンケージ・マネジメント（linkage management：以下，リンケージ）[3]を展開している。リンケージでは，産業集積を構成する企業と関連企業，関連する諸組織・諸機関を連携し，それらをサポートする物流システムや行政面でのワンストップ・サービスセンターを含む公共インフラを活用，グローバル・サプライチェーン体制を構築して，新しい価値を生み出すイノベーション創出に向けた取り組みを行っている。

　本章では，筆者の現地調査[4][5]に基づき，陸のASEANを中心とした産業集積と物流システムによるネットワークの構築によるリンケージ・マネジメントを考察する。具体的には，リンケージをインフラ面からサポートしている物流システムである陸上路とともに，タイを中心に陸のASEAN各国を跨いで展開される産業集積間の連携による地域イノベーションの創出について，その取り組みの現状と課題についての考察を行うこととする。

2 ▶ 産業集積と物流システムのリンケージ

　陸のASEAN各国では，国境を跨いだ産業集積を連携させるための物流システムとして，南北経済回廊や東西経済回廊，南部経済回廊などの陸上路，およびレムチャバン港（タイ），カイメップ・チーバイ港（ベ

一国のみでなく複数の国において，資材の調達，生産，物流，販売といった一連の工程をよどみなく流れるように再構築し，ITの活用などによって一元管理する経営手法のことである。
3　リンケージ（linkage）とは，ヒトやモノが繋がり，互いにかかわり合っていることである[27]。
4　本章は，拙稿（2016）「陸のASEANにおけるリンケージ・マネジメントに関する一考察─タイにおける物流システムを利用した産業集積の連携について─」『グローバリゼーション研究』を大幅に加筆・修正したものである[17]。
5　筆者は，2015年8月2日（日）〜8月8日（土）の日本アセアンセンター「陸のASEAN投資環境視察ミッション」，および2016年9月9日（金）〜9月12日（月）のアジア物流研究会「第21回アジア物流研究会」に参加して，バンコクとその近郊，そしてポイペト（カンボジア），サワナケット（ラオス），ムクダハーン（タイ），ダウェー（ミャンマー）の国境沿いの産業集積，および日系企業，ローカル企業の調査を行った。

43

図表3-1 インドシナ地域の陸上路における物流システムの概要

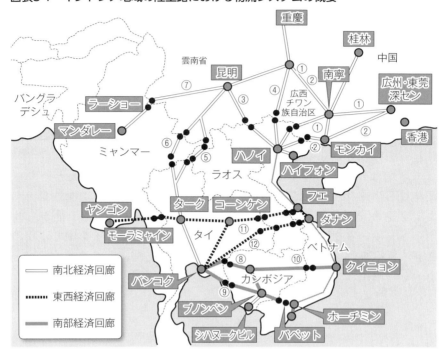

(出所)税所哲郎(2013)「ベトナムにおける物流システムの実態と課題に関する一考察」より作成。

トナム),ヤンゴン港(ミャンマー)などの港湾を利用した海上路,国際空港を利用した航空路,貨物列車を利用した鉄道路などを構築している。

南北経済回廊(North-South Economic Corridor)は,中国・タイ政府の支援で建設された第4タイ・ラオス友好橋(国際メコン架橋)の完成により,図表3-1の⑤に示すように,中国雲南省(昆明)からラオス(ボーテン),タイ(チエンコーン)を経由し,タイ(バンコク)までの3カ国を接続する道路が2013年12月に開通している。

東西経済回廊(East-West Economic Corridor)は,日本政府の支援で建設された第2タイ・ラオス友好橋(タイ・ムクダハーンとラオス・サワナケットを結ぶ国際メコン架橋)の完成により,図3-1の⑫に示すように,ベトナム(ダナン)・ラオス・タイ間までの3カ国を結ぶ道路

が2006年12月に開通している。現在，日本政府の支援により，道路状態の悪い一部道路（国道9号線）を補修中である。

今後は，東西経済回廊がダナンからミャンマーのモーラミャインまで伸長されると，太平洋からインド洋に抜ける輸送の物流網が構築される。

南部経済回廊（Southern Economic Corridor）は，日本政府の支援により，カンボジア国内メコン川渡河橋のネアックルン橋（つばさ橋）が2015年4月に完成，図表3-1の⑨に示すように，ベトナム（ホーチミン）からカンボジア・タイ（バンコク）間までの道路が2010年12月に開通している。

なお，タイのレムチャバン港（河川港）は，バンコク・クロントイ地区と道路・鉄道でのアクセスに優れており，この港からの背後圏内への貨物輸送を効率的，かつ経済的に行うことが可能な環境に立地している。なお，レムチャバン港から，カンボジア国内で唯一の外洋港で大水深港の近代的な貨物処理設備を持つシハヌークビル港を経由し，ベトナム最南端のまちであるナムカンに至る沿岸ルートである南部沿岸回廊（Southern Coastal Corridor）が南部経済回廊の副回廊として位置付けられている。

その他の陸上路の物流システムとしては，北部回廊（Northern Corridor），西部回廊（Western Corridor），東部回廊（Eastern Corridor），中央回廊（Central Corridor），東北回廊（Northeast Corridor），南北回廊（North-South Corridor）などがあり，陸のASEANを中心としたアジア各国の主要幹線道路との接続により，アジア各国が近隣国とのリンケージを展開しようとしている。また，国際空港を利用した航空路や貨物列車を利用した鉄道路，コンテナ貨物を利用した海上路においても，近隣国はもちろんのこと，日本や中国などの遠隔地の国々と接続したビジネス展開が行われている。

このように陸のASEANにおける陸上路の活用では，国際的な経済回廊の道路整備，メコン川への架橋，国境施設の整備と近代化などの「物理面」，および車両の相互通行ライセンス規定，国境手続きの簡素化，トランジット通関の手続き改定などの「制度面」においても，近隣諸国との接続の簡易さや複数の国家を連結する際の簡易性といったアクセスやコネクティビティが飛躍的に向上している。

3 ▶ 物流システム活用による産業集積のリンケージ

3.1 物流システムの活用と産業集積のリンケージ

　陸のASEANにける産業集積間のリンケージでは，陸路による物流システムを活用した展開を行うことで，タイを中心にカンボジア・ラオス・ミャンマーとの間で，隣国との連携への積極的な取り組みを行うことができる。現在，タイでは，多くの日系企業の進出などにより，労働者の賃金上昇による人件費が高騰化，今後の労働力不足も懸念されており，産業構成の見直しが進められている。

　タイ投資委員会（BOI）[6]では，国境沿いの相手国側に産業集積である特別経済区（SEZ）[7]の設置を認可，重要分野として位置付けている。それは，国境SEZ内に企業が進出した場合，通常の国内SEZに進出した場合と最も異なり，通常BOIが認めていない外国人非熟練労働者の雇用が認められるからである。タイ国境に隣接している国境SEZのメリットを活かして，タイ本国では付加価値の高い分野，ミャンマーやラオス，カンボジアでは労働集約的な分野に特化するリンケージが推進されている[28]。

　このリンケージの事例では，図3-2に示すように，東西経済回廊，南部経済回廊を活用して，隣国のカンボジア・ラオス・ミャンマーとの国境沿いの地域に産業集積を開発して，製造業の企業を誘致，タイ国内企業とのグローバル・サプライチェーンを構築することである[24]。

　つまり，タイ本国には，同じ製造業の推進でも付加価値の高い企業によるR&D[8]やハイテクなどの産業を形成する一方で，相手国には安価な現地労働供給による労働集約的な企業による単純組み立て工場などの産

---

[6]　タイ投資委員会（BOI：Board of Investment）は，1954年制定の産業奨励法の運用窓口として設置，タイ国首相を委員長，工業大臣を副委員長として，タイ投資奨励策の決定や重要な投資案件の許認可などを行っている。

[7]　経済特別区，あるいは経済特区（SEZ：special economic zone）とは，補助金や優遇税制など，経済発展のために法的，行政的に特別な地位を与えられている地域である。

[8]　R&D（research and development）とは，研究開発のことで，特定の対象を調査して，基礎学問の研究や目的に応じた応用研究の模索を行ったり，将来的に発展する技術などの試験を行ったりして，技術的な優位を得るための活動のことである。

業を隣国の国内国境沿いに形成，産業集積間のリンケージを図るのである。

このリンケージでは，例えばラオスの国境沿いの産業集積に労働集約的な工程の工場を設置し，同工場で生産された製品はすべてタイのマザー工場へ輸出する。タイのマザー工場では，より付加価値の高い製品の製造を行う主力製造拠点としての機能を担い最終製品化を行うのである。つまり，タイ国内と隣国の産業集積との連携を行った企業戦略を展開しているのである。

この企業戦略では，タイと隣国との産業集積間のリンケージを図った連携を行って，国際的な分業体制に基づくグローバル・サプライチェーンを構築するものである。そこで，以下，タイと隣国との物流システムを活用した産業集積間のリンケージによるグローバル・サプライチェーンの事例を考察する。

3.2 東西経済回廊によるラオスとのリンケージ

第1の事例は，タイにおける物流システムである東西経済回廊（East-West Economic Corridor）と隣国のラオスを活用した国境を跨いだ産業集積のリンケージである。東西経済回廊は，図表3-2に示すように，インドシナ地域をベトナム中部から東西に横断している道路である。この陸上路は，全長約1,500kmの道路で，東西の車での移動には3～4日間を要する物流システムである。

現在，日本のODA[9]やアジア開発銀行（ADB）[10]などの資金援助によって東西経済回廊の整備が行われており，バンコクからハノイ間の陸路輸送の利便性が大きく向上することが期待されている。今後，モーラミャインまでの道路整備，および沿線の地域開発や産業集積の設置が進めば，ますます物流システムの利用が高まることになる。東西経済回廊のルートとしては，ベトナムのダナンからラオスのサワナケットを経て，第2メコン友好橋を経由，タイのムクダハーンからミャンマーの山岳地帯を

---

9 ODA（official development assistance：政府開発援助）とは，政府または政府の実施機関によって，開発途上国または国際機関に供与，開発途上国の経済・社会の発展や福祉の向上に役立つための資金・技術提供である。

10 アジア開発銀行（ADB：Asian Development Bank）は，アジア・太平洋地域における開発途上国の経済開発を促進し，貧困の減少を目的に設立の国際的金融機関である。

図表3-2　タイを中心とした国境沿い産業集積の構築

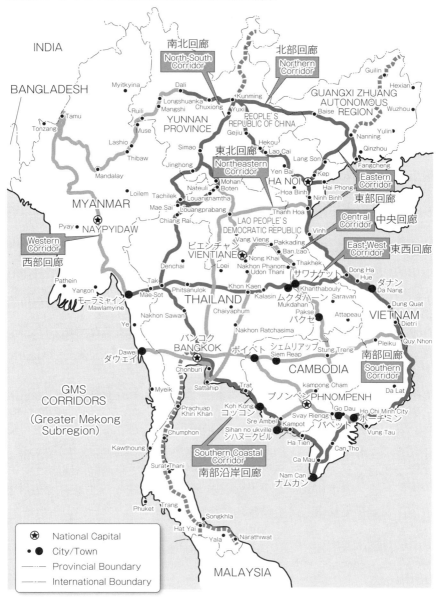

(出所) ADB (Asian Development Bank) (2012), GMS Economic Cooperation Programより作成。

通ってモーラミャインという港町へ繋がるインドシナ半島の4カ国を結ぶ道路である。

　このリンケージの事例では，図表3-2に示すように，ラオスのサワナケットからミャンマーのモーラミャインまでの接続が見られる。例えば，サワナケットには，国境沿いの産業集積・産業クラスターとして，2003年，サワン・セノ経済特区（Savan-Seno Special Economic Zone, Savan Park Savannakhet：以下，サワンパーク）が設立されている[8][29]。

　サワンパークは，2008年，マレーシアのPacifica Streams Development社（70％出資）とラオス政府（30％出資）が共同で，サワナケットに研究と新たな商業・産業ハブの開発を合意，その内容に基づき開発・設立されている経済特区である。また，サワンパークは，ラオスにおいて新しい経済機構を促進することを目的にしており，サワナケットでの開発計画から市場経済への移行を奨励する一方で，ラオスへの海外直接投資を誘致し，経済特区内での開発を行っている。

　ところで，サワンパークは，タイ語とラオ語の言語が類似していることから，特区内へのタイ人のエンジニアやマネージャーの派遣でのサポートが容易であること，タイ人によるラオス人への技術移転が容易であること，タイからカンボジアの地に入国する場合には別のトラックに積み替え不要で直接出荷が可能であることなど，設置における優位性が見られる。

　その他，ラオスは電力が豊富であるために電気料金が廉価であること，投資優遇制度により企業所得税（法人税）が最大で10年間免除で，その後は8％で固定される。また，個人所得税は5％で固定，配当税は5％，付加価値税は免除される。加えて，ラオス人の安い労働力と国境沿いの安価な土地があることなどの点が設置の優位性となっている。

　タイ・ラオス国境沿い地域への日系企業進出の事例としては，2013年3月，サワンパークに進出したニコンのラオス現地法人Nikon Lao Co., Ltd.がある。Nikon Laoは，同年9月にラオス新工場にて操業を開始，タイのアユタヤにあるマザー工場で全体の9割を生産するデジタル一眼レフカメラのグローバル・サプライチェーンの一部機能を担っている。この新工場には，コスト削減の他，タイ洪水を踏まえたリスク分散の意味合いもある。

また，2013年4月，サワンパークに進出したトヨタ紡織のラオス現地法人Toyota Boshoku Lao Co., Ltd.がある。Toyota Boshoku Laoは，2014年5月，自動車用シートカバーなどの内装部品の本格生産を開始している。トヨタ紡織における，ラオス新工場の位置付けは，トヨタ紡織グループのグローバル・サプライチェーンを構成し，タイのレムチャバンにあるマザー工場の生産拠点を補完するサテライト工場の機能を担うことである。

　その他，2012年，ラオスでの委託生産を開始したアデランスが設立したラオス現地法人Aderans Lao Co., Ltd.がある。Aderans Laoは，2013年5月にビエンチャンの自社工場での生産準備を開始，2014年9月にサワンパークでの賃貸設備を利用した仮工場を稼働させて，2015年7月に本工場として自社工場の生産を開始している。これまでタイのブリラム工場を主要生産拠点として展開してきたが，サワンパークの新工場は，資材や製品の物流において高い利便性があることから生産拡大する見込みである。また，最初の委託工場であるビエンチャン工場は，現在もオーダーメイド製品の毛植え工程専用工場として稼働している。

3.3　南部経済回廊によるカンボジアとのリンケージ

　第2の事例は，タイにおける物流システムである南部経済回廊（Southern Economic Corridor）と隣国のカンボジアを活用した国境を跨いだ産業集積のリンケージの事例である。南部経済回廊は，別名，第2東西経済回廊（Second East-West Economic Corridor）ともいい，図表3-2に示すように，タイのバンコクからカンボジアのプノンペン経由でベトナムのホーチミン（サイゴン港）を結んでいる。この陸上路は，全長約1,000kmの道路で，東西の車での移動には2〜3日間を要する物流システムである。

　このリンケージの事例では，図3-2に示すように，カンボジアのベトナム国境沿いのパペットからタイ国境沿いのポイペト，ネアックルンでのメコン架橋（つばさ橋）を経て，タイ国内を経由して国境沿いのミャンマーのダウェイとの接続が可能である。

　例えば，ポイペトには，国境沿いの産業集積として，Sanco経済特区（Sanco Special Economic Zone, Sanco poipet SEZ）が設立されて

いる[7]。Sanco SEZ は，2012年，日本とカンボジアの合資企業である Sanco Cambo Investment Group 傘下の Sanco Investment が経済特区の開発と運営を行っている。Sanco SEZ の位置関係は，カンボジアとタイ2国間の重要な国境貿易ゲートで，タイ国境から5kmの場所に位置し，カンボジアでは先端的，かつ近代的な経済特別区のひとつである。

Sanco SEZ は，海抜が高い土地に設置されて，高台になっているため洪水による被害の心配がない洪水フリーゾーンであること，隣国タイの様々な商業ハブ施設に近接していること，タイからカンボジアの地に入国する場合には別のトラックに積み替えが不要で直接出荷が可能であること，国境ゲートの運用時間が6時から22時までと早朝から深夜まで長いこと，ASEAN 各国の主要都市には45分から4.5時間ほどで直ぐに移動できることといった設置における優位性が見られる。

その他，外国人は土地を99年間までリースできること，投資優遇制度により法人税が20%であること，適格投資プロジェクト（QIP）[11]と法人税への利益に関して9年間免税，輸入設備と機械，建設・原材料，輸出品に関しては10%の付加価値税が免税，輸入設備と機械，インフラに関する建設・原材料，加工品，組み立て品に関しては輸入税が免税されること，また，別途，法に規定される場合を除いて輸出税が免税，CDC/PMIS[12]の認可を受けた場合は QIP の権利・特典の譲渡が確立されていること，カンボジア人の安い労働力と国境沿いの安価な土地が活用できることなどの点が設置の優位性となっている。

タイ・カンボジア国境沿い地域への日系企業進出の事例としては，2015年4月，南部経済回廊沿いの Sanco SEZ に進出した豊田通商のカンボジア現地法人 Techno Park Poipet Pvt. Co. Ltd. がある。Techno Park Poipet Pvt. は，2015年4月設立，カンボジアで日系自動車部品会社の現地生産における活動を支援する会社である。豊田通商は，インフラ分野

---

11 適格投資プロジェクト（QIP：Qualified Investment Project）は，1994年のカンボジア投資法により設立された，カンボジアにおける復興・開発と投資活動の監督に関して責任を負う唯一の機関のカンボジア開発評議会（CDC：Council for the Development of Cambodia）の審査を経て承認される。QIP により，輸出志向型 QIP の生産設備，建設資材，および輸出品生産のための原材料，国内志向型 QIP の生産設備，建設資材の輸入の場合は，輸入関税を免税で輸入することができる。

12 カンボジア開発評議会（CDC），州・特別市投資小委員会（PMIS：Province-Municipal Investment Sub-Committee）のことである。

の注力事業として，インドやタイ，中国，インドネシアの4カ国でテクノパーク事業を展開し，新興国でのグローバル・サプライチェーンにおけるバリューチェーンの強化を進めている。

　また，2016年4月，Sanco SEZに進出したニッパツのタイ子会社NHK Spring (Thailand) Co., Ltd.が設立したカンボジア現地法人NHK Spring (Cambodia) CO., Ltd.がある。NHK SPRING (CAMBODIA) は，2016年4月，自動車用シートの縫製部品生産を開始している。ニッパツでは，タイを基点にメコンエリア全体でのグローバル・サプライチェーンを構築し，生産体制の最適化を図っている。

　その他，2014年5月，カンボジアでの委託生産を開始した日本電産がポイペトに設立した現地法人SC WADO Component (Cambodia) Co., Ltd.がある。SC WADO Componentは，HDD用スピンドルモーターを据え付けるアクチュエータに伝達される外部からの衝撃を緩和するベースプレートの製造子会社である。日本電産は，カンボジアに新会社を設立し，タイや中国，マレーシアの海外現法3社と連携を図りながら，アジア全体の最適化を図りつつベースプレート事業の拡大を推進している。

3.4　南部経済回廊によるミャンマーとのリンケージ

　第3の事例は，タイにおける物流システムである南部経済回廊と隣国のミャンマーを活用した国境を跨いだ産業集積のリンケージの事例である。

　この事例では，図3-2に示すように，カンボジアのベトナム国境沿いのパペットからタイ国境沿いのポイペト，タイ国内を経由して国境沿いのミャンマーのダウェイとの接続が可能である。

　例えば，ダウェイには，国境沿いの産業集積として，ダウェイ経済特別区 (Dawei Special Economic Zone) が設立されている。Dawei SEZは，ヤンゴンから約600km，およびバンコクから約350kmのミャンマー南部に位置している。バンコクからダウェイ間が結ばれることで，マラッカ海峡を経由せずインド洋と太平洋が結ばれ，メコン地域の対インド洋側ゲートウェイとなる。さらに，メコン地域全体を背後圏とした対西側地域のハブにもなり得る可能性を有している。

---

[13] HHD (hard disk drive) は，パソコンに利用される不揮発性記憶ストレージのことである。

2008年5月，タイとミャンマーの両国政府が2国間で協力して進めることを確認し，基本合意調印がなされ，タイの民間大手ディベロッパーのイタリアン・タイ・ディベロップメント社（ITD）[14]がミャンマー政府よりダウェイ開発の事業権を獲得し開発を推進してきた。

　しかし，実際はITDの1社では開発資金をまかないきれず，地元住民の移転や周辺土地と一部道路の整備程度しか進んでいない。2012年7月のタイのインラック首相とテイン・セイン大統領との会談（いずれも当時）で，ダウェイ開発の仕切り直しを行い両国政府が協力して進めることで合意し，土地の開発権と租借権（開発主体）がITD社からタイ・ミャンマー両国政府の出資する特別目的事業体（SPV）[15]の手に移管されている。

　その後，タイの政情不安などから，約1年間は同事業の先行きは不透明な状況が続いていたが，2014年10月，タイとミャンマー両国政府がDawei SEZ事業の再開を確認している。その後，新たな投資元として日本からの新規支援・投資への期待が高まり，2015年7月，Dawei SEZプロジェクト開発のための協力に関する日本国政府，およびミャンマー政府，タイ政府の3カ国間の意図表明覚書（MOI）[16]が結ばれている。MOIは，出資や技術連携，幹線道路建設，環境・社会への配慮などで構成，出資はSPVに対して3カ国が均等出資する形で日本が参画の意図を表明している。

　ところで，2015年8月，ミャンマー政府とタイ政府は，2年前に開発の権利を喪失したITD社を含むコンソーシアム[17]と初期開発権契約を締

14　イタリアン・タイ・ディベロップメント（ITD：Italian-Thai Development）は，タイ資本とイタリア資本の合弁企業で，タイの総合建設会社で最大手である。タイ政府からのインフラ受注が多く，高速道路や橋，鉄道，ダム，空港，発電所，パイプラインの敷設などを行っている。ITDは，国際的な事業も行っており，インドや台湾，フィリピン，ラオス，ミャンマーなどでの建設事業も請け負っている。

15　特別目的事業体（SPV：special purpose vehicle）とは，資産や債権の証券化が行われる場合に設立される事業体のことである。この場合には，オリジネーター（証券化対象資産のもとの保有者）とSPVとの間に資本関係は持たせないようにする。

16　意図表明覚書（MoI：memorandum of intent）では，今後，日本が国際協力機構（JICA），あるいは国際協力銀行（JBIC）などを通じて，事業主体に出資参加すること，および道路連結事業のための事前事業化調査を実施することなどが確認されている。また，環境・社会への配慮に関しても，国際基準に即し，適切な措置を講じていくことが明記されている。

17　コンソーシアムは，ITD社とタイの工業団地の造成・分譲・運営会社のRojana Industrial Park

結している。なお，2015年2月，コンソーシアムは，Dawei SEZプロジェクトの開発事業のため，MyanDawei Industrial Estate Holdingを設立している。プロジェクトの初期開発における総開発費は17億米ドルで，敷地面積は27km^2，小規模港湾や火力発電所，タイへの2車線道路，LNG受入基地，居住地，電話線，労働集約産業の団地などを整備する。

また，2013年12月，国際協力銀行（JBIC）[18]によるSPVへの均等出資契約が締結されている。その後，2015年12月，JBICはMOIに基づきDawei SEZ開発会社への出資参画を目的とした株主間契約を締結して[19]いる。現在，Dawei SEZの開発計画がようやく進められている段階で，実際の計画推進は2020年以降と予測されているが，具体的な日系企業の進出は見られない。

3.5 その他経済回廊によるラオスとのリンケージ

その他の事例としては，陸のASEANにおける物流システムである中央回廊（Central Corridor）を活用したタイと隣国のラオスとの国境を跨いだ産業集積のリンケージの事例である。

この事例では，図3-2に示すように，カンボジアの外洋港都市であるシハヌークビルからカンボジアの首都プノンペンを経由，そしてカンボジアを縦断してラオスのパクセを経由，ラオス国内の国境沿いの国道13号線を進むと，ラオスの首都ビエンチャンへの接続が可能である。

中央回廊沿いのラオスの首都ビエンチャンには，タイ・ラオス国境沿いエリアへの国際物流センターであるビエンチャン・ロジスティクスパ

Public Co., Ltd.（Vinichbutr's Group（タイ）と住金物産（現日鉄住金物産）のJVとして1988年5月設立），タイのエネルギー会社のLNG Plus International Company Limitedがメンバーである。

18 国際協力銀行（JBIC：Japan Bank for International Cooperation）は，2011年5月2日公布・施行の株式会社国際協力銀行法に基づき，2012年4月1日に株式会社国際協力銀行として発足した。JBICは，日本および国際経済社会の健全な発展に寄与することを目的に設立，一般の金融機関が行う金融を補完し，①日本にとって重要な資源の海外における開発および取得の促進，②日本の産業の国際競争力の維持および向上，③地球温暖化の防止などの地球環境の保全を目的とする海外における事業の促進，④国際金融秩序の混乱の防止またはその被害への対処に関する業務を行っている。

19 Dawei SEZ開発会社（ダウェイ経済特別区開発会社）は，2013年6月，Dawei SEZの包括的な開発に向けて，ミャンマー政府に対し助言や支援を行うことなどを目的として，FERD（ミャンマー連邦共和国国家計画・経済開発省対外経済局），およびNEDA（タイ王国周辺諸国経済開発協力機構）の出資により設立されている。

ーク(VLP：Vientiane Logistics Park)の設置計画がある。VLPの設置では，国境沿いに位置している既存の旅客用鉄道のタナレン・ターミナル駅(Thanaleng Terminal Station)の混雑緩和対応とともに，国境貿易におけるコンテナ貨物管理を行い，タイの一方向物流のみでカンボジアやラオス側からの帰りの貨物がない片荷問題の軽減を図ることも目的としている。

　ラオス第2の都市と言われる南部の都市のパクセには，2015年8月，中央回廊沿いに総面積195haのパクセ－ジャパン中小企業専用経済特区(Pakse-Japan SME SEZ)が設置されている[6]。パクセ－ジャパンは，ビエンチャンから約770kmのタイとカンボジアの国境沿いのチャンパサック県に位置し，ラオス初の日系中小企業専用経済特区である。タイ・ラオス国境沿いのパクセ－ジャパンへの日系企業進出の事例としては，2015年6月設置，大和産業のラオス現地法人Daiwa Harness Lao Co., Ltdがあり，2015年12月に新工場を稼働している。

　大和産業では，既存のタイのマザー工場であるアマタナコン工業団地の工場におけるハーネスの手組み工程の一部をラオスの新工場に移管させることで，タイ工場では発光ダイオード(LED：light-emitting diode)や電子基板付きハーネスなどの高付加価値品の生産に注力している。

　その他，経済特区の承認に先行して，初期の開発(約10ha)が完了，すでに大和産業(東京都大田区)の他，「レオンカ」ブランドのウィッグを生産するフェザー(大阪市城東区)，精密コイルを製造するジャパンテック，着物のアンドウ(京都市下京区)，革小物を製造するナダヤ(東大阪市)，新電元工業(東京都千代田区)の6社が操業している。

　また，陸のASEANにおける物流システムである南部沿岸回廊(Southern Coastal Corridor)を活用したタイと隣国のカンボジアとの国境を跨いだ産業集積のリンケージの事例である。

　この事例では，図3-2に示すように，タイのバンコクからハートレック・チャンジアム国境，カンボジア沿岸を経由，ベトナムの最南端都市のナムカンへの接続が可能である。

　カンボジアの首都プノンペンより西部に位置し，タイランド湾に面した港町であるコッコンには，南部沿岸回廊沿いにコッコン経済特別区

(Koh Kong Special Economic Zone）が設置されている。タイ・カンボジア国境近くにあるコッコン経済特別区への日系企業進出の事例としては，2011年設置，矢崎総業のカンボジア現地法人Yazaki（Cambodia）Products Co., Ltd.があり，2012年12月に新工場を稼働している。

　矢崎総業では，タイのチャチェンサオ工場などから労働集約的工程の分離，および人件費が急激に上昇しているタイの工場を補完する生産拠点として，コッコンにワイヤーハーネス（自動車用組電線）の新工場を設置している。Yazaki（Cambodia）Productsは，自動車用ワイヤーハーネスの生産拠点として，グローバル・サプライチェーンにおいてタイに拠点を構える自動車メーカーの工場へ製品の供給を行っている。

　このようにタイでは，東西経済回廊や南部経済回廊などの物流システムを活用し，隣国のカンボジア・ラオス・ミャンマーとの国境沿いの地域に産業集積を開発，自国の産業集積とのリンケージを展開しているのである。国境を跨いだリンケージや連携では，隣国の産業集積に労働集約型の製造業の企業を誘致，タイ国内の産業集積には高付加価値型に特化した企業を設置し，それらの企業間とのグローバル・サプライチェーンを構築して，イノベーション創出を目指している。

4 ▶ おわりに

　陸のASEANでは，自国のイノベーション創出を目指した国づくりが行われており，各国国内に工業団地や輸出加工区，経済特別区，ハイテクパークなどの産業集積（産業クラスターを含む）が多数設立されている。これらの産業集積では，隣国の国境沿いの産業集積とのリンケージ・マネジメントを推進することで，国境を跨いだ地域開発や地域活性化に向けたイノベーション創出の取り組みを積極的に展開している。

　特に，タイでは，陸のASEANの物流インフラを活用し，隣国の国境沿いの産業集積に工場を設置，安価な労働力を活用するとともに設備・材料，部品などを支給して，労働集約的な作業である加工や組み立てなどの一部の工程を担わせる企業戦略が見られるようになっている。

　陸のASEANにおける物流インフラ活用の産業集積の展開では，企業

や支援機関，関連機関などが集積するだけでなく，それらのプレーヤー（組織）がグローバル・サプライチェーンの下で分業体制を構築し，リンケージにより互いのネットワークを強化，国境を跨いだ相互作用（競争・協調）を高めることによって，イノベーション創出を目指している。

ネットワークの強化には，貿易の出国側と入国側でそれぞれ輸出入の手続きを要する貿易・税関・通関業務をワンストップ・サービス（シングルウィンドウ化）により1回で済ますことによって，国境を通過する物資の滞留時間を短縮し，物流の促進を図る取り組みなども含まれる。

一方，陸のASEANにおけるリンケージ・マネジメントについては，いくつかの課題も見られる。例えば，国境での通関手続きなどのワンストップ・サービスの取り組みの遅延である。ワンストップ・サービスの取り組みは見られるが，実際には計画のみで実現されていないことである。特に，それぞれの国境での通関手続きにおいて，CBTA（Cross-border Transportation Agreement：越境交通協定）の稼動，税関開庁時間，重量制限，物流費の高額化などが顕著な課題がとなっている。

その他の課題としては，カンボジアやラオス，ミャンマーでは，原材料・部品のほとんどを海外から調達しているので，その調達費が大きく大幅なコスト削減が実現できないことである。したがって，コスト削減効果を期待したグローバル・サプライチェーンの構築は，想定・期待した効果を得られないのである。

さらに，ラオスやカンボジアは，労働の質の問題（労働者は小学校・中学校卒業レベルの学歴），労働者の流動化の問題（労働者への技術教育後の退職），両国は小国であるために量的な不足があるといった最適な労働者確保の課題もある。

このように，陸のASEAN各国の連携では，いくつかの課題は見られるが，陸上路などの物流システムを活用することで，国境沿いに産業集積を設置し，国境を跨いだリンケージ・マネジメントによるイノベーション創出の取り組みを行っている。

〈参考文献〉

[1] ADB（Asian Development Bank）（2012）*GMS Economic Cooperation Program: Overview*, Manila.
[2] Inkpen, A.C., & E.W.K.Tsang（2005）"Social Capital, Networks, and Knowledge Transfer," *Academy of Management Review*, 30, pp.146-165.
[3] Krugman, P.R.（1991）*Geography and Trade*, MIT Press.（北村行伸・高橋亘・妹尾美起訳（1994）『脱「国境」の経済学』東洋経済新報社）
[4] Porter, M.E.（1990）*The Competitive Advantage of Nations*, Free Press.
[5] Porter, M.E.（1998）*On Competition*, Harvard Business School Press.
[6] RentsBuy Team（2015）"Govt approves new SEZ in Champasak," Pakse-Japan SME Specific Economic Zone, RentsBuy Property-Lao Real Estate Leader.
〈http://www.rentsbuy.com/project/economic-zone/pakse-japan-sme-specific-economic-zone.html〉（2016/11/1閲覧）
[7] Sanco Poipet SEZ（2016）Sanco Investment, SPS.
〈http://www. sancosez.com/ja/〉（2016/11/1閲覧）
[8] Savan Pacifica Development（2016）Savan Park Savannakhet, SPD.
〈http://www.savanpark. com/?page_id=1146&lang=ja〉（2016/7/20閲覧）
[9] United Nations（2013）*UN Comtrade Database*, UN.
〈http://comtrade.un.org/〉（2016/11/1閲覧）
[10] Whittington, K. B., J.,Owen-Smith, & W.W. Powell,（2009）"Networks, propinquity, and innovation in knowledge-intensive industries," *Administrative Science Quarterly*, 54, pp.90-122.
[11] 石田正美（2014）「ASEAN域内物流ネットワーク：GMS経済回廊の現状と展望」北陸環日本海経済交流促進協議会・アジア経済研究所編『ASEAN経済の動向と北陸企業の適応戦略』アジア経済研究所）。
[12] 市來圭（2012）「東南アジアの工業団地に関する概況と制度」『REPORT』OKB総研，Vol.146, pp.25-30。
[13] 経済産業省（2014）『海外工業団地事業調査報告書』経済産業省。
〈https://www.jetro.go.jp/biznews/2016/01/c8aaec213765a950.html〉（2016/11/1閲覧）
[14] 税所哲郎（2013）「ベトナムにおける物流システムの実態と課題に関する一考察」『戦略研究』戦略研究学会，第12号，pp.101-122。
[15] 税所哲郎（2014）『中国とベトナムのイノベーション・システム－産業クラスターによるイノベーション創出戦略－（第2版）』白桃書房。
[16] 税所哲郎（2015）「ベトナムにおける産業集積の新たな形態に関する一考察－ホーチミンにおけるVIE-PAN TECHNO PARKを事例として－」『標準化研究』標準化研究学会，第13巻第1号（通巻15号），pp.21-40。
[17] 税所哲郎（2016）「陸のASEANにおけるリンケージ・マネジメントに関する一考察─タイにおける物流システムを利用した産業集積の連携について─」『グローバリゼーション研究』工業経営研究学会・グローバリゼーション研究分科会, Vol.13 No.1, pp.41-58。

[18] JETRO（2016）『カンボジア基礎的経済指標』日本貿易振興機構。
　　〈https://www.jetro.go.jp/world/asia/kh/stat_01.html〉（2016/11/1閲覧）
[19] JETRO（2015）『タイ基礎的経済指標』日本貿易振興機構。
　　〈https://www.jetro.go.jp/world/asia/th/basic_01.html〉（2016/11/1閲覧）
[20] JETRO（2016）『ミャンマー基礎的経済指標』日本貿易振興機構。
　　〈https://www.jetro.go.jp/world/asia/mm/stat_01.html〉（2016/11/1閲覧）
[21] JETRO（2015）『ラオス概況』日本貿易振興機構。
　　〈https://www.jetro.go.jp/ext_images/world/asia/la/data/overview20150310.pdf〉（2016/11/1閲覧）
[22] JETRO進出企業支援課（2013）『ミャンマー工業団地調査報告書』日本貿易振興機構。
　　〈https://www.jetro.go.jp/ext_images/jfile/report/07001458/report_rev.pdf〉（2016/11/1閲覧）
[23] JETROバンコクセンター（2011）『タイ国工業団地調査報告書（2011年3月）』日本貿易振興機構。
　　〈https://www.jetro.go.jp/ext_images/jfile/report/07000600/report.pdf〉（2016/11/1閲覧）
[24] JETROプノンペン事務所（2015）『カンボジア・ラオスのタイ国境地域経済特区比較』日本貿易振興機構。
　　〈http://www.jetro.go.jp/ext_images/world/reports/2014/7b3bacad38b0368a/kokkyo.pdf〉（2016/11/1閲覧）．
[25] JETRO（2015）『カンボジアの日系工業団地』日本貿易振興機構。
　　〈https://www.jetro.go.jp/ext_images/theme/fdi/industrial-park/developer-material/pdf/kh_2.pdf〉（2016/11/1閲覧）
[26] 日本経済新聞社（2016）「国境越え基盤整備」『日本経済新聞』（2016年9月20日）。
[27] 野村重信（2015）「グローバル環境におけるリンケージ・マネジメントに関する研究－リンケージの概念と経営環境の周辺－」『グローバリゼーション研究』工業経営研究学会・グローバリゼーション研究分科会, Vol.12 No.1, pp.185-200。
[28] 長谷場純一郎（2016）「国境SEZを投資誘致の柱に－改造内閣の産業政策（1）－」『通商弘報』日本貿易振興機構。
　　〈https://www.jetro.go.jp/biznews/2016/01/c8aaec213765a950.html〉（2016/11/1閲覧）
[29] 山田健一郎（2015）「ビタパークとサワン・セノSEZの整備進む－国境地域での周辺国との補完的開発も模索－」『通商弘報』日本貿易振興機構。
　　〈https://www.jetro.go.jp/biznews/2015/04/5525d02b1b198.html〉（2016/11/1閲覧）

第4章

ベトナムにおけるソフトウェア分野の産業集積の現状と課題

佐藤進

1 ▶ はじめに

　近年，ベトナムが経済成長により大きく変化している。2016年1月に開催された第12回ベトナム共産党大会によると，2011～15年までの実質GDP成長率は平均5.9％であったが，2016～20年の同目標を年平均6.5％～7.0％とさらに高く設定した[2]。1人当たり名目GDPは，2015年の2,109米ドルを2020年までに3,750米ドルまで引き上げるとしている[2]。3,000米ドルを超えると家電製品や自動車などの消費市場が急速に拡大すると言われており，今後市場としてのベトナムも注目される。

　このような中で，ベトナム政府は，IT産業を今後の重要な産業として捉えている。具体的には，特に同分野の名目GDP総額を2～3倍，もしくはそれ以上とし，2020年までに同分野を対GDP比8～10％，情報技術産業従事者100万人などを目指している[10]。

　本章では，政府が今後の重要な産業として捉えているIT産業の集積，中でもソフトウェア産業の集積の状況を取り上げる。ベトナム情報通信省が毎年発表する『*Vietnam Information and Communication Technology White Book 2014*（ベトナム情報通信（IT）白書2014）』によれば，IT産業をハードウェア，ソフトウェア，デジタルコンテンツの各分野に分けている[9]。

　それらの中でも，ベトナムのソフトウェア産業は，1998～2000年あたりに始まったと言われる。その後，インターネットが普及すると同時に

ソフトウェア産業も発展，10年前より米国・欧州・日本などの外国からのオフショア先として注目されるようになった。さらに，近年，ベトナムのソフトウェア開発は，プログラミングや単体テストなどの下流工程が中心であったのが，システムを提案する上流工程もできるまでになり進歩をとげている[1]。大学・短大などの人材教育や政府の支援も積極的で有望な産業とも言える。

本章では，ベトナムにおける①ソフトウェア産業の規模，②人材育成，③政府支援政策と業界団体，④産業集積の状況とともに，今後の課題を考察する。

2 ▶ ベトナムソフトウェア産業の規模

2.1 ソフトウェア産業の企業数

2013年現在，ベトナムにおけるIT産業の企業数は1万3,815社で，うちハードウェア2,485社，ソフトウェア6,832社，デジタルコンテンツ4,498社とソフトウェアが一番多い。ソフトウェア企業は，図表4-1に示すように，2011年より急激増し7,000社を超えている[9]。ベトナム統計総局の2013年企業数（37万3,213社）と比較すると，ソフトウェア企業は全体比で1.8％と大きくない。

これらソフトウェア企業数を地域別で見た場合，北部は45％，南部は55％の割合と言われている[2]。北部では首都であるハノイ，南部では商業都市であるホーチミンに企業が集中している。

ベトナムにおいて，ソフトウェア企業が急激に設立された理由は大きく3つある。1つ目は，インターネットが普及したことである。インターネットユーザーは，2013年に3,319万件と前年比6.0％，2009年比45.7％と急速な伸びを示している。これにより，ソフトウェア開発の環境が整備されたことである[9]。2つ目は，教育は数学や物理などの理数系が

---

1 中西編（2010）『ベトナム産業分析』が出版された2010年時点では，ソフトウェア産業は下流工程が中心と言われていた[25]。
2 2016年10月ベトナムソフトウェア，およびITサービス協会（VINASA）へのヒアリングによる。

図表4-1　ベトナムのソフトウェア企業数推移

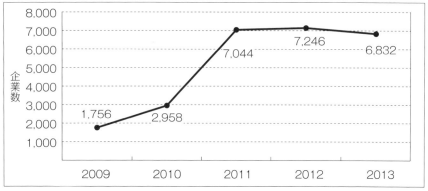

（出所）NCAIT, MIC（2015）*Vietnam Information and Communication Technology White Book*より作成。

多く，ソフトウェア開発などプログラムの設計に馴染み易いことである。また，ソフトウェア企業を設立した経営者は，理系出身が多いと見られる。3つ目は，企業の設立費用が低く抑えられることである。ソフトウェア産業は，製造業とは違い企業設立時の資本金は1万〜3万米ドルくらい，設備投資はパソコンや机などの最小限で済み，必要経費は事務所代や電気代などである。このような状況の下で，ソフトウェア企業の設立資金は，少額で済むことから親族や知り合いからの借り入れ，または共同出資のケースが多く見られる。

2.2　産業人口とメインプレーヤー

　ベトナムのソフトウェア企業の従業員数は，図表4-2に示すように，2009年の6万4,000人から2013年の8万8,820人と増加傾向にある[9]。しかし，スマートフォンをベトナム北部で生産している韓国系電子・電気メーカーのサムスンやそれらサプライヤー，電子部品メーカーなど外資系企業の製造業が17産業における大部分の従業員数を抱えている。同年の労働者人口（5,324万5,600名）から見た場合でも，情報産業全体で0.8％，ソフトウェア産業で0.2％と極めて小さい割合である[27]。

　一方，ソフトウェア産業の特徴は，ハードウェアやデジタルコンテンツと比較した場合，企業数が多い割には従業員数が少なく小規模の企業

図表4-2　ベトナムのソフトウェア企業の従業員数の推移

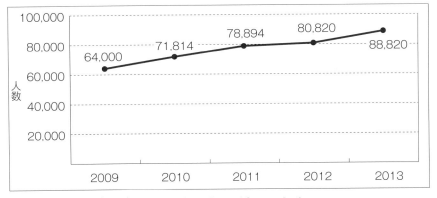

（出所）NCAIT, MIC（2015）*Vietnam Information and Communication.*

が多いことがある。なお，ベトナムの1,000人以上の企業は，FPTソフトウェア（本社ハノイ，FPTコーポレーションの子会社），CMC（同ハノイ），VNG（同ホーチミン），TMA（同ホーチミン）などがある。

　1,000人規模以上のソフトウェア企業で一番有名なのは，1999年に設立されたFPTソフトウェアである[3]。同社は，外国企業からのアウトソーシング事業を積極的に行っており，2015年10月現在，従業員は9,000名を超える。また，業界2位のCMCは，1993年設立，国内のソフトウェア開発を数多く受注している[1]。同社は，2015年末現在，従業員1,900名とFPTソフトウェアの従業員数と比較すると大きな開きがある。また，100～1,000名規模の企業は約50社，それ以外が100名以下で，20～30名の企業も多く，また会社登録はしてないがフリーランスとして個人でソフトウェア開発している企業も見られ，小規模・零細企業が多いのもベトナムのソフトウェア産業の特徴と言える。

　ベトナムにおいて，多くの小規模企業が存在する理由は，従業員が独立し，企業を設立することがあげられる。例えば，ある日本のソフトウ

3　2016年10月ベトナムソフトウェア，およびITサービス協会（VINASA）やハノイでのローカル・ソフトウェア企業へのヒアリングによる。
4　税所（2010）（2011）（2014）の論文も，大企業と小規模・零細企業の特徴を指摘している[16][17][18]。

ェア企業は，ベトナムローカル企業へオフショア開発を依頼していたが，同社の中心として働いていたシステムエンジニア10名が退職して独立したため，発注を止めたケースもある。また，その他，独立してから数年後に企業を閉鎖して，別のソフトウェアの従業員になることも多く見られる。

　ベトナムにおけるソフトウェア企業では，従業員の給与[5]は月平均300～500米ドル，平均年収は5,025米ドルである[9]。また，JETROが行った調査によれば，在ベトナムの日系企業の「製造業・作業員スタッフ」の1年の給与が3,855米ドルで，それよりも高く，「製造業・エンジニア」の5,940ドルに近い。上記からもベトナムにおいては，ソフトウェア企業への就職は，魅力的で，人気職種と言われていることがわかる[21]。

2.3　ソフトウェア産業の売上規模

　ベトナムのソフトウェア産業の売上は，図表4-3に示すように，2013年の13億6,100万米ドル（前年比12.7％増），2009年の60.1％増と増加傾向にある[9]。同年の国内総生産（GDP）1,701億米ドルと比較した場合，0.8％である。さらに，ソフトウェアとハードウェア（367億6,200万米ドル），デジタルコンテンツ（14億700万米ドル）を含めたIT産業の場合，対GDP比2.3％と低く，これから発展が期待できる産業[6]である[27]。

　ちなみに，ソフトウェア業界トップ企業のFPTソフトウェアでは，売上1億3,500万米ドル（2014年12月），ソフトウェア売り上げ全体の7.8％と大きな割合である[3]。

2.4　ソフトウェアの受注形態

　ベトナムのソフトウェアの受注形態は，大別して2つある。ひとつは国内開発，もうひとつは海外の事業者や子会社から委託・発注を受けるオフショア開発である。国内開発で需要が多いのは，まず企業からスマホアプリケーション，業務システム，ウェブサイト，ゲームソフトの開発などである。さらに近年は，ベトナム政府からの発注も多くなっている。

---

[5]　2016年10月のハノイでのローカル・ソフトウェア企業へのヒアリングによる。
[6]　2013年名目GDP産業別比率は農林水産業18.0％，工業・建設業33.2％，サービス業38.2％，税金（補助金除く）10.1％となっている。

図表4-3　ベトナムのソフトウェア売り上げ推移

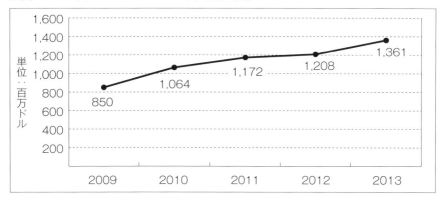

（出所）NCAIT, MIC（2015）*Vietnam Information and Communication Technology White Book*より作成。

　これは行政手続きの簡素化を図るための電子化が推進されているためで，税務申告，通関，社会保険，金融などのシステムの発注も多くなっている。国内開発とオフショア開発の割合は7：3で，国内が多く，さらに国内開発の比重が大きくなるのではないかと言われている[7]。

　通常，オフショア開発の場合，注文を請け負う地場企業は，発注側から2次，あるいは3次請負になる。これとは対照的に，国内での開発は外部へ発注することなく，自社ですべて請負う形態がほとんどである。この理由は，他社に協力を依頼して発注しても納期と品質を守らないケースが多いからである。

　ベトナムの大手ソフトウェア企業の事例では，自社での人材が不足していることから，他社に外注，あるいは他社からエンジニアを派遣してもらい作業をさせている。しかし，他社への発注やエンジニア派遣の場合，作業工程の管理も含め納期や品質の確保は困難で，自社社員の増員などの自社での対応が必要となっている。納期や品質などの確保を行い，外部発注システムを発展させることが，今後のソフトウェア業界発展の課題である。

7　VINASAへの同上インタビューによる。

ところで，ベトナムにおけるオフショア開発は，米国，EU，日本などの企業からの発注が多く，発注比率では米国4：EU3：日本3の状況である。また，2015年は日本の発注増加が顕著で，米国も増加，EUは微増である[8]。

　また，ホーチミンを中心としたベトナム南部は，米国企業，ハノイを中心としたベトナム北部は日本企業からの受注が多い傾向にある。例えば，南部のソフトウェア企業は，在米ベトナム人である越僑（直接米国企業もある）を通してビジネスを行うケースが多いため，米国の顧客が多いのが実態である。

　一方，北部は，日本からの政府開発援助（ODA），あるいは日本への留学生が多い（その後，日本へ就職するケースが多い）ことから日本企業との付き合いが多くなる。実際，日本からのオフショア開発は，ベトナムは直接発注，間接発注（元請けが海外に発注する場合）ともに，中国についで2番目に多い[18]。日本企業からは，ベトナム企業は指示したことに対して，誠意を持って対応するので，信頼関係を構築できるとの意見もある。

　また，近年，このようなベトナムにおけるオフショア開発にも変化が見られている。例えば，日本の委託先が，ソフトウェア開発において，難易度が高く，頻繁にコミュニケーションをとる必要があると判断した場合，日本の委託先からベトナムからシステムの設計ができ，かつ日本語ができる人材，つまりブリッジSEを派遣するケースがあることである[9]。また，ローカル企業も顧客を獲得するために日本で現地法人，もしくは支店を設立するケースもある。

　その代表例が，FPTソフトウェアの現地法人である。日本法人の社名はFPTジャパンで，2005年に東京に設立され，その後大阪，名古屋，福岡にも営業所を設立している[13]。同社の従業員は556名（2016年1月現在），うちSEとブリッジSEが448名を占める。その他，FPTソフトウェアは，日本の他に，米国や欧州，東南アジア，オーストラリアなどに合計17拠点を置いている[3]。それ以外では，ルビナ・ソフトウェア，

8　VINASAへの同上インタビューによる。
9　税所（2011）（2014）の論文も，ブリッジSEの重要性を指摘している[17][18]。

チンバンアウトソーシング，ベトソフトウェア，ランシステムなどの企業も日本に拠点を置いている。このような状況は，2020年の東京オリンピックまで続く傾向と見られる。

3 ▶ ベトナムソフトウェア産業の人材育成

3.1　IT関係の学校数と学生数

　ベトナムにおける情報通信・電子・電気通信コースの人材育成は，主に大学・短期大学，職業訓練学校で行われている。図表4-4に示すように，大学・短期大学は2013年で428校，うち同コースは290校と全体比67.8％と約7割，かつ職業訓練校は228校存在し，注目されている[9]。

　また，図表4-5に示すように，同コースの大学・短期大学の学生数は，同年で17万6,614人と全体比約8.6％，かつ職業訓練校は2万4,569人になる[9]。ベトナムソフトウェア，およびITサービス協会（VINASA）報告書によれば，毎年同分野の学校の卒業生は，企業の求人より多いことから，今後さらに学生数が増加すると見込まれている[12]。

3.2　ソフトウェア教育とその問題点

　ベトナムでソフトウェア教育を提供している学校数は，正確な数値は不明である。現在，主に大学がソフトウェアの教育，職業訓練校がパソコンの保全や修理を担っている。また，大学では，授業のカリキュラムにおいて，国際規格や最新技術の教育だけでなく，語学教育にも力を入れており，いくつかの大学では英語と日本語の教育を行うケースもある。[10]

　ソフトウェア企業では，新卒人材を輩出する大学として，ハノイの場合，ハノイ国家大学，ハノイ工科大学，ハノイ交通大学，ハノイ郵便通信大学，FPT大学からの採用が見られる。また，ホーチミンでは，ホーチミン工科大学，ホーチミン自然科学大学，情報通信大学からの採用が

10　ハノイのローカル・ソフトウェア企業へのインタビューによる。

図表4-4　ベトナムにおける情報通信・電子・電気通信コースのある学校数の推移

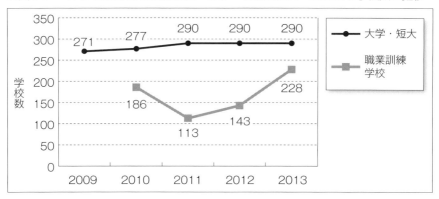

（出所）NCAIT, MIC（2015）*Vietnam Information and Communication Technology White Book*より作成。

図表4-5　ベトナムにおける情報通信・電子・電気通信コースの学生数の推移

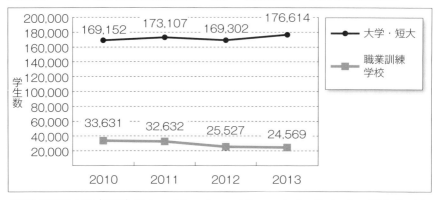

（出所）NCAIT, MIC（2015）*Vietnam Information and Communication Technology White Book*より作成。

見られる[11]。
　ソフトウェア産業分野でユニークな教育を行っている大学として，民

11　ホーチミンのローカル・ソフトウェア企業へのインタビューによる。

間大学のFPT大学がある［4］。同大学は，FPTソフトウェア社の親会社であるFPTコーポレーションが2006年に，ICT人材を育成することを目的として設立した大学である。現在，学生数は1万8,000人で，ハノイ，ホーチミン，ダナンにキャンパスを持っている。同大学では，大学卒業後，FPTグループの企業へ就職するケースが多く，就職後，学生時代に受給された奨学金の返済も免除されることがある。

　また，JICA（国際協力機構）では，ハノイ工科大学において「ハノイ工科大学IT高等教育人材育成プログラム（2006〜2014年）」を実施している［23］。同プログラムは，日本語や日本の商習慣を理解し，ITの開発現場で日本人エンジニアと専門用語でコミュニケーションできるエンジニアを育成することを目的としている。同プログラムの卒業生から，日本語ができるIT人材が多く輩出し，起業して日本のソフトウェア企業と取引しているケースもある。

4 ▶ ベトナム政府の支援政策と業界団体

4.1　政府の目指すIT産業とは

　政府は，今後，IT分野を国の重要産業として育成しようとしている。現在，ベトナムにおけるIT政策は2010年9月22日付け「ベトナムを情報通信大国にするための」政府首相決定1755/2010/QD-TTgである［10］［19］。具体的には，同決定における目標は，下記の4点である。

①情報通信分野人材を国際基準にすること。
②情報通信産業，特にソフトウェア産業，デジタルコンテンツ・サービスをGDPと輸出成長に大きく貢献できるよう重要な経済セクターにする。
③全国規模のブロードバンドを構築する。
④社会経済，国防，安全保障において効率的に情報通信を適用する。

　さらに，ベトナムにおいて，今後，IT分野が国の成長と持続的発展の中心となることを規定している。また，同分野の名目GDP総額を2〜

3倍，もしくはそれ以上とし，2020年までに同分野を対GDP比8～10%を目指している。

その他の目標として，①2020年までに情報・通信・電子専攻の卒業生の80%が，専門人材として評価され，国際市場で活躍できる語学力を身につけること，②情報技術産業従事者が100万人，③ソフトウェアやデジタルコンテンツサービスにおいて主要な10カ国になるなどがある。

4.2　政府の税制面での支援

ベトナムでは，IT産業を支援するために，政府が税制面の支援も実施している。2014年11月26日付け投資法，また同法施行細則である2015年11月12日付け政府政令第118/2015/ND-CP号に規定している[21]。特に，同政令付録Ⅰにおいて，IT分野は「投資特別奨励分野」となる。具体的には「情報技術に関する法規によるソフトウェア製品，デジタル情報内容製品，主要なIT製品の生産，ソフトウェアサービス，情報安全事故の克服サービス，情報安全保護サービス」と規定しており，ソフトウェアも入っている。

法人税法の優遇は同施行細則である2013年12月26日付け政令218/2013/ND-CP号に規定している[22]。ソフトウェア製品への新規投資での法人税優遇は，優遇期間は15年間10%，免税4年間，減税9年間，その開始期間は収入が発生した年から，免税と減税は課税所得が発生した年からとなる。さらには，政府はIT分野の促進に関して，2016年5月26日付け決議41/NQ-CPが公布されている[11]。同決議は持続的な発展や国際統合がますます拡大していく中で，IT企業の競争力を向上させ，同分野の投資誘致を推進することを目的としている。具体的には，IT製品，デジタル，ソフトウェア分野に関する法人税法や個人所得税の優遇政策を掲げている。

4.3　政府のIT分野の支援体制と所管官庁

政府は，2013年，IT活用を促進すべく「国家ICT委員会（NCICT：National Committee on Information and Communication Technolgies)」を設立している。2014年1月，NCICTを改組し，政府首相を委員長とする「IT応用国家委員会（National Commission on Application of IT)」

が組織された。同委員会は，情報通信分野の政策提言や監督するための機関である。同分野での所管官庁は全般的に情報通信省である［19］。また，関連官庁は下記の通りである。

①情報通信省（MIC：Ministry of Information and Communications）
　　　………情報通信全般担当
②科学技術省（MOST：Ministry of Science and Technology）
　　　………研究開発/IT人材育成，MICと連携
③教育訓練省（MOET：Ministry of Education and Training）
　　　………学校教育へのIT普及，MICと連携
④商工省（MOIT：Ministry of Industry and Trade）
　　　………電子商取引/IT企業誘致，MICと連携
⑤公安省（MPS：Ministry of Public Security）
　　　………サイバーセキュリティ対策，MICと連携

4.4　IT分野における業界団体

ベトナムにおける同分野の業界団体は，下記の8団体である［19］。
①ベトナム情報処理協会
　（VAIP：Vietnam Association for Information Processing）
②ベトナムソフトウェア，およびITサービス協会
　（VINASA：Vietnam Software and IT Services Association）
③ホーチミンコンピュータ協会
　（HCA：Ho Chi Minh Computer Association）
④ベトナム電子産業協会
　（VEIA：Vietnam Electronic Industries Association）
⑤ベトナム科学技術協会連盟
　（VUSTA：Vietnam Union of Science and Technology Associations）
⑥ベトナムオートメーション協会
　（VAA：Vietnam Automation Association）
⑦ベトナム電子商取引協会
　（VECOM：Vietnam Electronic Commerce Association）
⑧ベトナム情報セキュリティ協会

（VNISA：Vietnam Information Security Association）

　上記の業界団体の中で，ソフトウェア企業の加盟が多いのがVINASAとHCAである。VINASAは，ソフトウェア産業の発展促進を目的として2002年4月に設立，北部ハノイと南部ホーチミンに事務所を持っている[13]。2017年1月現在，会員企業360社以上である。VINASA会長はチュオン・ザ・ビン（Truong Gia Binh）氏（FPTグループ会長），副会長は10名，執行委員は52名，ベトナム政府にも同産業振興の観点から政策提言している。また，VINASAは，日本とも密接な関係を持っており，①ベトナムIT Day（日本），②ジャパン IT WEEK（日本），③ジャパンICT Day（ベトナム）と大きなイベントを開催している。

　HCAは，1998年設立，2016年5月現在で個人会員は約1,800名，会員企業320社（従業員2万人），会員企業はIT製品の流通販売とソフトウェアの企業となる[6]。HCAの事務所は，ホーチミンの1カ所で，会員企業のほとんどが南部に集中する。主な活動は，IT関連のイベントやネットワークミーティングの主催，年に1回Vietnam ICT Outlook（VIO）を公表している。また，韓国・台湾・日本にミッションを派遣，日本には年2回派遣している。

5 ベトナム産業集積の状況

5.1　産業集積の形態

　ベトナムに7,000社近くのソフトウェア企業がある中で，開発拠点は，同産業の集積はハノイやホーチミンなどの都市部の新興開発地域のビルの一室，あるいは一軒家を借りるケースが大半である。それは，開発拠点が都市部の中心地となると部屋のリース料金も高く，新興地域は半

12　企業数に関しては，2017年1月，VINASAへのインタビューによる。
13　HCA企業数に関しては，2016年6月，HCAへのインタビューによる。
14　税所（2011）（2014）の論文においては，地域開発型のQTSCとオフィスビル型のe.townの2つに分類して，産業集積の考察を行っている[17][18]。

分以下と安いためである。また、企業のスタートアップ時は、資金もなく、従業員が20～30名規模と少ない場合が多いので、なるべく家賃の安い場所を選ぶ傾向があるため、都市部の新興開発地域となる。

一方で、ソフトウェアパークへ入居するケースもある。情報通信省によると、ベトナムのソフトウェアパークは、図表4-6に示すように、①クアンチュンソフトウェアシティ（QTSC）、②カウザイITパーク、③ハノイITトレーディングセンター、④サイゴンソフトウェアパーク、⑤ダナンソフトウェアパーク、⑥ホーチミン市ベトナム国家大学ITパーク、⑦イータウン、⑧カントソフトウェアパークの8つである。ダナンのダナンソフトウェアパークとカント省のカントソフトウェアパーク以外は、ホーチミンの4カ所、ハノイの2カ所となっている。

これらの中でソフトウェア企業の集積が多いのが、QTSCとカウザイITパークである。以降、この2つのソフトウェアパークに、どのように企業が集積したのかを考察する。

5.2　クアンチュン・ソフトウェアシティ（QTSC）

QTSCは、ホーチミン市人民委員会が2001年設立、ベトナムで初めてのITソフトウェアパークで、ホーチミンの中心部から外れた郊外に位置する。QTSCは、ホーチミン市人民委員会直属の管理会社（クアンチュン・ソフトウェアシティ会社）[15]が運営している。QTSCでは、ホーチミンの41haの敷地に18棟のビルがあり、12棟がQTSCの所有、残り6棟がテナント企業の所有である。現在、その敷地内には、QTSCが新しく2棟建築中である。

QTSCの入居企業は135社、2016年9月現在、ベトナム84社、日本14社、米国7社、EU10社、アジア10社、全体で1万9,605名が働いている。入居企業のほとんどがソフトウェア企業で、日系企業ではKDDIや日立系の企業などが入居している。

他方、同敷地内には、レストランやアパート、幼稚園・デイケアセンター、銀行などのサービス関連の施設がある。通信インフラは、テレコムサービス、ヘルプデスク、電力バックアップシステム、データセンタ

---

[15] QTSC提供資料による。

図表4-6　ベトナムソフトウェアパーク一覧

No.	ソフトウェアパーク	場所	敷地全体 (m²)	オフィス敷地 (m²)	IT企業数	従業員数	うちIT分野
1	クアンチュンソフトウェアシティ	ホーチミン	434,540	130,606	106	25,000	6,100
2	カウザITパーク	ハノイ	83,549	20,054	85	15,000	9,800
3	ハノイITトレーディングセンター	ハノイ	1,700	2,500	38	600	500
4	サイゴンソフトウェアパーク	ホーチミン	3,000	n.a	28	500	n.a
5	ダナンソフトウェアパーク	ダナン	4,698	n.a	29	2,000	n.a
6	ホーチミン市ベトナム国家大学ITパーク	ホーチミン	230,000	14,925	n.a	610	420
7	イータウン	ホーチミン	35,000	84,300	n.a	n.a	n.a
8	カントソフトウェアパーク	カント	1,656	n.a	n.a	n.a	n.a

（出所）NCAIT, MIC（2015）*Vietnam Information and Communication Technology White Book* より作成。

一，研修施設などがある。また，新卒採用では，ホーチミン近郊で5大学，その周辺で30大学が存在して，新規雇用が可能である。また，QTSCの施設には，トレーニングセンターもあり，入居企業の求人に対応するため就職説明会も開催している。

5.3　カウザイITパーク

2013年8月，情報通信省決定1069/QD-BTTTTにより「カウザイ小手工業・小工業区」から「カウザイITパーク」と名称を変更している[8]。また，2016年2月，ハノイ市人民委員会委員長決定609/QD-UBND号により，同パーク管理委員会が設立されており，カウザイ区人民委員会が所管している[5]。

同パークのあるカウザイ地区は，新興開発地域で2009年以前は草原地帯であった。しかし，同地域に対して，FPTソフトウェアやCMCなどのソフトウェア大手企業がビルを建設し，テナントを集めたことがきっかけで集積が始まったのである。企業集積と同時に，周辺の都市開発

が行われて，インフラも整備されるようになった。また，同パークの入居ソフトウェア企業は，家賃がハノイ中心部より安いこと，および同分野の企業同士が情報意見交換できることなどがメリットである。現在，同パークには，85社のソフトウェア企業が入居し，1万5,000人の従業員が働いている。

6 ▶ おわりに

　これまで考察してきたように，ベトナムのソフトウェア産業に対して，政府や業界団体，教育機関の支援は確立し，その発展の可能性は大きい。しかし，その一方で，ソフトウェア産業に対する課題も存在する。

　第1は，ソフトウェア産業における人材不足である。ベトナム政府は，2020年までに情報技術産業従事者100万人の目標を出しているが，2013年現在，44万1,008名と半分以下である。また，ソフトウェア産業分野は，8万8,820人とわずかな数である。人材不足については，採用大学ごとの人材の技能と，企業が求める知識レベルが乖離しており，これは大学教育のカリキュラムに起因していることが考えられる。

　第2は，ブリッジSEの不足である。外国からのアウトソーシング受託では，外国語と外国文化が理解でき，かつITに詳しい人材，つまりブリッジSEが求められる。このような人材は，新卒で働き始めてから約5年で月給1,000米ドルくらいになるため，他の企業からの引き抜きや社員が独立する傾向が顕著にある。ベトナムのローカル・ソフトウェア企業によると，2015年から2016年前半までは米国・日本を始めとした外資のソフトウェア企業設立が多く，それら企業からの多くの引き抜きが見られた。また，製造業などで，工場を設立する場合，社内情報システム構築のためにITに精通した人材を多く採用している。ベトナムでは，2016年後半以降，ソフトウェア分野における活発な人材引き抜きは見られないが，システム化計画ではマイナスとなり得る要因である。

　第3は，ベトナムの就職事情である。ベトナムでは，大学の情報通信系の学部卒業であれば，その業種に関連する職業しか就かないケースが多い。ベトナムのある日系企業では，ソフトウェア分野しか知らないベ

トナム人エンジニアが情報システムを開発する場合，言われたことはその通り行うことができるが，それ以外の柔軟性や想像力に欠けている。日本企業（日系企業）では，情報システムの開発の際には，専門性のみに拘るのではなく，様々な業務分野の経験者も必要である。しかし，ベトナムにおいては，大学の出身学部でキャリアが決まるという硬直した就職事情がある。

　第4は，新しいITへの取り組みである。現在，様々な「モノ（物）」がインターネットに接続できる（モノがインターネットのように繋がる）モノのインターネット（IoT：internet of things）とともに，ソーシャル（social），モバイル（mobile），アナリシス（analysis），クラウド（cloud）の4つの要素からなる「SMAC」，「人工知能（AI）」などが世界的にも注目されている。今後，さらにベトナムのソフトウェア産業が発展するためにも，これらの最新技術への取り組みは必要である。すでに，政府は，ベトナム国内で，電子政府やスマートシティ，スマート交通，スマート農業への取り組みを行っている。また，日系企業を含むソフトウェア産業の関係者の間では，ベトナムにおけるスマート農業について，実際のビジネスに繋がる実証実験が始まっている［24］［26］。ベトナムでは，このような新しいITの活用に対して，産官学を含めた取り組みが期待されている。

〈参考文献〉

[1] CMC HP 〈https://cmc.com.vn/ja/hui-she-shao-jie〉（2016/10/24閲覧）
[2] Communist Party of Vietnam（2016）Báo cáo đánh giá kết quế thực hiện nhiệm vụ phát triển kinh tế- xã hội 5 năm 2011-2015 và phương hướng, nhiệm vụphát triển kinh tế xã hội 5 năm 2016-2020, Communist Party of Vietnam.（ベトナム共産党（2016）『2011-2015年 41/NQ-CPでの社会-経済開発任務の実施結果の評価，及び2016-2020年5カ年の経済-社会発展の方向性と任務に関する報告』ベトナム共産党）〈http://daihoi12.dangcongsan.vn/Modules/News/NewsDetail.aspx?co_id=28340743&cn_id=405104〉（2016/11/1閲覧）
[3] FPT Software HP 〈https://www.fpt-software.com/〉（2013/10/31閲覧）
[4] FPT University HP 〈http://international.fpt.edu.vn〉（2013/10/24閲覧）
[5] Hanoi People's Committee（2016）BAN HÀNH QUY CHẾ TỔ CHỨC VÀ HOẠT

ĐỘNG CỦA BAN QUẢN LÝ KHU CÔNG NGHỆ THÔNG TIN TẬP TRUNG CẦU GIẤY, Hanoi People's Committee.（ハノイ市人民委員会委員長決定（2016）『609/QD-UBND 号 カウザイ IT パーク管理委員会の組織活動規定の公布について』ハノイ市人民委員会）

〈http://business.gov.vn/Portals/0/2016/609_QD_UBND_HNoi.pdf〉（2016/10/31 閲覧）

[6] HCA HP〈http://hca.org.vn/〉（2016/10/31 閲覧）

[7] Luvina Software HP〈http://www.luvina.net/profile〉（2016/10/23 閲覧）

[8] Ministry of Information and Communications（2013）Về việc công nhận Cụm Tiểu thủ công nghiệp và công nghiệp nhỏ quận Cầu Giấy là Khu công nghệ thông tin tập trung, MIC.（情報通信省決定（2013）『1069/QD-BTTTT 号 カウザイ産業集積・小工業区からカウザイ IT パークへの名称を変更について』ベトナム情報通信省）

〈http://mic.gov.vn/Pages/vanban/chitietvanban.aspx?IDVB=10838〉（2016/10/31 閲覧）

[9] National Commission Application of IT（NCAIT）, Department of Information Technology, Ministry of Information and Communications（MIC）（2015）*Vietnam Information and Communication Technology White Book 2014*, Information and Communication Publishing House.

[10] Socialist Republic of Viet Nam, Government（2010）Phê duyệt Đề án "Đưa Việt Nam sớm trở thành nước mạnh về công nghệ thông tin và truyền thông", Viet Nam Government.（ベトナム政府首相決定（2010）『1755/2010/QD-TTg 号 ベトナムを情報通信大国にするための提案承認に関して』ベトナム政府）

〈http://vanban.chinhphu.vn/portal/page/portal/chinhphu/hethongvanban?class_id=1&_page=1&mode=detail&document_id=96809〉（2016/10/29 閲覧）。

[11] Socialist Republic of Viet Nam, Government（2016）Về chính sách ưu đãi thuế thúc đẩy việc phát triển và ứng dụng công nghệ thông tin tại Việt Nam, Viet Nam Government.（ベトナム政府決議 41/NQ-CP 号（2016）『ベトナムでの情報通信発展と活用を促進するための優遇税制政策』）

〈http://www.chinhphu.vn/portal/page/portal/chinhphu/hethongvanban?class_id=509&mode=detail&document_id=184816〉（2016/10/31 閲覧）

[12] Vietnam Software and IT Services Association（2016）*Vietnam's 50 Leading IT Companies 2016*, VINASA.

[13] VINASA HP〈http://www.vinasa.org.vn/〉（2016/10/31 閲覧）

[14] FPT ジャパン HP〈https://www.fpt-software.jp/FPT-Japan〉（2016/10/31 閲覧）

[15] IPA（2016）「グローバル / オフショア動向調査【データ編】」『IT 人材白書 2013』情報処理推進機構。

〈https://www.ipa.go.jp/files/000027251.pdf〉（2016/10/23 閲覧）

[16] 税所哲郎（2010）「ベトナムのオフショアリング開発の現状分析とその課題に関する考察 − ソフトウェア・ビジネスの事例を中心として − 」『東アジアへの視点』国際東アジア研究センター，2010 年 9 月号，第 21 巻第 3 号，pp.10-21。

[17] 税所哲郎（2011）「ベトナムの産業クラスター戦略に関する実態と課題 − ホーチミンに

おけるソフトウェア・ビジネスの事例 − 」『群馬大学社会情報学部研究論集』第18集, pp.49-65.
[18] 税所哲郎（2014）『中国とベトナムのイノベーション・システム − 産業クラスターによるイノベーション創出戦略 − 【第2版】』白桃書房.
[19] CICC（2016）「ベトナム」『アジア情報化レポート2016』国際情報化協力センター.
[20] JETRO『アジア・オセアニア日系企業活動実態調査（2013年調査）』日本貿易振興機構.
[21] JETROハノイ事務所（2016）『改正投資法・改正企業法に基づくベトナム拠点設立マニュアル』日本貿易振興機構.
[22] JETROハノイ事務所（2016）『ベトナム税務Q&A』日本貿易振興機構.
[23] JICA（2012）「日本とベトナムを結ぶハノイ工科大学プロジェクト1期生が起業」『トピックス』国際協力事業団.
〈https://www.jica.go.jp/topics/news/2012/20121106_01.html〉（2016/10/31 閲覧）
[24] 富山篤（2016）「ハノイにIT農業拠点　富士通とFPT「工場型」売り込む」『日本経済新聞』日本経済新聞社，2016年2月24日付け.
〈http://www.nikkei.com/article/DGXLASDX24H1J_U6A220C1FFE000/〉（2016/11/3 閲覧）
[25] 中西宏太編（2010）『ベトナム産業分析』時事通信社.
[26] 富士通・FPT Corporation（2015）「富士通とFPT，ベトナムでスマートアグリカルチャーを実践」『PRESS RELEASE』富士通.
〈http://pr.fujitsu.com/jp/news/2015/12/8-1.html〉（2016/11/3 閲覧）
[27] ベトナム統計総局（2016）『ベトナム統計年鑑2015』統計出版社.

第5章

中国・上海における科学技術型中小企業の発明特許転化の現状と課題

孟勇・張強

1 ▶ はじめに

　これまでの先進国の経済発展経路からわかるように，イノベーションは一国の長期成長を支える原動力となっている。企業，特に中小企業がその技術・制度・組織革新の役割を担っている。シュンペーターは，イノベーション促進役について，大企業と金融機関に注意を払っている[7]。一方，欧米，日本および韓国の発展経験から教えられるのは，科学技術型中小企業が大企業と協力し，その成果転化に決定的役割を果たすイノベーション・システムである。

　改革開放以来，中国は科学技術開発とイノベーションに莫大な政策的・資金的・人的資源を投入した。それでも，いかに科学技術成果を活かして国の経済成長においてもっと積極的な役目を果たせるのか，その産業化の効率を向上させるのかは，依然として課題である。科学技術型中小企業は発明特許などのイノベーションの成果の転化（製品化）において重要な役割を発揮することが期待されているが，その実情は芳しくない。この非効率は，科学技術型中小企業が活躍する先進的地域，例えば中国・上海においても，同様に際立つことである。

　改革開放初期には，その非効率性は，科学技術型中小企業の研究開発と生産に対する投入不足，マネジメント能力低下などによるものとも言え，科学研究成果の転化，特に発明特許の転化は，総合的なプロジェクトである。上海または中国全域を見渡して，研究機関と大学が基礎研究

領域で取得した発明特許は限られた影響力しか持たず，これは特許の転化と実用に影響することになる。

一方，企業側において，発明特許に対する資源投入，およびその成果の転化は，戦略経路の不備に影響され，発明特許転換率の低下を引き起こしており，上海において多くの大企業が競争力を持っている。したがって，これらの大企業との連携は中小企業の発明特許転化率の向上に繋がると考えられる。さらに，科学技術型中小企業の特許出願・授与などの支援策，また発明特許の転化に対する政策との整合性も問われる。

本章では，以上の問題意識に基づき，発明特許に注目し，中国，特に上海地域における科学技術型中小企業の科学技術成果転化の制度背景，現況と主な課題を俯瞰し，科学技術型中小企業が発明特許の成果を転化するプロセスと経路モデルを論じる。そして，典型的事例を選出して分析を行い，技術型中小企業の科学技術成果転化を促進するための政策意思決定について提言する。

2 ▶ 上海における特許転化と科学技術型中小企業の発明特許転化

2.1 特許転化の全貌

上海市知識産権局が公表したデータによると，2015年，上海市の特許出願件数，授権件数はそれぞれ100,006件，60,623件に上り，前年と比べて22.5%，20.1%増加している[13]。なかでも，発明特許の出願件数は前年比20.0%増加の46,976件で，授権件数は前年と比べて51.5%増加することになった。一万人当たり発明特許保有量は全国2位となっている。また，2016年上半期には，発明特許の申請・授権件数は依然として増加傾向が見られる。

出願件数は，前年同期比23.2%増の24,244件で，授権件数は前年同期比35.2%増の10,730件となった。一方で，中国特許出願ネットのデータによると，上海の特許転化率は低く，とりわけ，科学技術型中小企業の特許転化率，またその新製品の生産額はさらに低かったとわかる。

図表5-1 上海の特許授権件数の推移

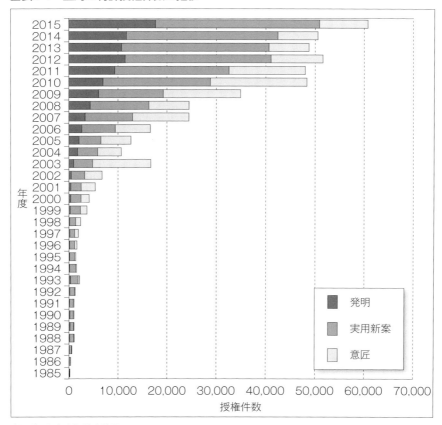

(出所) 上海市知識産権局。

(1) 特許授権

1985年「中華人民共和国特許法」実施開始以来，上海市での特許の申請と授権数量はますます増え，その特徴は以下のようになる。

①特許授権件数が増加傾向に，発明特許にはまだ成長の余地がある

上海市の特許授権累計件数は，2015年に48万4,311件を達成した。その中で，発明，実用新案（実用新型），意匠（外観設計・デザイン）はそれぞれ9万109件（18.6%），24万3,334件（50.2%），15万868件（31.2%）

図表5-2　中国国内特許授権累計件数トップ6省・市（1985～2014）

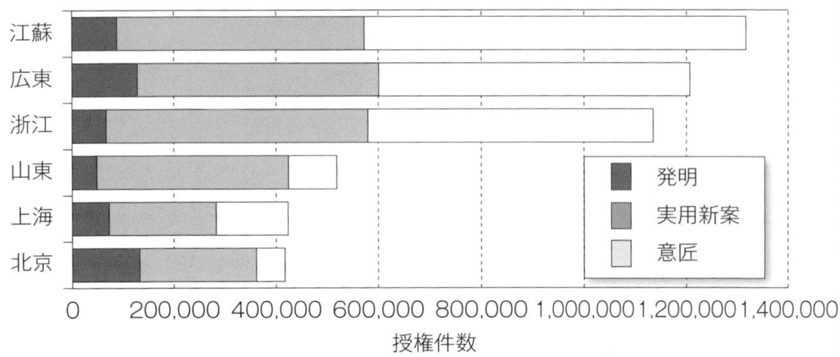

	北京	上海	山東	浙江	広東	江蘇
発明	131,465	72,508	48,491	66,975	127,933	88,481
実用新案	229,326	210,203	376,254	512,837	473,098	484,488
意匠	56,485	140,977	94,441	555,069	605,774	743,850

（出所）中国国家知識産権局。

に増えている。

　図表5-1で示されているように，近年，上海市の特許授権件数が増加傾向にある。その内訳を見ると，発明特許が占める割合は2004年以来，著しく増加傾向にあるものの，実用新案と匹敵するものではない。例えば，2014年に実用新案は特許授権件数の60.8％を占め，発明の割合は20.3％にしか達していなかった。

②上海は国内ランキングトップ3に入らず，競争力の強化が必要である

　中国国家知識産権局の統計によると，1985～2009年の省・市・自治区特許授権累計ランキング（1985～2009年）は，1位が広東省（45万5,068件，全国総件数の17.2％）で，上海市（17万6,837件）は浙江省（31万691件），江蘇省（26万9,002件），山東省（18万3,562件）に続き，5位となっている。2014年になると，トップ3には入れ替えが見られる。江蘇省（131万6,819件，全国総件数の16.7％）は3位から1位に，最も競争力のある地域となっている。広東省（120万6,805件）は2位に後退し，浙江省（1,13

図表5-3　国外からの特許申請の授権件数（2010〜2014）

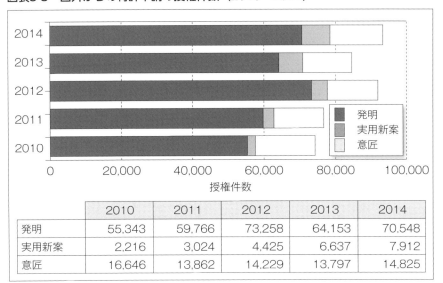

	2010	2011	2012	2013	2014
発明	55,343	59,766	73,258	64,153	70,548
実用新案	2,216	3,024	4,425	6,637	7,912
意匠	16,646	13,862	14,229	13,797	14,825

（出所）中国国家知識産権局。

万4,881件）は3位，上海市（42万3,688件）は相変わらず，山東省（51万9,186件）に続き5位となっている。

　単に発明授権累計件数の変化を見ると，上海市は2009年に4位（2万2,844件），2014年に5位（7万2,508件）と後退している。実用新案は，上海市は2009年の7位（7万4,925件）から2014年の6位（21万203件）に，上がっている。そして，意匠は，上海市は2009年に4位（7万9,068件）となったが，2014年に6位（14万977件）の後退となった。革新・発明の観点から言えば，全体として上海市の競争力は衰退する傾向にあると推察することができる（図表5-2参照）。

③特許授権件数において実用新案と意匠の割合が大きい

　図表5-1で示されているように，上海市の特許授権件数には，実用新案と意匠が比較的に多い。これは単なる上海市の特徴ではなく，全国共通の課題とも言える。特に，これを国外申請者に与える特許授権の状況と比較して見ると，その格差は一目瞭然である。図表5-3に示されてい

図表5-4　上海職務発明特許授権件数の推移

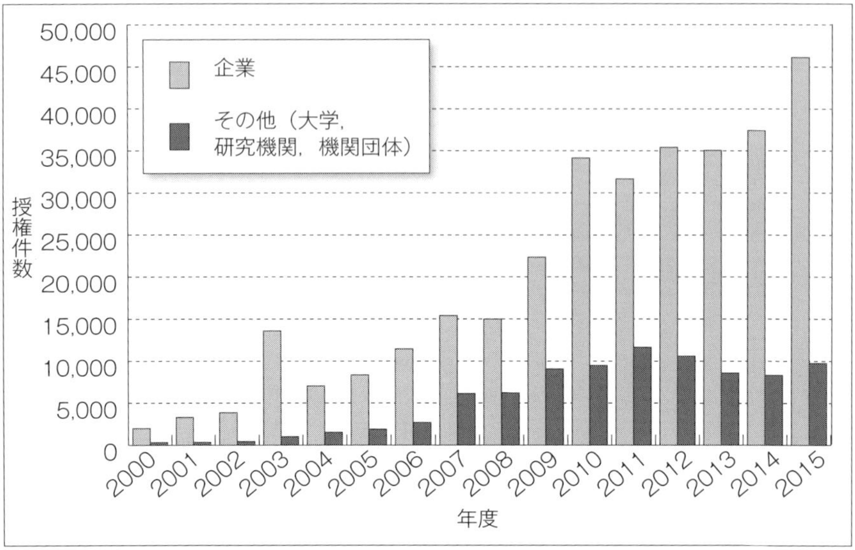

（出所）上海市知識産権局。

るように，国外申請特許授権件数は例年，その7割超が発明特許である。

（2）特許転化
①職務発明に与える授権が圧倒的に多い，企業は特許創造の主役である

　図表5-4で示されているように，この十数年間で職務発明に与えられる授権件数は急激な拡大傾向にある。また，1985年から2015年までの上海における特許授権累計統計を見ると，職務発明に与えられた特許授権が総件数の約9割を占めている。具体的には，発明創造者の職務先が企業であるケースが約7割，その他（大学，研究機関または機関団体）のケースが約2割である。企業は，上海の特許創造システムの主役として成長して，イノベーション・システムと科学技術成果の転化への寄与が大きく期待されている。

②特許の実施許可登録件数は少ない，特許取引市場規模はまだ小さい

　2002年から2010年，国家知識産権局は，毎年「特許実施許可登録関

図表5-5　上海企業に与える特許取引登録許可件数

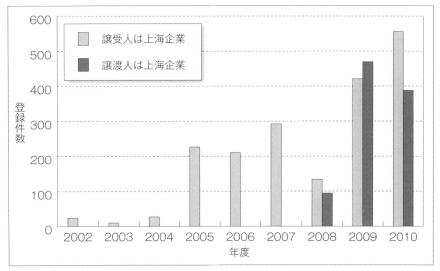

(出所) 中国国家知識産権局。

連情報」を発表している[13]。ここでは，この特許実施（特許の取引）の情報を利用し，登録許可された特許取引の譲渡人，または譲受人が上海企業であるケースを集計した。図表5-5で示されているように，上海の特許取引市場は全体的傾向としてその成長性が目立つのであるが，市場規模はまだ小さいことがわかる。

③特許を自社社内で転化する意欲は強い

2011年，上海工程技術大学（SUES: Shanghai University of Engineering Science）の研究チーム（代表者：孟勇）が，上海市からの委託研究プロジェクト（以下，SUESプロジェクト）を立ち上げ，上海市における大企業と科学技術型中小企業を対象にして調査を実施している[9]。これらの企業は市場価値のある特許に対して，できるだけ自社で製品化して他社に譲り渡さない意欲が強いことが調査結果からわかったのである。その理由は，競争相手を自ら育成したくないことにある。この傾向は，上海市松江区にある科学技術型中小企業に対する特許転化実態調査（16社，

2006〜2008年）においても再現されている。特許取得された214件において，発明は57件（平均転化率51%），実用新案は109件（平均転化率69%），意匠総数は48件（平均転化率51%）と報告されたものの，成果転化の形式は自社社内転化のひとつのみである。

2.2 科学技術型中小企業の発明特許転化

科学技術型中小企業は，科学技術研究者を主体として，科学技術研究，技術開発，技術サービス，技術コンサルティングとハイテク製品の開発，生産，販売などに従事し，科学技術成果商品化を事業の主要内容とする市場指向型，かつ知識労働集約型の組織である。

近年，上海の中小企業は，全体として比較的にゆるやかな発展態勢を維持している。2013年末，上海の中小法人企業は法人企業総数の99.6%で，39.7万社になっている。その年度営業収入総額は，去年同期に比べて35.3%を増加し，全市法人企業営業収入総額の61.3%を占めている[15]。上海市中小企業融資公共サービス・プラットフォームによると，2002年から2009年までの8年間において，上海市が認定したハイテク技術型企業の大半は中小企業であり，また全市のハイテク成果転化プロジェクトにおいても中小企業プロジェクトが8割を超えている。

科学技術型中小企業発展促進の国家戦略に従い，上海市は基礎研究に従事する大学と研究機関を力強く支援する一方，科学技術型中小企業に対しても様々な優遇政策を打ち出している。これは，科学技術型中小企業が上海の「革新駆動と産業構造調整」の推進役として働くことが期待されるからである。しかし，現実問題として，科学技術型中小企業が本当にこのような推進役を果たしているわけではなく，特に発明特許などの革新成果の転化においても優れた実績を達成したとは言いがたい。

SUESプロジェクトの研究成果からは，上海市の科学技術型中小企業の発明特許転化の主な特徴として3つの「不整合」，つまり特許構造の不整合，特許価値と市場需用の不整合と特許転化モデルの不整合の3つがあげられる。その不整合の原因は，下記のように整理されている。第1に，実用新案と意匠が多いが，発明が少ないことである。第2に，特許数の増加を主な目的とする特許が多いが，市場競争優位を目指す特許が少ないことである。第3に，企業内部転化が多いが，他者との協力や

取引による転化が少ないことである。

3 ▶ 先進国・地区および中国国内各地域の経験

　先進国では，政府が行う科学技術型中小企業に対する支援・サービス施策は主に市場化の視点からである。発明特許転化プラットフォーム，資金調達や特許マーケティングなどの高付加価値サービス，および大企業との特許開発協同チャネルの構築などは，その主な内容である。

3.1　発明特許転化のためのプラットフォーム制度

　近年，世界各国は，TLO（Technology License Office，技術移転機関）などの科学技術成果の転化を促進する諸制度の整備に注力しており，こうした総合的なサービス・プラットフォームによって，企業，研究機関，政府と市場を結んで，中小企業の発明特許転化を支えている。

　米国の科学技術管理・サービス機関は，行政機関，公的サービス機関，業界協会，および民間機関から構成されている。米国の行政機関と公的サービス機関と言えば，商務省および中小企業管理局が果たす役割が大きいことは知られている。商務省傘下の諸機関，例えば国家標準と技術研究院（NIST），国家技術情報サービス・センター（NTIS），国家電気通信と情報管理局（NTIA）などが，科学技術成果産業化の促進において重要な役割を演じている。

　また，中小企業管理局（SBA:Small Business Administration）は，1952年に設置された連邦行政機関で，様々な関連組織を有する。中小企業開発センター（SBDC:Small Business Development Center）は，中小企業管理局関連機関のひとつである。その傘下には，さらに商業情報センター（BIC:Business Information Center）などのサービス・プラットフォームが設立され，市場の発展動態や技術革新などの情報を提供し，起業ならびに中小企業経営に必要な能力を育成する教育プログラムやコンサルティング・サービスも用意している。米国政府は，発明特許を持つ中小企業と市場の仲介役である起業インキュベータを重視し，資金調達などの面において支援を行って，特許成果の商業化を推進している。

日本では，文部科学省や経済産業省，総務省，農林水産省，厚生労働省などの中央諸省庁において，特許などの科学技術開発成果の転化を推進する部室や独立行政法人を設けている。例えば，1961年に新技術開発事業団（RDC:Research Development Corporation）が発足し，産業化が困難性な，リスクのある先端技術プロジェクトに資金的支援などを行っている。

　その後，同組織は，1996年に日本科学技術情報センターとの統合などを経て，文部科学省に所管される科学技術振興機構（JSTA: Japan Science and Technology Agency）に改組されている。JSTAは，科学技術の振興を目的として，科学技術イノベーション創出に向けて技術開発プロジェクトの委託などに従事している。一方，大学の技術移転を政策的に支援する「大学等技術移転促進法」は1998年に施行，これに準拠して大学の研究成果を特許化し，企業へ移転（ライセンシング）する仲介役のTLOは，日本全国において38機関がある（2016年9月現在）。

　また，他の例としては，産業技術総合研究所（AIST: National Institute of Advanced Industrial Science and Technology），工業所有権情報・研修館（NIPIT: National Center for Industrial Property Information and Training）など複数の法人機関があり，特許庁などの省庁と連携し，発明特許成果の産業化を推進している。ところで，特許庁に認定され，中小企業を始めとする地域企業の産業財産権の活用を支援する機関である知的所有権センターは，日本各地に設立され，その数は48機関を超えている（2016年10月現在）。

　中国においても，近年，各地域の動きが加速されている。北京市は，科学技術省や国家知識産権局，中国科学院と連携して，2009年に中国技術取引所（CTE: China Technology Exchange），2010年に北京国家技術取引センターを発足させ，特許成果の供給と需要双方に仲介サービスを提供している。

　また，大学と研究機関が持つ科学技術インフラ資源の共有を促進するために，2009年に首都科学技術条件プラットフォーム（Capital SCI & Resources Platform）が発足している。2015年に同プラットフォームに参加の重点実験室と工程センターは743カ所にのぼり，社会に開放されている研究機器設備は4.05万台（組），収入も40億元を実現している。

さらに，2014年には北京市科学技術委員会の呼び掛けで首都イノベーション促進大連合（Beijing Innovation Alliance）が発足している。同連合は，現在116個の会員連合，9,000余りの事業体会員を持ち，産業基礎共通技術開発，技術標準開発，公共技術サービス・プラットフォーム建設などに従事している。ところで，2015年に開発済み・開発中の技術標準は1671項である。これらの機関連携が，北京市の統合的革新と特許成果転化の能力を向上させる効果をあげている。

3.2 大企業と中小企業の連携

近年，米国において，複数の大企業が出資し，大学，政府研究機関と中小企業とが連携して設立する研究開発グループの動きは注目に値する。こうした研究開発グループは産学官の活発な連携を促進し，特許などの科学技術成果と資金，人材との融合を加速し，ハイテク産業の創出にも貢献している。

日本においては，技術開発支援制度の一環として，例えば新技術事業団は科学技術成果を収集して選別を行い，産業実情を熟知する専門家，技術者と学者によって組織される新技術斡旋委員会を設立し，協力開発意図のある大中小企業を選別して発明特許成果の所有者に推薦し，さらに契約の締結や実行まで一貫してサービスを提供している。

また，各地方自治体に所属する産業振興財団などの組織は，大企業出身の専門家を招いて座談会を開き，大企業と中小企業間の情報交換を促進し，中小企業が大企業の研究プロジェクトに参加することを奨励するなどして，特許成果転化の円滑化を期待している。

3.3 政府は効率よい資金投入の仕方を考案する

米国連邦政府は，19世紀80年代に中小企業技術革新プログラム（SBIR: Small Business Innovation Research）と中小企業技術移転プログラム（STTR: Small Business Technology Transfer Program）などを設立し，連邦政府資金による中小企業の研究開発，研究成果の移転や製品商業化などを支援している。

他の例としては，例えば政府が財政支出によって中小企業に低金利ローンを提供し，特許転化中の資金難を解決するなどがあげられる。また，

政府出資によって，信用保証機関あるいは保険機関を創設し，中小企業信用保証体系を築いて中小企業のために貸付信用保証を提供し，商業金融機関からの融資を容易にするものもある。また，科学技術開発過程で使用される機器装置の加速償却，所得税減免などの措置も備えている。

日本では，中央省庁と地方自治体が，様々な新技術研究開発助成金（補助金）プログラムを創設し，主に資金の面から中小企業の科学技術成果の応用に支援を行っている。これは，研究開発型中小企業に対して特別な課税政策を実施し，法人税と所得税を減免するものである。また，企業に技術開発のために損失が発生する場合，損失を次年度決算に転移することができる。経済産業省は，毎年予算から資金を支出して，中小企業と各種研究機関の共同研究や技術交流を斡旋し，中小企業における発明特許成果の実用化を図っている。

中国では，重慶市が2008年に10億元を投入して，科学技術創業ベンチャー投資引導基金（科技創業風険投資引導基金）を設立している。その主な目的は，政府引導ファンド（Government-Guided Fund）によって金融機関・大型国有企業からの直接投資や中央省庁からの政策性資金を引き付け，科学技術型中小企業やベンチャー・ビジネスが直面する資金難を軽減することにある。

その後，重慶市は，さらにそれぞれ10億元を投入し，他の2つ政府引導ファンドとして，シード・ジェネレーター引導基金（創業種子投資引導基金）とエンジェル投資引導基金（天使投資引導基金）を創設している。科技創業風険投資引導基金は，主に成長期にある革新型中小企業を相手とするのに対し，創業種子投資引導基金は主にベンチャー・チームとシード期にある革新型小微企業，および天使投資引導基金は主に創設期にある革新型小微企業を相手とする。重慶市では，上記の政府引導ファンドが中核となってリードしており，そのファンド群の総規模が300億元まで成長する見込みだと，さらにその長期的目標を発表している。

3.4 中小企業を特許転化と産業化の主役に

米国は，中小企業を科学技術成果の産業化と経済成長の重要な促進役とし，中小企業のために様々な支援プログラムを用意している。前節で述べたSBIRやSTTR以外に，中小企業管理局（SBA）による中小企業

直接融資，技術開発補助金や融資保証，中小企業開発センター（SBDC）などの総合型支援プラットフォーム，およびその関連組織による中小企業向けの起業運営，教育訓練，インキュベータなどのプログラムも設けられている。このように，米国では，科学技術型中小企業が開発を続け，その成果を活かせるための制度インフラが整備されている。

日本の中央政府と地方自治体は，一貫して科学技術成果の転化と産業化における中小企業の役割を重視し，各種の法律を制定して，政策と資金両方面から支援を提供している。科学技術開発事業補助金，商業融資保証，税負担の軽減優遇などの，関連制度体系が整備されている。

一方，韓国でも，政府と科学技術管理機関は，科学技術成果の転化を重視している。韓国の企業は，一部の公的研究開発成果を比較的に低いコストで利用することができ，例えば開発費用の50%を支払えば成果が譲渡され，残りの部分は政府が負担する。それに，韓国の中小企業の多くは，先端技術の実用化や自社所有の発明特許の産業化に敏感に反応している。これによって，市場においては比較的に良い位置どりができ，競争力のある大企業への成長も情報技術関連などの産業でよく見られる。

3.5 企業戦略や政府政策の立案への助言

中小企業の育成と科学技術の振興といった背景の下で，すでに述べたように米国や日本などの先進国，中国国内各地域における科学技術開発とその成果の転化・産業化に関する実践経験から，企業戦略や政府政策の立案への助言として以下のような5点がまとめられる。

(1) 政府は発明特許成果の転化と産業化において重要な役割を発揮する。
(2) 発明特許成果の転化と産業化ための総合サービス体系を築く。
(3) 中小企業を発明特許成果の転化と産業化の主役として働かせる。
(4) 発明特許成果の転化と産業化の市場化メカニズムを重視する。
(5) 国家イノベーション・システムの構築を加速させる。

4 ▶ 上海市を背景とした科学技術型中小企業の発明特許転化の戦略経路

4.1 戦略経路モデル

(1) ロジック・モデル

　特許の潜在価値を実現し，特許権から利益を産むことが，特許転化のプロセスに他ならない。科学技術型中小企業の発明特許転化を円滑に行うためには，合理性のある戦略経路が必要である。

　図表5-6においては，科学技術型中小企業の発明特許転化に関して，そのプロセスをさらにスムーズに進行させるために，われわれが考案したロジック・モデル（いわゆる「施策の論理的な構造」）が示されている。このロジック・モデルの構図は，以下のような3つの部分（「インプット（投入）」，「アクション（活動）」，「アウトカム（成果）」）によって構成されている。なお，実線，点線，太線はそれぞれ技術・特許インプットの流れ，特許転化主体群間の相互作用活動，発明特許の商品化を意味する。

　図表5-6の左側は，発明特許の産出，つまり発明特許転化のインプットとなる。ここに参加する主体は科学技術型中小企業以外に，研究機関，大学，大企業が特に注目すべきである。図の中央には，発明特許を転化するための，諸参加主体による集合的なアクション（活動）が示されている。現実において，技術市場に参加する諸主体の相互関係や地位は政府，産業団体などに直接的・間接的に影響されるが，市場メカニズムがその調整機能の主役である。そこでは，科学技術型中小企業はまず内部転化を経て，失敗群と成功群に分化される。もちろん，次のプロセスに参加できるのは成功群のみである。その活動（主に社内転化）の成果として特許が製品化され，製品市場においてその価値が実現される。

　一方で，社内活動以外に，科学技術型中小企業は自社所有の資源の限界を突破するために，もっと大きいフィールドにおいて他種類の企業との技術提携や開発下請けなどの相互作用を行い，発明特許転化のアウトプットをさらに増大することを図る。こうした集合的なアウトプットは，製品市場で競争力のある商品に姿を変え，発明特許転化のアウトカムとなる。

図表5-6　科学技術型中小企業の発明特許転化の戦略経路

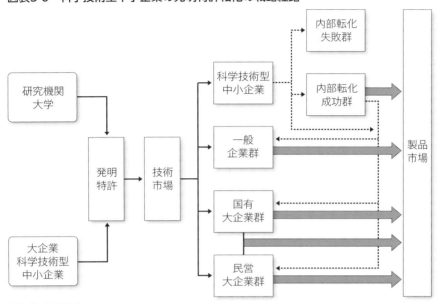

（出所）筆者作成。

（2）基本経路

　上記のロジック・モデルをさらに現実と照合して判明したのは，科学技術型中小企業が自社所有の発明特許の価値を実現するため，選択しうる実戦性のある基本経路に，主に以下の3つがあることである。

①内部転化
　科学技術型中小企業による発明特許→自社による製品開発→製品市場

②外部転化（ライセンシング）
　科学技術型中小企業による発明特許→ライセンシング→他社による製品開発→製品市場

③特許譲渡

科学技術型中小企業による発明特許→特許譲渡→他社による製品開発
→製品市場

4.2　発明特許の転化促進の措置と対策

　概して言えば，上海において科学技術型中小企業は，その発明特許の転化の質が高いとは言えないことである。これは，特許出願前・申請中・特許成果転化などの各段階で，各種の問題があるからである。上海の科学技術型中小企業の発明特許の転化を促進するために，われわれは前節の分析に基づいて上海市の実情を考慮し，政策立案者の視角から，「政府（政策）の引導，大企業との連携，サービス・プラットフォームの整備」という3つの方面に焦点を置き，次のような施策を考案している。

(1) 政府（政策）の引導

　SUESプロジェクト報告書によると，上海市に適用される発明特許の転化促進関連政策の総数は200（2010年12月現在）を超えているが，明らかな欠陥が見られる。

- 研究開発費補助政策は「申請の審査は厳しく，転化の評価は軽い」。
- 特許出願補助政策は「申請したら支援がすぐに」行われ，「ごみ」特許の増加を助長している。
- 特許料（patent annual fee）補助政策は「無償で特許料（年金）を支給」して，「ごみ」特許を延命することになる。

　発明特許の数量を重視するが，その転化の質を軽視するという従来の理念型を変えなければならないことである。そのためには，政府は発明特許の申請・授権・転化に直接に介入するという従来のやり方を放棄し，科学技術型中小企業の発明特許転化に対して，市場メカニズムに主導的な役割を発揮させることに力を注ぐべきである。

①専門投資会社の創設で新興産業の特許転化市場を育成する

　政府は，特許出願補助金への予算を削減し，新興産業（「戦略性新興産業」や「ハイテク産業」とも呼ばれる）構造に一致する産業ごとの専門投資

会社を創設し，投資や間接助成を行っている。こうした産業投資専門会社の中で，さらに特許転化プロジェクトの可能性評価と研究，転化許可の斡旋，プロジェクトへの投資などのサービス機構を設立することになる。こうした専門機構の設立を介して，新興産業における発明特許転化への傾向を強化し，科学技術型中小企業が税金減免のために特許を申請する動機を弱め，政策の助成目標と企業の特許戦略目標の一致性を高め，政府と企業が特許事業に投入した資源の利用効率の向上と特許転化市場の成長を加速するのである。

②特許助成のプロセスを改善して転化率を高める

まず，既存の技術サービス・センターと特許代理機構を改造し，そのサービスの専門性を強化し，発明特許の創意性の評価サービスを科学技術型中小企業に提供することになる。また，創意性のある発明特許を持つ企業に対しては，創意性評価料を免除する。さらに，新興産業投資専門会社と協力して，特許に使われた研究開発費を一部補助し，企業をベンチャー投資会社や産業ファンドに推薦する。こうした施策によって，特許転化の成功率の向上を目標とする新たな特許助成プロセスが成立し，「ごみ」特許の数が減り，特許転化率が高まることが期待できる。

(2) 大企業との連携

科学技術型中小企業と大企業は，両者とも内部転化を特許転化の主要経路とする。この意味では，科学技術型中小企業と大企業の間に外部転化（ライセンシング）と特許譲渡という新たな経路を開拓する必要がある。特に，上海の国有大企業との協力ルートを築いて，国有大企業の資源・研究開発の優位性を利用することが考えられる。

例えば，上海生命科学研究院（SIBS: Shanghai Institutes for Biological Sciences）は，独立した「知的財産権と技術移転センター」を設立している。知的財産権と技術移転センターは，技術と販売両面において経験のある複合型人材が運営し，特許の品質と商品価値を高めることに重点を置いている。また，特許マーケティングやビジネス談判などにも力を注いでいる。これによって，発明から最終転化までの一貫管理ができ，特許の品質が保証され，科学研究成果の転化効率が向上するのである。つまり，

「発明→評価→価値付加→特許→発展→市場化→移転→談判→契約締結」といった一連のプロセスを科学的に管理する業務チェーンは，同機構の研究界と市場における競争優位の確立と強化に繋がっている。

　上海生命科学研究院のような，有力な国有大企業，研究連合体は，上海に多数存在している。ただし，現実においては，これらの大企業・研究連合体が科学技術型中小企業と互いに協力して発明特許の製品化を進める事例はまだ多くない。なお，両者の間にある情報非対称性は，その原因のひとつになっている。それを解消するために，政府は促進プロジェクトや行政指導などの方式を採用し，従来の技術サービス・センターや新たに設立した新興産業投資専門会社を通じて，大企業と科学技術型中小企業の協力プラットフォームを立ち上げる。このような協力プラットホームを通じて，定期的に情報交換と意見交流を行い，上海に特色のある開放型の発明特許転化体制を形成する。

　このような政府による促進プロジェクトと行政指導などによって，科学技術型中小企業は大企業や研究機関と連携して共同研究開発を行って研究開発のコストを軽減し，共同で特許を出願し，利益共同体を形成することになる。

(3) サービス・プラットフォームの整備
①サービス機構は早期に特許転化プロセスに介入する

　新興産業投資専門会社の傘下にある専門サービス機構（各区・県にある技術サービス・センター）は，特許の市場応用と商業知識を熟知する各種の高度人材を集めて，できるだけ早い段階で科学技術型中小企業の特許申請・転化プロセスに介入し，基から特許申請と転化の質を向上させる。科学技術型中小企業は，こうした付加価値の高い「早期・全過程にわたる」発明特許転化の支援サービスを利用して，特許転化の実現性と特許発明の価値を高める。さらに，その価値の一部を報償としてサービス機構に返還することができるので，win-win関係も実現可能である。

②異業種横断の企業戦略連合を築く

　大企業と科学技術型中小企業の多くは，発明特許を自社だけのものとして扱っている。そのために，協力精神に欠け，他社の特許との相互補

完を重要視していない。業界を跨ぐ情報交換と意思交流は，科学技術型中小企業と大企業の特許転化での協力関係の構築を促進する。これに関しては，特許サービス仲介機構は積極的に自らの役割を発揮するべきで，定期的に業界を超えた交流会やフォーラムを開いて，領域の違う企業の相互協力の実現性を高めてゆけば，発明特許転化の余地も拡大する。

③企業信用システムを築いて，特許の共同開発・転化を促進する

科学技術型中小企業が，内部転化に過度依存する原因のひとつは，企業間の相互信頼関係の欠如にある。政府と民間専門サービス機構は領域・業界ごとの，あるいは横断的な企業信用情報システムを築くべきである。これらのシステムの活用によって，情報の共有や特許の無償・有償使用などをめぐる諸制度を形成して，機会主義の行為を減らし，システム内にある企業同士の共同活動を活発化することで，発明特許が製品開発に繋がる機会を増やすことができる。

5 ▶ おわりに

中国・上海は，国家戦略の構図において国際化大都市として位置付けられ，中国の経済成長に対して大きい影響力を持っている。上海の経済成長は，従来から主に大企業，特に国有大型企業グループに支えられている。しかし，これからは，引き続き大企業の競争力の強化に注意を払うと同時に，科学技術型中小企業を始めとする他の駆動力を育成することも重要な課題である。

また，発明特許は，科学技術型中小企業による研究開発成果の重要な形式である。発明特許の転化は，中小企業だけではうまく遂行できず，政府，大企業，各種の専門仲介サービス機構との連合が極めて重要である。このような巨大プロジェクトを実現するには，まず現実として存在している企業と政府の目標を一致させなければならない。

さらに，特許転化市場の育成を解決しなければ，科学技術型中小企業の発明特許転化は成功できない。したがって，従来の直接干渉型政策支援に代えて，間接に市場メカニズムを活用させる必要がある。そのうえ

で，もっと効果のある誘導型関与により科学技術型中小企業を発展させ，上海だけでなく国全体の経済成長と社会発展を図ることで，さらなる積極的役割を果たすことが期待できる。

〈参考文献〉
[1] 中国電子情報産業発展研究院・CCID顧問株式会社・北京賽迪経略管理顧問有限会社（2012）『中国戦略性新興産業発展と管理実践』機械工業出版社。
[2] 中国総合研究交流センター（2014）「中国における技術移転システムの実態（2014年版）」。〈https://www.spc.jst.go.jp/investigation/downloads/r_201403_02.pdf〉（2016/11/15 閲覧）
[3] 徐家力（2012）『ハイテク企業知的財産権戦略』上海交通大学出版社。
[4] 甘紹寧（2015）『戦略性新興産業発明特許授権統計報告』知的財産権出版社。
[5] 馬忠法他（2013）『革新型国家を背景としての科学技術成果転化法律制度研究』上海人民出版社。
[6] 李玉香他（2015）『科学技術成果転化法律問題研究』知的財産権出版社。
[7] Joseph Alois Schumpeter (1951) *Imperialism and Social Classes*. Trans. by Heinz Norden. Edited and with an Introduction by Paul M. Sweezy. New York: Augustus M. Kelly; Oxford: Blackwell.（都留重人訳（1956）『帝国主義と社会階級』岩波書店）
[8] 銭旭潮・王龍・趙氷（2015）『科学技術資源共有転化と公共サービス・プラットフォームの構築と運行』科学出版社。
[9] 上海工程技術大学研究チーム（2011）『中小科学技術企業発明特許転化の支援とサービス施策研究報告』（上海市策略諮詢重点研究プロジェクト報告書）。
[10] 蒋明琳（2016）『技術革新成果，特許と標準の協同転化メカニズム研究』経済管理出版社。
[11] 朱国華他（2010）『ハイテク産業化の特許，標準と人材戦略』化学工業出版社。
[12] 中国国家統計局科学技術部（各年）『中国科学技術統計年鑑』中国統計出版社。
[13] 中国国家知識産権局（各年）『国家知識産権局統計年報』。〈http://www.sipo.gov.cn〉（2016/11/15閲覧）
[14] 上海市科学技術委員会・上海市統計局（各年）『上海科学技術統計』上海科学普及出版社。
[15] 上海市統計局・中国国家統計局上海調査総隊（各年）『上海統計年鑑』中国統計出版社。

第6章
中国におけるインキュベータの経営革新の現状と課題

張強・孟勇

1 ▶ はじめに

　近年, 中国経済は, これまでの安価な労働力や輸出型製造業などに支えられた高度成長を望めない, 成長鈍化の時期 (いわゆる「新状態 (New Normal) 時期」) を迎えている。経済の構造改革と成長を継続させるための新たな駆動力として, イノベーション (技術・事業の革新) が, これまでになく脚光を浴びている。2015年に「大衆創業・万衆創新」(大衆の起業・万民のイノベーション), 2016年に「国家イノベーション駆動発展戦略」など, 中国の中央政府は起業やイノベーションを促進する政策を相次いで発表している。これを契機に, 起業・イノベーション促進の担い手である企業インキュベータがどんな役割を果たせるのか, 世界中から注目を集めている。

　1987年, 中国で, 初めてのインキュベータである「武漢東湖新技術創業者中心」が誕生している。その後, 政府に主導される公益型 (非営利) インキュベータ時期を経て, 徐々に市場化が進んでインキュベータの組織形態や経営モデルもグレードアップされ, この戦略的な進化によりよい業績が上げられている (図表6-1, 図表6-2)。科学技術部火炬高技術産業開発中心 (THTIDC: Torch High Technology Industry Development Center, Ministry of Science and Technology) の報告によれば, 2015年12月時点で, 中国におけるインキュベータは全国で総計2,530にも及んでいる[10]。

図表6-1　中国におけるインキュベータの数の推移

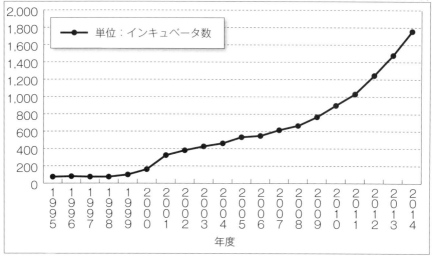

（出所）科学技術部火炬高技術産業開発中心（THTIDC）（2011-2015）『中国火炬統計年鑑』より作成。

図表6-2　中国のインキュベータでの入居中企業数と入居中企業人数の推移（1995-2014年）

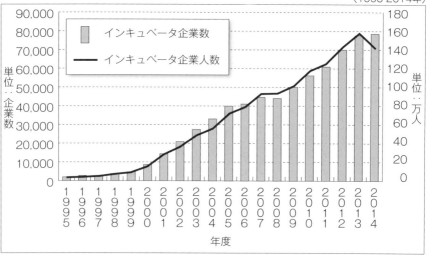

（出所）科学技術部火炬高技術産業開発中心（THTIDC）（2011-2015）『中国火炬統計年鑑』より作成。

それに加えて，中国の「第3世代インキュベータ」とも呼ばれる「衆創空間」（GIS：Group Innovation Spaces）が全国各地で創立，その総数は2,300を超えている。中国における新旧インキュベータ数の合計は，すでに米国を凌駕して世界第1位となっている。また，GISでは，総計8,600万㎡のインキュベータ面積を持つ一方，1,400の公共技術サービス・プラットフォームが設立され，インキュベータ・ファンド（孵化基金とエンジェル・ファンド）の資産規模は365.39億元にも達している。さらに，各種のサービス収入は，インキュベータ収入総額の40%を占め，収入構造が確実に改善されている［11］。

中国国内において，インキュベータのあり方，進化経路や革新戦略などに関する研究が以前から盛んに行われている[5]。一方で，日本の産官学の各界においては，中国のインキュベータへの関心も高まっている。ただし，こうした関心の高まりにもかかわらず，中国のインキュベータに関する情報と分析は明らかに欠如しており，特に2010年以後の中国のインキュベータの発展に焦点を当てる日本語の文献は多くないのが現状である。

この問題意識を念頭において，本章では，産業集積に対して影響を与えている様々なネットワークを生み出すインキュベータに関する諸概念や分析視角を整理する。そして，中国のインキュベータの発展の政治・政策背景を紹介し，その段階区分に関する諸学説の観点をまとめる。そのうえで，中国におけるインキュベータ・エコシステム進化の経路，およびその方向性と特徴を分析する。

2 ▶ インキュベータ関連概念のまとめ

2.1 インキュベータとは

中国における現代ビジネスとして，インキュベータの中国語での呼び方は多様である。その背後に潜むのは，中国におけるインキュベータの組織様態と経営モデル変遷の経緯だとも言える。まず，発展初期において，ほとんどのインキュベータが政府系事業主体（中央・地方科学技術

機関，ハイテク産業開発区，大学・研究機関など）によって創立・運営され，行政管理の色彩が濃厚である。そのために「創業中心」（創業センター）や「高新技術創業服務中心」（ハイテク創業サービス・センター）といった名前が一般的である。

その後，中国の中央政府が，意図的にインキュベータ体系の市場化を推進し，インキュベータの創立・運営にかかわることができる事業主体として，企業や企業連合などの営利組織が加えられている。こうした市場化の進展を背景として，インキュベータ発展の先進諸国（主に米国）との比較を意識しながら，「企業孵化器」（ビジネス・インキュベータ，BI：Business Incubator），「科学技術企業孵化器」（科学技術ビジネス・インキュベータ，TBI：Technology Business Incubator）のような標準的な名前を付けるインキュベータが多くなったのである。

そして，近年，インキュベータの役目に対する関心は，「科学技術成果の転化の促進」から「全民イノベーション意欲の喚起と満足」に移行している。インキュベータのエコシステム化・ネットワーク化を意図する「創業加速器」（Venture Accelerator）や「衆創空間」（Group Innovation Spaces）などの新形態が脚光を浴びている。

国連開発計画（UNDP）は，インキュベータを「新生企業の育成のために設立された制御可能な作業環境」と定義している。また，米国インキュベータ協会（NBIA：National Business Incubation Association）は，企業孵化の効率性と収益性を強調し，インキュベータを企業発展の加速器（accelerator）と位置付け，その経営目的は新生企業の育成，特に最も外部援助が必要である創業初期における手伝いにあるとされる。中国においては，インキュベータの発展の経緯は米国との相違が一目瞭然で，特に，国によって牽引される産業発展との関係性がインキュベータの定義に含まれないといけない。

そのために，ここではインキュベータの発展を実質的にリードする科学技術部による定義を取り上げる。2003年，科学技術部火炬高技術産業開発中心（THTIDC）は「科学技術企業インキュベータの運営の質をさらに促進することについての若干の意見」で，「ビジネス・インキュベータは社会分業の専門化によって産み出される，高新技術の産業化を促進・実現するための社会経済組織である。その主な役割は，創業を意図する

科学技術事業にかかわる個人や創業初期にある科学技術型中小企業に対する必要な資源とサービスの提供，創業コストの低減，創業成功率の向上，科学技術成果の転化と科学技術型企業と企業家の育成にある」との定義を記している。

2.2 インキュベータ・エコシステム（孵化器生態系統）
(1) エコシステム理念の定着
1990年代に，米国からビジネス・エコシステム（business ecosystem）といったビジネス用語が中国に舶来され，科学技術，ハイテク産業などの領域の関係者から注目を集めている[14]。この理念は，自然にインキュベータ業界や研究界に拡散され，インキュベータ・エコシステム（孵化生態系統）という概念として，普及・定着されてきたのである[3][17]。

インキュベータ・エコシステムは，インキュベータ事業にかかわる諸主体と諸主体間の関係と規則から定義できる。まず，参加主体に関しては，中核となるインキュベータと入居企業以外に，企業，政府機関，大学・研究機関，金融機関，仲介機構，業界組織，宣伝メディアなどもある。その参加主体の違いによって，インキュベータ・エコシステムの構造が異なり，それがインキュベータの組織様態，経営モデル，サービス提供と価値実現のあり方を規定する。

(2) 参加主体の動機
中国の経済移行という大きな変動を背景として，インキュベータ・エコシステムの構造変化も常に発生する。特に，インキュベータ中核のミクロ環境となる参加主体（特にインキュベータを創立・運営・管理する主体）の参加動機の相違による影響に留意する必要がある。

①政府機関：今日，政府機関に主導されるインキュベータの存在感が依然として著しく高い。これらのインキュベータは，行政管理の色が濃いのが現状である。また，組織形態上においても行政法人に準じ，市場化の度合いは相対的に低いとも言える。

②大学・研究機関：中国の大学は，1980年代後期からインキュベータの

発展に携わり（1988年，中国初の大学系インキュベータは東北大学で創立），大学発のインキュベータ・エコシステムを確立してきたのである。大学系インキュベータの特徴と言えば，大学内部の科学技術成果（発明特許など）の転化・産業化，学生実習や創業教育などに対する重視があげられ，大学の教育事業とのシナジー効果を求めるのは一般的である。

③金融機関：インキュベータの発展初期において，大部分のインキュベータは，その資金調達を主に国家関連資金に依存している。そのために，ほとんどのインキュベータにはギャップ・ファンドが配置されていなかった。市場化の進展に伴い，インキュベータへの資本支援機能が強化され，ベンチャー・ファンドなどとの連携はよく見られるようになっている。これを契機として，金融機関のインキュベータ・エコシステムにおける存在感がますます増大している。

④企業：営利組織としての企業が，インキュベータの創立・運営・管理にかかわる動機は，政府機関や大学など非営利組織とかなり異なる。特に，近年では，BAT（Baidu[百度：バイドゥ]，Alibaba[阿里巴巴：アリババ]，Tencent[騰訊：テンセント]）といったインターネット業界トップ3を始めとする大型科学技術企業は，自社主導のビジネス・エコシステムの競争力を確立するために，インキュベータ・プラットフォームの構築に熱心である。このように，企業のインキュベータ参加は，本質的に企業戦略や事業戦略の一環であり，長期にわたって利益を生むことがその目標である。

2.3 サービス革新とインキュベータの分類

これまで述べてきたように，インキュベータの機能（入居企業の視点から見ればサービス）は，そのインキュベータが置かれるエコシステムの構造によって規定される。したがって，入居の時期が特定できれば，インキュベータ・サービスには類似性が見られることになり，機能を分類できる。なぜかというと，政治・政策などのマクロ外部環境要因が，比較的に短期間であればその変化が少なく，インキュベータ・エコシステムの構造も一定であるからである。

インキュベータが入居企業に提供するサービスは，大別するとハードウェア・サービスとソフトウェア・サービスの2種類に分けられる。ハードウェア・サービスは，主に場所，電気，インターネット接続などの創業活動を維持する最小限の基礎サービスである。中国におけるインキュベータの発展初期には，多くのインキュベータが各地のハイテク産業開発区や大学サイエンスパークに立地して，そこの科学技術成果の産業化の促進役として位置付けられる。したがって，これらのインキュベータは，特にサービスの「規模」（面積，入居企業数など）を重視し，できるだけ多くの目標企業を入居させるのが経営モデルの基本である。これらのインキュベータは，ハードウェア・サービス集中のイメージが強く，「2番目の大家」という名前も付けられている。

市場化の進展に伴い，当然，創業者たちの需要も高度化されていくことになる。以前のインキュベータは，場所の提供だけで創業者を満足させることができたが，現在では，加えて価値のあるサービスを提供しなければ入居企業を募集することが難しいのが実態である。そのために，専門性のある「高度な」ソフトウェア・サービスが必要となる。こうした背景により，融資や財務・法務・戦略コンサルティング，人材訓練，プロジェクト斡旋，政策適用支援，特許取引支援，創業文化環境の提供など，様々なサービスが創出されている。このような，サービス革新に業務の重心を置くインキュベータは，「革新型インキュベータ」と呼ばれている。

つまり，誕生した時期の相違によって，インキュベータの機能セッティングも違うことになるのである。発展初中期においては，科学技術部が公式統計でインキュベータを，①総合型インキュベータ，②専門型インキュベータ，③帰国留学人員創業インキュベータ，④国際企業インキュベータ，⑤大学インキュベータの5つのタイプに分類している。こうした古い分類法は，この時期におけるインキュベータ・サービスの質の低さを暗黙のうちに承認し，代わりにインキュベータの創立・運営・管理主体に注意を払っている。この時期に誕生したインキュベータは，従来のインキュベータ制度構造に埋め込まれているので，「革新型インキュベータ」と区別し，「伝統型インキュベータ」と呼ぶことができる。

3 ▶ 政治・政策環境要因

　1987年，中国初のインキュベータが湖北省武漢市に創設され，翌年にはハイテク産業化の総合計画として「火炬計画」が公表されている。インキュベータ体系の設置は，この国家戦略の重要部分であり，それから30年近くにわたって，インキュベータの発展は国家科学技術発展戦略の枠組みの下で継続され，成功を収めている。本節では，国家レベルと地方レベルのインキュベータ政策体系を俯瞰する。

3.1　国家政策

　2001年以来の国レベルのインキュベータ政策は，図表6-3にまとめられている。なお，インキュベータ発展に関連して，中小企業，科学技術発展，人材発展などの領域においても，いくつかの法律・法規が公布されている。例えば，「中小企業促進法」（2002年），「国家中長期科学と技術発展計画綱要（2006～2020年）」（2006年），「国家中長期人材発展計画綱要（2010～2020年）」（2010年）などがあげられる。

3.2　地方政策（北京市）

　図表6-4に示しているのが，インキュベータ発展の先進地域として北京市における，2000年以来のインキュベータ関連政策の一覧である[8]。

図表6-3　中国における主なインキュベータ国家政策

公布年度	公布機関	政策
2016年	国務院	「衆創空間の発展を加速し，実体経済の転換・高度化に貢献すること」についての指導意見
2014年	国務院	科学技術サービス業の発展加速についての若干の意見
2013年	財政部・税務総局	科学技術企業インキュベータの税収政策についての通知
2012年	科学技術部	国家科学技術企業インキュベータ「十二五」発展計画
2003年	科学技術部	科学技術企業インキュベータの運営の質をさらに促進することについての若干の意見
2001年	科学技術部	国家科学技術企業インキュベータ「十五」発展計画
2001年	科学技術部	「十五」期間で科学技術企業インキュベータ建設を力強く推進することについての意見

（出所）筆者作成。

図表6-4　北京市のインキュベータ関連政策

公布年度	公布機関	政策
2014年	北京市人民政府	科学研究機関における成果転化および産業化の推進加速についての若干の意見（試行）
2014年	北京市人民政府庁	大学における成果転化および科学技術協同革新の推進加速についての若干の意見（試行）
2013年	中関村管理委員会	中関村自主革新モデル区における革新型インキュベータの発展計画（2013-2015）
2013年	北京市科学委員会，北京市発展改革委員会，北京市教育委員会など	首都における科学技術型企業孵化体系構築を一層促進することについての意見
2011年	北京市科学委員会	北京市国際科学技術合作基地管理弁法（試行）
2011年	中関村管理委員会	中関村自主革新モデル区における大学サイエンスパークおよび科学技術型企業インキュベータの発展を支持することについての実施意見
2010年	北京市科学委員会，北京市発展改革委員会，北京市教育委員会など	北京市における科学技術孵化体系の構築を一層促進することについての若干の意見
2010年	北京市科学委員会	北京市ハイテク産業孵化専門基地認定および管理弁法
2006年	北京市科学委員会，北京市発展改革委員会，北京市教育委員会など	北京市における大学サイエンスパークの発展を一層に促進することについての若干の意見
2000年	北京市人民政府	北京市における科学技術型インキュベータの加速発展についての若干規定（試行）

（出所）中経未来産業研究センター（2015）『中国の企業インキュベータの発展研究報告書』より作成。

4 ▶ 中国1インキュベータの発展段階

　中国におけるインキュベータの発展段階に関して，いくつかの意見が見られる。ここでは，論者の主張の背後に潜むロジックを意識しながら，代表的な観点を整理する。

4.1　インキュベータ進化の背景として制度変化を重視する主張

　中国の経済制度移行の漸進性を強調し，インキュベータ進化の歴史的

経緯に沿って発展段階を区分する主張は，政府系研究機関・シンクタンクの研究者と技術経済学・経営学分野の学者でよく見られる。例えば，陳[2015]は，中国におけるインキュベータの発展に関して，以下のような「三段階説」を唱えている[3]。

①初期段階（1987-1999）：　この段階における，インキュベータの発展の主要特徴は，中央・地方政府がインキュベータ発展促進政策を次々と打ち出し，大規模な資金を投入し，基礎的な孵化インフラ（つまり「ハードウェア・サービス」）の整備を進めたことである。この段階では，科学技術成果の転化や企業入居の確保などを重視したが，孵化の効果と効率は重視しなかったのである。前述の「従来型のインキュベータ」は，この時期に誕生し，こうした古い制度枠組みに深く埋め込まれている可能性があり，経営モデルの革新が必要となる。

②大発展段階（2000-2002）：　2000年頃，科学技術部がいくつかの重要なインキュベータ政策を打ち出している（例えば，国家科学技術企業インキュベータ「十五」発展計画[2001年]）。中国の中央政府は，インキュベータの発展の規模と質の均衡を意図的に改善し，結果としてインキュベータの組織様態，経営モデル，およびサービス内容に新しい変化が著しく見られたのである。

③新段階（2003-現在）：　2003年，科学技術部は，さらに「科学技術企業インキュベータの運営の質をさらに促進することについての若干の意見」といった政策をつくり上げている。「運営の質」，つまりインキュベータ・サービスの効率性と効果などが，革新の最も重要な対象とされたのである。

　陳[2015]の主張に関して，留意すべき点がいくつある。特に，2003年からインキュベータの制度環境には，大きな変化がないという前提がもはや成り立たない。それは，2011年から中国は「十二五」計画時期に入り，情報通信技術（ICT），次世代インターネットなどの先端技術の産業化（いわゆる「戦略性新興産業」の育成）が新たな国家戦略となったからであ

る。さらに，2014年に実体経済のインターネット化（Internet+），2015年に「大衆創業・万衆創新」などの国家科学技術・イノベーション戦略が相次いで発表されている。このように，2011年からの5年間で，インキュベータの制度環境において激しい変化が起き，革新型インキュベータの登場と従来型インキュベータの革新が新しい話題となっている。

4.2 インキュベータの経営モデルの革新を重視する主張

一方で，産業界と密接な独立系産業研究機関は，インキュベータ自体も創業企業であると主張し，営利組織としての収益性と経営の健全性を強調している。例えば，2001年に創立された，中国最大のプライベート・エクイティ（PE：private equity）投資研究機関である清科研究中心は「中国インキュベータの経営モデルの進化は，①物理空間の提供，②物理空間に搭載する基礎行政サービス，③革新型インキュベータの3段階を経た」と主張している。

それぞれを第1世代（2番目の大家），第2世代（創業サービス者）と第3世代（エンジェル・ファンド＋孵化）と喩えている。この類の段階区分は，図表6-5に示すように，主にインキュベータの収益の源泉・構成に着眼し，主に企業戦略の視点からのものと言える[15]。

図表6-5 経営モデル革新の視角からのインキュベータの発展段階区分

発展段階 モデル要素	第1世代 （2番目の大家）	第2世代 （創業サービス者）	第3世代 （angel fund＋孵化）
入居条件	低い	低い	結構厳しい
資産配分	重い	重い	軽い
サービスの質	低い	やや低い	高い
サービスの特徴	場所貸与	創業サービス	孵化投資
孵化費用	低い	低い	低いまたは免除
収入源泉	家賃	家賃＋サービス料	サービス料＋投資収益
収支状況	やや黒字	平衡または赤字	赤字（前期）＋黒字（後期）

（出所）清科研究中心（2015）『中国における革新型インキュベータの発展報告書』より作成。

5 ▶ 新時期におけるインキュベータの革新と進化

2011年以来,中国のインキュベータの発展において,激しい制度変化が起きている。こうした新時期に入って試行錯誤を重ね,中国のインキュベータの発展は多様化・専門化・ネットワーク化という特徴を呈している。全体として,市場化の傾向性が著しいのが特徴である。

5.1 インキュベータの主要課題

1987年の中国初の企業インキュベータの誕生以来,その後,最初の探索期,政府の強い推進によって深められた発展中期を経て,現段階では転換期を迎えている。転換期におけるインキュベータは,いくつかの特徴を持っている。例えば,出資方は政府や大学,研究機関などの知的な組織に限らず,民間資本もインキュベータに参入しており,投資者が多様化になっている。また,インキュベータでは,形式の多様化,機能の専門化,サービスのプラットフォーム化と組織のネットワーク化など新しいトレンドが見られる。しかし,現段階のインキュベータは,問題も抱えている。それは,主に利用者のニーズとインキュベータ・サービスとにずれが生じていることである。

iiMedia Research[2016]のインキュベータの発展現状調査によれば,創業者の最も高いニーズは自分のプロジェクトに必要な資金調達のサポートである[13]。

65.5%の創業者は,インキュベータによる融資戦略に関するコンサルティングや金融・投資機関への斡旋などを強く求めていることがわかった。それに,図表6-6に示すように,創業者はマーケティングおよび創業計画への指導などの関連サービスも希望している。

さらに,創業者にとって,自分プロジェクトへの資金面での支えが最も魅力的なことがわかった。およそ7割の創業者がインキュベータを選ぶときに一番重視するのは融資のサービスである。そして,インキュベータに引き付けられた理由としては,図表6-7に示すように,政策上の優遇と豊富な人材資源の確保が,それぞれ65.3%と54.5%を占めているのである。

一方,実際にインキュベータに提供される主なサービスとしては,場

図表6-6　インキュベータに求めるサービス

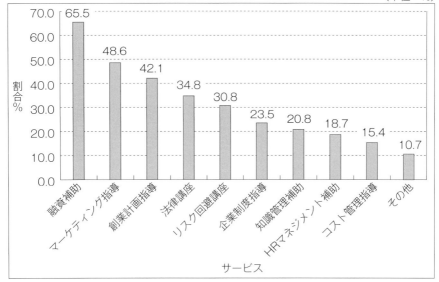

（出所）iiMedia Research（2016）『中国におけるインキュベータの発展の現状報告書』より作成。

図表6-7　創業者が重視するインキュベータのサービス

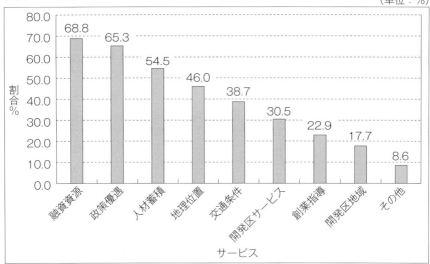

（出所）iiMedia Research（2016）『中国におけるインキュベータの発展の現状報告書』より作成。

図表6-8　インキュベータが入居企業・創業者に提供するサービス

(単位：%)

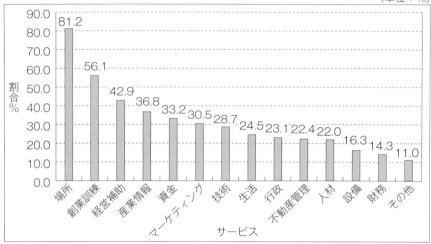

（出所）iiMedia Research（2016）『中国におけるインキュベータ発展の現状報告書』より作成。

所・施設，創業訓練，経営補助，および産業情報提供などがあげられている。それに対して，図表6-8に示すように，資金サービス，設備サービス，財務サービスは，それぞれ33.2%，16.3%，14.3%にとどまっている。

5.2 発展の方向性と特徴

創業者の需要とインキュベータの供給との不均衡は，中国のインキュベータ体系が直面しなければならない「新常態」とも言える。その矛盾を解消するために，マクロ政策環境の整備，インキュベータ・エコシステムの進化，インキュベータ経営モデルの革新という3つのレベルで変革を行い，構造変化を喚起していく必要がある。

(1) 投資主体の多様化

発展初期には，政府からの資金を頼りに設立された社会公益型インキュベータから出発，新時期ではその投資主体は，政府，大学・研究機関，企業，金融機関，社会団体まで広がっている。また，非営利性と営利性の孵化器が共存しているのが現状である。

図表6-9 総合型インキュベータと専門型インキュベータの数の推移

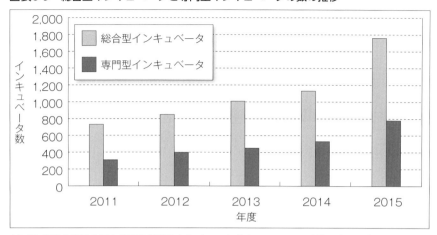

（出所）科学技術部火炬高技術産業開発中心（2016）『イノベーション時代を迎え―中国における科学技術型企業インキュベータの発展報告』より作成。

　iiMedia Research［2016］のインキュベータの発展現状調査の結果によると，28.4％のインキュベータは依然として政府に主導され，資金は主に政府補助金から調達している［13］。創立・運営資金を，主に企業・個人から得ているインキュベータは22.8％，主に大学サイエンスパークから得ているインキュベータは17.7％である。ここでの注目点は，混合型の資金調達の割合が，31.1％に上がっていることである。

（2）サービスの専門化

　特定の産業，創業者，あるいは機能にフォーカスする専門型インキュベータの総数は，図表6-9に示すように，徐々に上がっている［10］。

（3）経営モデルの多様化

　激しい制度変化を背景として，中国におけるインキュベータの発展は2つの側面（革新型インキュベータと従来型インキュベータの進化）からつかむことができる。革新型インキュベータに関しては，その代表的な経営モデルとして，以下の5つがあげられる。

①企業プラットフォーム型

　企業プラットフォーム型のインキュベータでは，主導役は企業，特に情報通信技術（ICT），インターネットなどのハイテク産業の大手企業である。これらの大手企業は，自社が有する資金などの資源を活用して，創業者と共同で先端技術や事業モデルの開発を狙うことになる。典型例として，テンセント（Tencent）の「テンセント開放プラットフォーム」，マイクロソフト（Microsoft）の「マイクロソフト創業投資加速器」，中国電信（China Telecom）の「中国電信創新孵化基地」などがある。

②エンジェル投資＋インキュベータ型

　エンジェル投資＋インキュベータ型のインキュベータは，米国など先進国の成功経営モデルを模倣するものである。この種類のインキュベータは，民間機構（投資会社，大学など）に主導されるが，厳しい選別を経て将来性のある創業プロジェクトを識別して創業者を入居させてから，一定金額のエンジェル投資を投入して孵化過程を進ませることになる。また，最後に成功企業を卒業させ，株を売却して投資収益を獲得する。典型例として，「創新工場」（Sinovation Ventures），レノボ・グループの傘下企業である「聯想スター」（Legend Star），清華サイエンスパークの傘下にある「啓廸スター」（Tus Star）などがある。

③共有空間型

　共有空間型のインキュベータは，基礎サービスである「場所提供」をグレードアップし，サービスの質とブランド効果を強化して，共有空間での創業同士間の情報交換や関係付けなど社会ネットワーク的な便益を生むことを狙っている。典型例として，「車庫カフェ」（Garage Cafe），「3Wコーヒー」（3W Coffice），「無界空間」（Wujie Space）などがある。

④メディア革新型

　メディア革新型のインキュベータでは，そのエコシステムの中核となるのは，新ティメディア（ITティメディア，社交ティメディア）である。これらの中核企業は，科学技術業界とその発展の方向性に関する情報・知識を蓄積して，さらに科学技術業界のネットワークに深く関与し

ているので，創業失敗のリスクを軽減する資源と能力を持っている。典型例として，「創業邦孵化器」（Bang Camp），「クリプトン空間」（Kr Space）などがある。

⑤不動産革新型

不動産革新型のインキュベータでは，主導役は大手不動産である。これは，新時期における不動産の供給過剰という経営背景の下で，大手不動産による関連型多角化の一環として理解できる。ただし，収益性において，あまりにも場所のリース料に依存するので，経営モデルの競争力が低い。典型例として，「優客工場」（UrWork），「Soho3Q」などがある。

そして，従来のハイテク産業開発区に拠点を置く総合型インキュベータにも変化が見られる。まずは，その価値創造チェーンの垂直統合である。さらに，革新型インキュベータモデルを取り入れ，従来の経営モデルを改良してもいる。これらの戦略によって，ハイテク産業開発区の資源優位を活用し，従来の科学技術成果の転化から機能を延長し，例えば「空間共有＋孵化＋投資」という経営モデルが北京中関村科技園区のインキュベータ群で見られる[18]。

5.3 社会的・経済的効果

産業集積においては，インキュベータが巨大な経済効果と社会利得を生んでいる。火炬高技術産業開発中心［2016］の統計によると，「十二五」期間に，全国で孵化中の企業の総数が増加していて，2010年の5.6万社から2015年の10.2万社に上がっている［10］。

一方で，新規孵化の科学技術型中小企業が累計で10.5万社，孵化を卒業した企業が累計で74,660社に達している（図表6-10）［11］。卒業した企業の中で，5,000万元以上の当期利益を達成したものが1,740社あって，また，株式上場した企業も800社を超えている。インキュベータは「優れた企業の再生産装置」として稼動し，より効率的に優秀なハイテク企業を育成している。

2015年には，中国の全国に2,300以上ある第3世代インキュベータの「衆創空間」で，孵化された創業チームと新生企業が12万を超えており，

図表6-10　孵化を卒業した企業の累計数

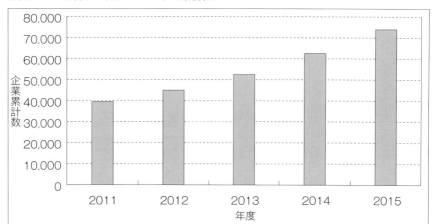

（出所）科学技術部火炬高技術産業開発中心（2016）『イノベーション時代を迎え―中国における科学技術型企業インキュベータの発展報告』より作成。

孵化された創業者は50万人にも達している。

6 ▶ おわりに

　最後に，これから中国のインキュベータの発展の方向性について整理する。まず，市場化の進展に伴い，営利型インキュベータが主導的地位を得る可能性が高くなっている。そのために，産学官の連携，さらに社会資本の参加は不可欠である。

　さらに，サービス対象は従来の「小衆」である創業企業から「万衆」まで広げられ，さらなる経営モデルの革新が期待される。また，今までのようなインキュベータ同士間の競争から，インキュベータ・エコシステム間の競合へ移行し，より健全な業界構造への転換を図ることが望まれている。

　こうした中国国内における産業構造変化が，結果として，最終的にはインキュベータの海外進出にも繋がることになる。

〈参考文献〉

[1] 馬鳳嶺他（2015）「新しい時代における科学技術型企業インキュベータの革新」『中国高新技術産業導報』中国高新技術産業導報社。
[2] 梅晨斐（2016）『インキュベータの定義』浙江大学出版社。
[3] 陳頡（2015）『インキュベータの運営とビジネスモデル研究』人民郵電出版社。
[4] 趙黎明・呉文清（2013）『科学技術型企業インキュベータとベンチャー・キャピタルのコーポレートガバナンス及び政策研究』中国経済出版社。
[5] 趙黎明・朱禾申・付春満（2013）「科学技術企業インキュベータの発展についての議論」『天津大学学報（社会科学版）』天津大学，11（1），pp.1-4。
[6] 常林朝・趙博・邵俊崗（2016）『インキュベータの革新と革新型インキュベータ』経済科学出版社。
[7] 中国科学技術統計ネット（2005）『2005年における科学技術型企業インキュベータの発展分析』。〈http://www.sts.org.cn/tjbg/gjscy/documents/2006/061204.htm〉（2016/12/04閲覧）
[8] 中経未来産業研究センター（2015）『中国の企業インキュベータの発展研究報告書』中経研究院。
[9] 原田誠司（2005）「中国のサイエンスパークの現状と課題」『専修大学都市政策研究センター論文集』専修大学都市政策研究センター，第1号，pp.169-174。〈http://www.isc.senshu-u.ac.jp/~the0350/v5/socio/research/16ronbun/harada.pdf〉（2016/12/04閲覧）。
[10] 科学技術部火炬高技術産業開発中心（THTIDC）（2011-2015）『中国火炬統計年鑑』中国統計出版社。
[11] 科学技術部火炬高技術産業開発中心（THTIDC）（2016）『イノベーション時代を迎え—中国における科学技術型企業インキュベータの発展報告書（2011-2015）』中国科学技術出版社。
[12] 呉霽虹（2015）『大衆イノベーションの時代』中信出版社。
[13] iiMedia Research（2016）『中国におけるインキュベータの発展の現状報告書』iiMedia Research Group。
[14] Moore, J. F.（1993）"Predators and prey: A new ecology of competition,"*Harvard Business Review*, Harvard Business Publishing, 71（3），pp.75-86.
[15] 崔彩鳳（2016）「我が国の科学技術型企業インキュベータの発展経路」『中国高新科学技術導報』中国高新技術産業導報社。
[16] 清科研究中心（2015）『中国における革新型インキュベータの発展報告書（2015）』清科グループ。〈http://research.pedaily.cn/researchreport/2015/20150519382831.shtml〉（2016/12/04閲覧）
[17] 董華強・梁満杰（2003）「我が国の企業インキュベータの現状及び発展対策研究」『科学学と科学技術管理』中国科学学と科学技術政策研究会・天津市科学学研究所，24（5），pp.110-113。
[18] 税所哲郎（2014）『中国とベトナムのイノベーション・システム−産業クラスターによるイノベーション創出戦略−【第2版】』白桃書房。

第7章

中国(上海)自由貿易試験区における産業集積の現状と改革推進からの課題

葛永盛・税所哲郎

1 ▶ はじめに

 中華人民共和国(以下,中国)では,近年,人件費の上昇に加えて,中国人民元の為替レートも上昇,チャイナ+1の影響もあって,外資系企業の撤退などに伴う経済停滞を招いている。そこで,現代の中国では,今後の持続的な経済成長を実現するために,国内経済において産業構造の変革と生産性向上が求められている。

 産業構造変革と生産性向上を実現するために,2010年10月,国務院は「戦略的新興産業の育成と発展の加速に関する決定」を発表している[10]。その決定の中では,7業種の戦略的新興産業として,省エネルギー・環境保護産業,次世代情報技術産業,バイオテクノロジー産業,ハイエンド設備製造業,新エネルギー産業,新素材産業,新エネルギー自動車産業をあげて,重点育成の対象,および発展分野と指定している。

 このような中国の産業政策の中で,国家戦略の一環として,グローバルを視野に入れた経済・貿易の発展状況に応じた,より積極的な開放戦略の実施を目指している。そこで,2013年9月29日に中国(上海)自由貿易試験区(SPFTZ:China (Shanghai) Pilot Free Trade Zone)を設立したのである。SPFTZは,従来の税制優遇や補助金提供といった政策を実施して外資系企業を誘致するのではなく,開放型経済体制を構築し,貿易と投資の利便性を促進,新しい制度の下に産業集積を形成するものである。

そこで，本章[1]では，筆者の現地調査[2]に基づいて，中国の新しい産業集積政策として，従来の優遇策を活用したものではなく，新しい制度を構築した産業集積の事例として，SPFTZを取り上げる。この事例を基に，中国が推進している新しい産業集積の形成における，その現状と改革推進からの課題を考察する。

2 ▶ 中国（上海）自由貿易試験区とは

SPFTZは，図表7-1に示すように，中国資本・外資を問わず特区内での企業活動，および特区内と海外のモノ・カネの流れを自由化することを目指しており，既存の4つの保税区（上海市外高橋保税区，外高橋保税物流パーク，上海浦東空港総合保税区，洋山保税港区）[3]をベースに設立された28.78km^{2}の経済特区である[5]。

全国人民代表大会常務委員会は，2014年12月28日，2013年9月29日設立のSPFTZについて，国務院に区域を拡大する権限を付与し，その全体の面積は120.72km^{2}に拡大している。

---

1 本章は，税所（2015）「中国における産業集積の新たな形態に関する一考察－中国（上海）自由貿易試験区を事例として－」『工業経営研究学会 第30回全国大会報告要旨集』を基にして，葛が最新情報を加えて，大幅に加筆・修正したものである[4]。
2 税所は，BCNの2015年5月24日（日）～28日（木）「最新家電市場動向視察」に参加して，中国（上海）自由貿易試験区を訪問し，現地調査を行った。その後，上海在住の葛による中国（上海）自由貿易試験区の継続的な調査も行っている。
3 中国における各種保税区には，以下のような区別がある。①保税区は，国内の一般地域とは隔離され，関税上では「外国」と見なされて海外から輸入する貨物を保税扱いとし，積み込み，保管，生産，加工が認められた地域である。税関については，保税区から非保税区への搬入は輸入，非保税区から保税区への搬入は輸出と見なすが，税務局は保税区内搬入のみでは増値税の輸出還付を認めていない。②保税物流園区は，区内でのコンテナ積み替えが可能など，保税区の中にあって保税機能をより深化させた物流利便性の高い区域である。輸出加工区と同じように貨物が区内に搬入された時点で輸出と見なされ，直ちに増値税の還付が受けられるが，輸出加工区と異なり，区内での生産，加工は認められない。③総合保税区は，保税区と輸出加工区に加えて，保税物流センターの特徴とメリットを統合した内陸型保税地域である。国際貿易，メンテナンス・テスト，倉庫物流，生産加工，商品展示などの業務が可能である。④保税港区は，総合保税区と港湾機能が一体化した物流拠点として開放度が高い対外貿易港区である。

2.1　上海市外高橋保税区

　外高橋保税区は，中国における初めての保税区で，1990年6月に国務院に批准設立され，その面積は10km^{2}である。このエリアは，20年来の発展を経て国内最大の経済規模を誇り，業務機能の最も豊富な税関特殊監管区域となっている。また，全国で初めての「国家輸入貿易創新促進示範区」でもある。

　外高橋保税区では，特に酒，時計，自動車，工事機械，工作機械，医療器械，生物医薬，健康製品，化粧品，文化製品などの10類専門製品の貿易プラットフォームを設置・強化した産業集積となっている。また，その中で文化貿易プラットフォームが，文化部から全国で初めての「国家対外文化貿易基地」と認定されている。

2.2　外高橋保税物流園区(パーク)

　外高橋保税物流園区は，中国における初めての保税物流園区であり，2003年12月に国務院に批准設立され，その面積は1.03km^{2}である。このエリアは，全国で始めての「区港連動」を実施する試験区域として，同時に保税区，輸出加工区の関連政策，および上海港の港航資源を享受できるようになっている。

　また，「区区連動」や「入区退税」などの優遇政策の下，保税物流園区は外高橋保税区と相互に連動的に発展しており，重要な現代化国際物流基地としての産業集積となっている。

2.3　洋山保税港区

　洋山保税港区は，中国における初めての保税港区であり，2005年6月に国務院に批准設立され，2012年1月には拡大建設が批准され，その面積は14.16km^{2}である。このエリアは，小洋山港口区域，一部陸地，小洋山島を陸地と繋ぐ東海大橋からなっている。

　洋山保税港区は，「区港一体化」管理を実行，上海国際航運発展綜合試験区のコア・キャリヤで，通信および電子製品，自動車とその部品，高級食品，ブランド衣料品などの配分配送センターを集めて，欧米向けの配分配送基地と大口商品産業基地，国内向けの輸入貿易基地，および航運中堅企業に利便性のある産業集積となっている。

2.4 浦東空港綜合保税区

　浦東空港綜合保税区は，2009年7月に国務院に批准設立され，その面積は3.59km²である。このエリアは，保税物流区域と空港西側の貨物輸送区の一体化運用を実施していて，浦東空港もアジア太平洋地区の航空複合中枢港として優勢に機能しており，上海空港サービス産業の発展リーダーである。

図表7-1　中国（上海）自由貿易試験区の全体レイアウト

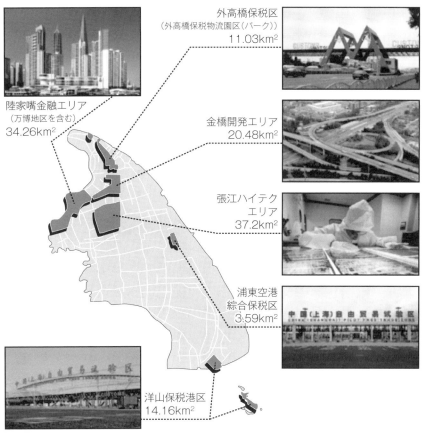

（出所）浦東新区商務委員会（2016）『浦東新区投資ガイドブック（2016年－2017年）』上海市浦東新区駐日本経済貿易事務所より引用。

また，電子製品，医療器械，高級消費品などを扱う世界に名立たる多国籍企業の空運配分センター，および100項余の融資賃貸項目を導入，UPSやDHL，FedExといった世界的物流会社も進出している。浦東空港綜合保税区では，一部重点項目の推進も実施しているが，次第に空運アジア太平洋地区配分センター，融資賃貸，急便中継センター，高級消費品保税販売などの空港サービス産業を形成する産業集積となっている。

2.5　SPFTZ拡大区域

　SPFTZ拡大区域は，陸家嘴金融エリアと金橋開発エリア，張江ハイテクエリアも含む産業集積となっている。

　陸家嘴金融エリアの面積は合計34.26km^{2}で，東側は済陽路，浦東南路，竜陽路，錦繍路，羅山路まで，南側は中環線まで，西側は黄浦江まで，北側は黄浦江までの区域である。また，金橋開発エリアの面積は合計20.48km^{2}で，東側は外環グリーンベルトまで，南側は錦繍東路まで，西側は楊高路まで，北側は巨峰路までの区域である。張江ハイテクエリアの面積は合計37.2km^{2}で，東側は外環線，申江路まで，南側は外環線まで，西側は羅山路まで，北側は竜東大道までの区域である。

3 ▶ 中国（上海）自由貿易試験区の政策推進

　SPFTZにおいては，域内での市場改革の実践として，図表7-2に示すように，中国（上海）自由貿易試験区管理弁法（上海市人民政府令第7号）に基づいて，投資管理，貿易の発展と利便性向上，金融刷新とリスク防止，総合管理とサービスの4つの分野の政策を推進している[19]。

3.1　投資管理

　①サービス業の開放拡大では，各種サービス領域におけるパイロット的な試行や推進状況，および産業発展の需要に基づき開放領域の拡大・試行内容，相応の制度刷新を探索する。②外商投資進出特別管理措置（ネ

第7章 中国（上海）自由貿易試験区における産業集積の現状と改革推進からの課題

図表7-2 中国（上海）自由貿易試験区管理弁法に盛り込まれている政策

政策分野	内容	政策分野	内容
（1）投資管理	①サービス業の開放拡大 ②ネガティブリストによる管理モデル ③域外投資の届出制 ④登録資本の出資引受登記制 ⑤営業許可制と経営許可	（3）金融刷新とリスク防止	①金融刷新 ②資本項目の兌換可能化 ③金利の市場化 ④クロスボーダー人民元決済の利用 ⑤外貨管理 ⑥金融機構の発展 ⑦リスク防止
（2）貿易の発展と利便性向上	①貿易のモデル転換とグレードアップ ②海運ハブ機能 ③輸出入監督制度の刷新 ④輸出入監督管理サービスの利便性向上	（4）総合管理とサービス	①管理の改善 ②管理情報の公開 ③ワンストップ受理体制 ④監督管理の改善 ⑤安全審査および独占禁止審査 ⑥知的財産権の保護　など

（出所）筆者作成。

図表7-3　外国投資企業の設立・変更手順

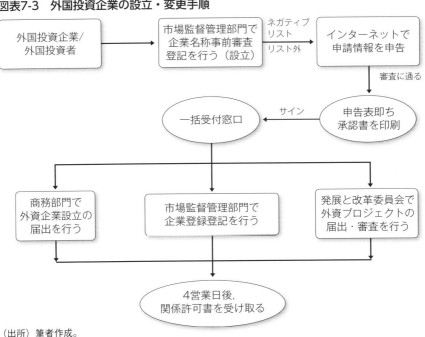

（出所）筆者作成。

123

ガティブリスト[4]）による管理モデルでは，外商投資前内国民待遇を実施する。ネガティブリスト以外に対して，内資・外資一致の原則に従い，外商投資項目を認可制から届出制に改める。③域外投資の届出制では，域内企業が域外での投資や企業設立の場合，届出制を主な管理方式にして域外投資の一般項目に対し届出制を施行する。④登録資本の出資引受登記制では，会社株主が出資引受額・出資方式・出資期限などについて自主的に約定し，また会社定款に記載する。⑤営業許可証と経営許可では，営業許可証を取得した企業は，直ちに一般の生産経営活動に従事することができる（図表7-3参照）。

3.2　貿易の発展と利便性向上

①貿易のモデル転換とグレードアップでは，多国籍企業が地域本部を域内に設立することを奨励しており，貿易・物流・決済などの機能の整合性の取れたビジネス・物流センターを構築する。②海運ハブ機能では，外高橋港，洋山深水港と，国際空運ハブ港である浦東空港との連動作用を実現して，域内外の海運産業集積区との協同発展を強化し，運送金融・国際船舶運輸などの産業を発展させる。③輸出入監督制度の刷新では，域外との間で輸出入した貨物に対し，域内企業は輸入船積書類情報に基づいて貨物を域内へ搬入，その後輸入申告の手続きを行う。④輸出入監督管理サービスの利便性向上では，新型業務監督管理の刷新試行を推進し，新型貿易業務の発展に相応する監督管理モデルを構築，国際中継・貨物整理業務を推進する。

3.3　金融刷新とリスク防止

①金融刷新では，金融改革の4本柱「資本取引兌換可能化」「クロスボーダー人民元改革」「金利自由化」「外貨管理改革」について，それぞれ改革の方向性が示されている。②資本項目の兌換可能化では，人民元・外貨の自由貿易口座の開設を通じて，口座別核算（算出）管理を実施する。③金利の市場化では，関連の基礎条件の成熟度合いに応じて，域内における金利の自由化体系を構築する。④クロスボーダー人民元決済の利用

4　ネガティブリスト（negative list）に含まれていない企業の設立・変更は，審査許可制から届出制に変わる。届出制実施後，最低投資額の制限は取消される。

図表7-4 中国（上海）自由貿易試験区における金融制度改革の経緯

公布日	公布部門	通知内容
2013年9月27日	国務院	中国（上海）自由貿易試験区全体方案
2013年9月29日	上海市人民政府	中国（上海）自由貿易試験区管理弁法（上海市人民政府令第9号）
2013年12月2日	中国人民銀行	金融が中国（上海）自由貿易試験区の建設を支持することに関する意見
2014年2月20日	中国人民銀行上海本部	中国（上海）自由貿易試験区での人民元クロスボーダー使用の拡大を支持することに関する通知（銀総部発［2014］26号）
2014年2月28日	国家外貨管理局	中国（上海）自由貿易試験区建設を支持する外貨管理実施細則（匯発［2014］26号）

（出所）筆者作成。

では，域内企業のクループ内での双方向の人民元プーリング（資金集約・分配）業務を展開し，域内外の関連企業へ集中決済サービスを提供する。⑤外貨管理では，多国籍企業本部の外貨資金集中運営方式を採用するパイロット企業の範囲を拡大する。⑥金融機構の発展では，上海市政府は域内企業に対する監督管理を実施し，年度ベースで評価を行い分類管理する。⑦金融リスク防止では，企業の人民元・外貨の自由貿易口座の開設を通じて，口座別核算管理を実施する（図表7-4参照）。

上海金融サービス局のデータによると，SPFTZ設立から3年を経て金融業は順調に発展しており，SPFTZの金融革新は実体経済の発展を強力に支えている。2016年の上半期まで，浦東金融業の総生産は1,179.9億元で，浦東地区の総生産の29％を占めている。これは，上海金融業の総生産の49.1％を占めており，浦東地区の経済成長の貢献率は59.5％となっている。このような上海自由貿易区の金融改革により，2009年から2015年まで，上海市クロスボーダー人民元業務の決算金額は3,312億元から2万7,500億元に増加し，年当たりの成長率は70％を超えて，中国国内第1位になっている［14］。

また，陸家嘴に上海国際金融中心が構築されて，金融機関の進出が加速されているが，SPFTZ設立から3年となり，金融機関の集積が見られる。2016年7月現在，SPFTZ区内の金融機構数は464社に達し，昨年4月の上海自由貿易区の拡大により24社増えている。そのうち，支店および

支店以上が164社という進出状況である[9]。このように、SPFTZ設立から3年が経過、その間、浦東地区に進出した金融機関の品質や営業力は上昇しており、全国や世界に影響力を持つ金融機関となっている。

例えば、国家開発銀行（China Development Bank）と支付宝（Alipay）の本部は、このエリアに移転しており、浦東地区には各種タイプの金融機関がそろって進出、合理的な金融要素市場システムを形成している。また、濾港通（＝上海−香港間）の株取引の試行が開始されるとともに、上海国際ゴールド取引センター有限会社によるゴールド国際版の正式発売、および上海国際エネルギー取引センターによる全国的な信託登記承認建プラットフォームの設立といった積極的な活動が見られる。さらに、上海保険取引所の設立により、上海持分ホスティング取引センターの「科学技術の革新板」の継続的な発展が見られる。これらは国際向けの金融取引プラットフォームで、浦東金融市場の国際化レベルと金融要素の豊富なレベルを大幅に向上することに貢献している。

3.4 総合管理とサービス

①管理の改善では、国際化・法治化の要求に基づき、高効率で迅速な管理・サービスモデルを構築し、投資と貿易の利便性を促進する。②管理情報の公開では、モニタリング情報共有体制とプラットフォームを構築し、管理プロセスの改善や高効率で迅速な管理サービスの提供と事中事後のモニタリング提供サポートを強化する。③ワンストップ受理体制では、外商投資項目核準・備案および企業設立・変更におけるワンリスト申告、ワンストップ受理を実現する。④監督管理の改善では、域内の改革需要に基づいて、中間・事後のモニタリングを主体にした動態モニタリングを行うことで、管理プロセスと管理体制を最適化する。⑤安全審査および独占禁止審査では、域内企業は工商部門に年度報告を提出し、年度報告の真実性・合法性に責任を負う。⑥知的財産権の保護では、域内企業の信用情報の記録・公開・共有・使用制度を構築し、信用保持奨励・信用失墜懲戒が連動する体制を普及させる。

ところで、2013年のSPFTZ発足当初は、中国国内外の企業36社（金融機関11社、そのうち外資系企業2社、その他25社）が許可証を発給され、

図表7-5　SPFTZの主要経済指標の伸び率　　　　　　　　　　　　　　　(2015)

指標	金額	伸び率
税金	1,022.22億元	6.8%
営業収入総金額	26,866.48億元	6%
サービス業	3,599.06億元	4%
物流業	1,200.00億元	0%
GDP	3,901.03億元	▲3.3%
外資投資契約金額	396.26億米ドル	N/A
対外投資金額	229.10億米ドル	6.2倍

(出所)　上海市人民政府（2016）『上海2015国家経済社会開発統計速報』より作成。

域内に進出している。当時の外資系企業には，日本企業や香港企業の進出は見られずに，米国のマイクロソフトやシティバンク，ドイツのポルシェの他，タイやシンガポール，オランダ，フィンランド，フランス，イタリアなどの企業が進出していたのである。その後，域内への企業進出が増大し，2014年9月15日現在，国内外全体で1万2,266社が域内に進出，うち日本企業を除く外資系企業は1,667社，日本企業は78社となっている[16]。また，2015年になると，図表7-5に示すように，SPFTZにおける主要経済指標は，GDPを除いてさらに伸びている[6]。

4 ▶ 中国（上海）自由貿易試験区の産業集積としての特徴

　SPFTZは，従来の税制優遇や補助金提供といった優遇政策を実施して外資系企業を誘致するのではなく，開放型経済体制を構築し，貿易と投資の利便性を促進した新しい発想による産業集積として設置された区域（エリア）である。また，SPFTZ内には，すでに数多くの大型科学研究施設が設置されており，科学技術分野も積極的に推進されている。今後は，域内において，産官学連携を推進すべく研究型大学も設置される予定である。現在，SPFTZでは，以下のような産業集積として，投資管理に関する5つの主な特徴が見られる。
　第1の特徴は，ネガティブリストによる投資管理である。ネガティブリストとは，中国における投資分野において，例外的に開放されていな

い分野のリストを指している。SPFTZ域内では，このリストに記載されていない分野（項目）の投資は規制されないので，事前の審査・認可も不要となる。

ネガティブリストは，政府（管理・規制）と市場（自由・無規制）の境界線を定めたものであり，政府が管理する必要がある産業分野を明確化することで，政府が無制限に手を出さないことになる。したがって，ネガティブリストによる投資管理では，事前審査・認可における政府の権力が弱まる一方で，投資中・投資後の監督管理能力は強化する必要がある。

第2の特徴は，境内関税モデルによる投資管理である。SPFTZは，既存の4つの保税区をベースに設立されている。これは，従来の保税区において行われていた2線管理（国外と保税区との間を第1線，および保税区と一般区域の間を第2線とする2段階の管理）について，第1線の管理を開放して，外国扱いにすることである。

SPFTZでは，これまで域内への貨物搬入前に申告が必要だった税関監督管理を改革し，貨物を搬入してから申告することを許可している。このことによって，国際的ビジネスの慣例に合致する貨物は域内に円滑かつ迅速に入ることができ，関税障壁および非関税障壁をなくす努力を行ったのである。

第3の特徴は，サービス業による投資管理である。これまでの中国におけるサービス業は，市場開放度の不足や国による一定の保護などにより，国民のニーズが反映されていなかった。しかし，SPFTZによる対外開放政策では，金融サービスや観光サービス，教育サービス，医療サービスなどの多くのサービス業に影響を与えることになる。

SPFTZの対外開放政策では，サービス業者の競争が多元化・複雑化することで，国民には利益がもたらされることになる。また，サービス業を提供する企業は，政策による保護の撤廃と改善された競争意識を活用することで，SPFTZ設置の効果を十分に引き出すことができるのである。

第4の特徴は，金融革新と金利市場化の推進による投資管理である。これまでの中国は，改革開放の政策が進展した結果，一般的な商品やサービスは，価格の市場化（自由化）が実現されている。しかし，企業の資金調達などの金融商品の価格は，依然として政府のコントロールを受けている。

SPFTZにおける金融革新による金利市場化では，金融システムの業務改善も行われることになり，結果的には，これまで政府に保護されてきた銀行の利益が縮小されることになる。

　第5の特徴は，科学技術分野における投資管理である。これまで，張江ハイテクエリアには，同時輻射光源や蛋白質施設，スーパーコンピュータ・センターなどの研究施設が設置されている。今後は，生命科学，情報技術，ハイエンド装置など，さらにハイテク分野での幅広い範囲で，数多くの大型科学研究施設が設置される予定である。例えば，同時輻射光源の第二期，超強超短レーザー，X線自由電子レーザー，海底観測，転化医学などの研究施設を設置して，産業集積としての大型科学施設集積を形成することが必要である[8]。

　また，2016年2月1日，国家発展改革委員会と科学技術部は，上海が張江ハイテクエリアに設置申請した張江総合性国家科学中心を批准している。具体的には，張江ハイテクエリアに，最先端の研究型大学を設置するものである。研究型大学の目標は，国家の要求に基づいて，大学としての総合性や開放性を備えた国家科学中心を設立することである。

　SPFTZでは，このような特徴の下，今後の持続的な経済成長を実現する産業クラスター戦略としての取り組みを積極的に推進している。

5 ▶ おわりに

　中国では，これまで自国における改革開放政策を推進して，開かれた市場を目指した国づくりが行われている。開放型経済体制を構築し，貿易と投資の利便性を促進し，新しい発想による産業集積に応じて国内外の企業が多数参入しており，そのひとつがSPFTZである。

　SPFTZの取り組みでは，「複製可能であり，波及可能である」ことが要求されており，将来的に他の地区にも同様の政策を拡大させて改革開放政策を実施することが期されている。

　この点は，SPFTZにおいて先行的に認められていた授権資本金制度や最低登録資本金の廃止が『会社法』の改正に伴い2014年3月から全国に拡大されたことや，ネガティブリストが今後設立予定の自由貿易試験

図表7-6　4大自由貿易試験区の重点項目

地域	面積（km²）	重点経済推進項目
上海	120.72 （拡大前　28.78）	長江経済ベルトの牽引 国際金融センターとしての地位確立
広東	116.2	香港，マカオとの経済連携 珠江デルタ地域の産業高度化
天津	119.9	京津冀地域（北京市，天津市，河北省）の協調発展 「シルクロード経済帯」（一帯）建設
福建	118.04	台湾との経済連携 「21世紀海上シルクロード」（一路）建設
合計	474.86	

（出所）筆者作成。

区，さらには中国全土において導入される見込みであることなどに表れている。将来的に，SPFTZにおける金融や税関，税務関連の規制緩和措置が他の地区においても実施される可能性は高いと見られる。

その他，2013年11月12日に開催された三中全会（中国共産党第18期中央委員会第3回全体会議）では，「現行の試験的措置を踏まえたうえで，条件を備えた若干の地方を選択して自由貿易圏（港）区を発展させる」と規定している。

この規定に基づいて，2014年12月12日，国務院は常務会議で，貿易や投資などの規制緩和を進める「自由貿易試験区」を福建省，広東省，天津市の3カ所に新たに設ける方針を決めている[17]。その後，2015年4月21日，貿易や投資，金融の規制緩和を試行する天津市や広東省，福建省の自由貿易試験区が認可され，正式に発足している。さらに，2016年8月31日，中国共産党・政府は，貿易や投資などの規制緩和を進める実験場である「自由貿易試験区」を新たに遼寧省，浙江省，河南省，湖北省，重慶市，四川省，陝西省の7カ所に設ける方針を決めている[18]。

自由貿易試験区では，新しい試みとして，貿易手続きの簡素化や金融取引の規制が大幅に緩和され，サービス業でもビジネスの自由度が高まることになる。これは，習近平指導部が提唱する中国から欧州に向かう陸路と海路のルートで経済連携を図る「一帯一路」構想を[5]，貿易や物

5　「一帯一路」構想とは，中国が世界経済の中心的地位を占めていた古代シルクロードの再現を意識しながら，アジア，ヨーロッパ，アフリカ大陸に跨がる一大経済圏の構築を目指すものである。略称

流面などで支えることになる。

　図表7-4に示すように，自由貿易試験区は，天津市や広東省，福建省の3つと，2013年9月に初めて設置された上海市と合わせ，計4カ所となる。上海市の試験区では，すでに，医療やゲーム機などの分野で外資の進出規制を緩和している他，人民元を海外に送金しやすくするなどの金融改革も進めている。SPFTZにおける比較的自由度の高い政策の波及や新たな自由貿易試験区の設立など，自由貿易試験区に関する動向については，今後も中国・習近平指導部の進める「改革の全面深化」の一環として，注目していく必要がある。

　中国における産業集積の新たな形態であるSPFTZは，これまでの税制優遇や補助金提供といった政策を実施して外資系企業を誘致するのではなく，対外開放を対象とした誘致であり，従来の関税障壁および非関税障壁の排除という新しい取り組みである。今後，SPFTZが継続して成長・発展していくためには，以下のような課題が存在する。

　第1の課題は，外資系企業の進出が少ないことである。中央政府は，上海の国際センター化に向けて，SPFTZでは世界トップ水準の技術や新しい技術，専門サービスを提供する外資系企業の域内進出を想定している。しかし，12,266社の企業進出のうち外資系企業は1,667社の13.6%のみで，外資系企業を活用したイノベーションの創出は困難である。

　第2の課題は，ネガティブリストの項目が多いことである。SPFTZでは，ネガティブリスト以外の分野に対して，外商投資項目を認可制から届出制に改めて，禁止・制限項目数が2013年190項目，2014年139項目，2015年に123項目に減少されている[2]。そして，2016年のネガティブリストには，中国国内で投資や経営が禁止されたり制限されたりする産業，分野，事業などの市場参入の規制項目が328項目列挙され，このうち参入禁止項目は96項目，参入制限項目は232項目となっている[12]。しかし，依然として，規制分野は存在しており，外資系企業が参入したい分野は対象外のままである。

「OBOR」。2013年に習近平国家主席が提唱し，2014年11月に中国で開催された「アジア太平洋経済協力（APEC）首脳会議」にて広く各国にアピールされた。中国西部－中央アジア－欧州を結ぶ「シルクロード経済帯」（一帯）と，中国沿岸部－東南アジア－インド－アフリカ－中東－欧州と連なる「21世紀海上シルクロード」（一路）からなる。

第3の課題は，抜本的な改革がほとんど実現していないことである。SPFTZでは，金利や国境を越えた資本移動の自由化といった金融改革の実験場とされている。しかし，実際には，市場主導型の金融システムへの移行を目指す改革の歩みが段階的にしか進展していないのである。

　このような産業集積の新たな形態であるSPFTZを推進していくうえで，いくつかの課題を克服することで，中国における産業集積の持続的な発展が可能となる。

〈参考文献〉

［1］　Porter, M.E.（1998）*On Competition*, Harvard Business School Press.
［2］　外聯発諮詢（2015）『2014年版ネガディブリストと2015年版ネガディブリストの比較表』。〈http://mp.weixin.qq.com/s?__biz=MjM5MzMyNjY3Mg==&mid=204359716&idx=1&sn=ac50911e423ab5eab1231ef47a2c221b#rd〉（2016/12/04閲覧）
［3］　税所哲郎（2014）『中国とベトナムのイノベーション・システム−産業クラスターによるイノベーション創出戦略−【第2版】』白桃書房。
［4］　税所哲郎（2015）「中国における産業集積の新たな形態に関する一考察−中国（上海）自由貿易試験区を事例として−」『工業経営研究学会 第30回全国大会報告要旨集』工業経営研究学会，pp.97-100。
［5］　上海市外国投資促進センター（2015）『INVEST SHaNGHaI』。〈http://www.investsh.org.cn〉（2016/12/04閲覧）
［6］　上海市人民政府（2016）『上海2015年国家経済社会開発統計速報』。〈http://www.shanghai.gov.cn/nw2/nw2314/nw2318/nw26434/u21aw1109178.html〉（2016/12/04閲覧）
［7］　上海市統計局編（2015）『上海統計年鑑2015』中国統計。
［8］　上海市浦東新区政府・浦東新区駐日本経済貿易事務所（2016）「張江では研究型一流大学を建設へ」『浦東ネットニュース4月7日』。〈http://japanese.pudong.gov.cn/News/News%202016/20160407a.html〉（2016/12/04閲覧）
［9］　上海市浦東新区政府・浦東新区駐日本経済貿易事務所（2016）「上海自由貿易区試験区創設3周年，銀行機構数が464社に」『浦東ネットニュース9月20日』。〈http://japanese.pudong.gov.cn/News/News%202016/20160920a.html〉（2016/12/04閲覧）
［10］　上海浦東ポータルサイト。〈http://www.pudong.gov.cn/〉（2016/12/04閲覧）
［11］　人民網日本語版（2010）『国務院，戦略的新興7産業を確定』。

［12］人民網日本語版（2016）『「市場参入ネガティブリスト草案」禁止96項目』。
　　〈http://japanese.china.org.cn/business/txt/2016-04/10/content_38211723.htm〉（2016/12/04閲覧）
［13］中国証券新聞（2013）『国務院正式批准中国（上海）自由貿易試験区』中国証券新聞。
　　〈http://www.cs.com.cn/xwzx/xwzt/12082301/〉（2016/12/04閲覧）
［14］中国（上海）自由貿易試験区（2016）「上海では3万所企業がクロスボーダー人民元業務が展開」『ニュースリリース』中国（上海）自由貿易試験区。
　　〈http://en.china-shftz.gov.cn/jp/News-Information/News-update/712.shtml〉（2016/12/04閲覧）
［15］中国（上海）自由貿易試験区ポータルサイト。
　　〈http://www.china-shftz.gov.cn/〉（2016/12/04閲覧）
［16］日本経済新聞（2014）『上海自由貿易区に日本の78社進出』日本経済新聞社。
　　〈http://www.nikkei.com/article/DGXLASGM26H2E_W4A920C1FF2000/〉（2016/12/04閲覧）
［17］日本経済新聞（2014）『中国，福建・広東・天津に自由貿易試験区設置へ』日本経済新聞社。
　　〈http://www.nikkei.com/article/DGXLASGM12H64_S4A211C1FF2000/〉（2016/12/04閲覧）
［18］日本経済新聞（2016）「中国「自由貿易試験区」を7カ所新設」『アジアニュース』日本経済新聞社。
　　〈http://www.nikkei.com/article/DGXLASGM31H4B_R30C16A8FF2000/〉（2016/12/04閲覧）
［19］日本貿易振興機構（JETRO）（2013）『中国（上海）自由貿易試験区管理弁法』日本貿易振興機構。
　　〈http://www.jetro.go.jp/world/asia/cn/ftz/20131001.html〉（2016/12/04閲覧）
［20］浦東新区商務委員会（2016）『浦東新区投資ガイドブック（2016年‒2017年）』上海市浦東新区駐日本経済貿易事務所。
　　〈http://japanese.pudong.gov.cn/News/News%202016/浦東新区投資案内日本語版（2016年）．pdf〉

〈付録1〉
中国（上海）自由貿易試験区に関する主要政府機関の問い合わせ先

機関名		住所	ホームページ
浦東新区人民政府 （上海自由貿易区管理委員会）		世紀大道	www.pudong.gov.cn
上海自由貿易区管理委員会 保税区管理局	弁公室	基隆路	www.shftz.gov.cn
	投資サービスセンター	基隆路	www.shftz.gov.cn
陸家嘴金融貿易区管理委員会 （自由貿易区陸家嘴エリア）	管理委員会	塘橋新路	Lujiazui.pudong.gov.cn
	経済発展促進中心	塘橋新路	
張江高新技術産業開発区 管理委員会 （自由貿易区張江エリア）	管理委員会	張東路	www.zhangjiang.net
金橋経済技術産業開発区 管理委員会 （自由貿易区金橋エリア）	管理委員会	新金橋路	www.jinqiao.gov.cn/
万博開発管理委員会 （自由貿易区万博エリア）	管理委員会	鄒平路	shibo.pudong.gov.cn
東京事務所	代表者： 郭佳川	東京都千代田区丸の内	jp.china-shftz.gov.cn/offices.aspx
大阪事務所	代表者： 劉剛	大阪市住之江区南港北	jp.china-shftz.gov.cn/offices.aspx
上海市浦東新区駐日本経済貿易事務所	代表者： 唐勝春	東京都千代田区丸の内	japanese.pudong.gov.cn/index.htm

（出所）筆者作成。

〈付録2〉
中国（上海）自由貿易試験区における輸出入トップ30の国家（地域） （単位：万米ドル）

順位	輸入額	国家（地域）	輸出額	国家（地域）
1	1,092,064	日本	713,289	香港
2	1,004,049	米国	472,253	米国
3	767,982	英国	286,980	日本
4	669,794	マレーシア	284,310	シンガポール
5	620,494	ドイツ	217,116	韓国
6	607,815	韓国	166,478	マレーシア
7	419,672	台湾	148,304	台湾
8	376,276	フランス	107,228	ドイツ
9	297,267	チリ	96,823	ポーランド
10	252,677	スイス	95,069	オーストラリア
11	199,785	シンガポール	86,851	インド
12	183,716	イタリア	59,193	タイ
13	158,112	ベトナム	57,367	ベトナム
14	156,796	フィリピン	42,216	インドネシア
15	150,961	オーストラリア	34,431	メキシコ
16	145,666	ロシア	34,069	英国
17	143,020	インド	33,810	フィリピン
18	138,597	タイ	26,798	ベルギー
19	114,144	コスタリカ	26,750	フランス
20	94,297	アイルランド	24,630	ブラジル
21	80,734	ポーランド	19,407	スペイン
22	67,118	メキシコ	18,848	イラン
23	66,812	ベルギー	18,299	アラブ連合共和国
24	63,675	スウェーデン	17,220	ロシア
25	61,091	ザンビア	16,165	イタリア
26	56,431	ブラジル	11,698	カナダ
27	54,564	ペルー	11,254	トルコ
28	50,381	インドネシア	9,822	パキスタン
29	48,791	スペイン	9,772	バングラデシュ
30	47,906	オーストリア	9,311	スロバキア

（出所）上海市統計局編（2015）『上海統計年鑑2015』中国統計より作成。

〈付録3〉
中国（上海）自由貿易試験区における歴史の概要

時期	概要
2005年以降	国家発展改革委員会と国務院発展研究センターは，この分野で研究を行った後，上海・深圳・天津，その他の場所について，自由貿易（園区）区域の提案を国務院へ提出した。
2011年11月	「第11回世界自由貿易園区大会」において，上海での自由貿易園区の確立を明確にした。
2013年3月末	李克強首相は，上海外高橋保税区を視察し，上海にある既存の自由貿易地域を発展させた自由貿易試験区の設立を検討した。
2013年5月14日	上海自由貿易区プロジェクトは，国家レベルのプロジェクトの位置付けを獲得した。
2013年6月	上海側は，各省庁に，プログラム全体の見直しを提示し，改善した。
2013年7月3日	国務院の幹部会議により，「中国（上海）自由貿易試験区の全体的プログラム」が原則的に承認された。
2013年8月16日	全国人民代表大会常務委員会は，草案の決定後，法律規定に関連して全国人民代表大会に提出。国務院に関しても審議して，実験区内で実施することの一部停止を立案したと表明。
2013年8月22日	最近，商務部は国務院が正式に中国（上海）自由貿易試験区の設立を承認したと通知した。

（出所）中国証券新聞（2013）『国務院正式批准中国（上海）自由貿易試験区』より作成。

第8章

日本におけるスマートシティ導入による新しい産業集積の形成と地域産業の活性化

近藤信一

1 ▶ はじめに

　本章では，①日本におけるスマートシティ事業の展開が，中小企業の活性化，特に地域に存立する地場企業の活性化に繋がること，②スマートシティを地域に導入することで創出される新需要・新市場が地域産業の活性化と雇用拡大に繋がることを目的として，実態調査により収集した定性的なデータを分析・考察している[1]。

　さらに，地方自治体などの中小企業支援政策と地域産業政策の立案に寄与することも含むこととする。

2 ▶ スマートシティと中小企業

2.1　スマートシティの定義と範囲

　世界各国で「スマートシティ」に関するプロジェクトが計画，実施されているが，その言葉の意味は地域や企業によって様々で，定義はひとつに決まっていないのが現状である。「スマートグリッド」[2]は，本来ス

1　本章は，筆者が担当・執筆した2冊の報告書，機械振興協会経済研究所編（2012）と同編（2013）を基に最近の動向を加味して，再構成および加筆修正したものである。
2　スマートグリッドは，低炭素の電力エネルギーを安定的に低コストで供給するシステムで，電力と

マートシティの構成要素のひとつであるが，それらに重点を置いたプロジェクトも広い意味で「スマートシティ」と呼ばれることが多い。

スマートシティの目的は，各構成要素をITによって統合管理して，CO_2排出量を減らし，貴重な水資源を節約し，廃棄物をリサイクルすることによって，持続可能な都市を創ることである。つまり，「スマートシティ」は，環境配慮と快適な生活を両立させ，多岐にわたる技術を組み合わせた社会インフラシステムである。それにより期待される成果としては，①低炭素社会，②安心・安全・快適な社会インフラ，③経済的で持続的な社会システム，④地域の経済利益の享受，⑤新しい雇用の創出，などがあげられる。なお，「スマートコミュニティ」という言葉もスマートシティとほぼ同義語で使われることが多いが，スマートシティよりは範囲が大きいものを指すことが多い。スマートシティは，都市・地域全体にかかわるだけに，構成する技術要素や部品は多岐にわたる。

スマートシティでは，電力・インフラ関連の既存業種に加えて，電気・電子，自動車などの製造業，IT・通信業界，サービス業界まで幅広く関連が及ぶことになる。ここで重要なのは，スマートシティでは既存産業が繋がることで新しいビジネスが生まれるということである。さらに，各種の情報サービスや省エネコンサルタントなどの新サービス・新ビジネスが生まれることも期待されている。そして，新しいサービスが生まれることによって，新産業と新しい雇用が生まれると期待されている。加えて，既存の製造業にとっても，スマートシティに使われる部品や材料，生産設備まで含めると膨大な産業波及効果が見込まれる。スマートシティは，サプライチェーンと裾野が広い産業なのである。

2.2 スマートシティ関連ビジネスへの中小企業の取り組み
(1) 中小企業独自の取り組み（能動的取り組み）

スマートシティ，特にスマートグリッドでは，各地で実証実験による技術革新と製品開発が行われている。しかし，これらの成果の地域への導入と定着が課題である。導入の課題は，地域特性との融合にあり，規模の整合から大企業では推進が難しい。定着の課題は，他産業との融合

IT技術を融合させたシステムである。

にあり，保守運用の仕組みも，大企業では難しい。特に，保守運用については，メンテナンスコストを考えると大企業では非効率である（本社のある大都市からのメンテナンスはコスト負担が大きい）。したがって，地場企業がきめ細かいメンテナンスサービスを提供することが，コスト的にも効率的である。地域にスマートシティを適用するためには，「地域特性に応じた適正な規模・コスト・技術」と「地域特性への理解と融合」が求められる。これら，規模の大きな事業体（大企業）では，対応が難しいと言える。つまり，中小規模の事業体（中小企業）からの提供が求められるのである。

　スマートシティを構成する個別のシステム（サブシステムやニッチシステム）では，地場企業の事業への参入事例も見られる。多くの地場企業に可能なこれらの参入領域は，将来の有望市場であり，地域産業の有望市場であると言える。ここで地場企業が参入する際のポイントをいくつか紹介する。[3]①大企業では，求める規模がどうしても大きくなってしまうことになる。地域にスマートコミュニティを適用するには，地域の規模に合った規模で導入することが必要である。②地域の特性として，気象条件（寒冷地など），遠隔地での高齢化（地理的広さ×高齢化），ITの普及が遅れている，所得が低い（家庭での初期投資に導入阻害要因）などがある。地域特性の特質を考えることが参入展開する際には必要である。③地域の合意形成が必要となる。しかし，利害関係，権利関係があると合意が難しいことになる。したがって，地元の利害関係をよく知る地場企業がプランニングに参加することが必要である。

（2）取引関係に起因する取り組み（受動的取り組み）

　個別企業における受動的な取り組みに関しては，参考文献にあげている各種の先行調査研究に多くの事例が記載されている。しかし，スマートシティ関連ビジネスへの参加が可能であるが，参加をしていない企業も多いことも事実である。これらの企業を，積極的に取り込んでいく仕

---

[3] 村上英明氏（オムロン㈱環境事業推進本部ソリューション開発部主査/当時）の講演「スマートコミュニティ分野と事業機会」（「平成24年度次世代デバイス産業等創出事業 第1回東北地域スマートグリッド情報連絡会議東北地域におけるスマートコミュニティプロジェクトの現状と関連技術の紹介」，日時：2012年8月31日，会場：仙台ガーデンパレス）より筆者作成。

組みとして，産学官連携のスキームによる行政の支援が有効であると考えられる。以下では，スマートシティ関連における産学官連携のスキームについて2つの事例を紹介する。

①事例：「横浜スマートハウス研究会」

横浜市は，経済産業省によるスマートコミュニティの国内4地域実証のひとつである「横浜スマートシティ・プロジェクト（YSCP）」を推進している。同プロジェクトでは，大学・研究機関などのシーズ発表会による産学連携の促進と，中小企業同士（例：ものづくり企業＋IT企業＋建設業者など）の連携や異業種連携による「スマートハウス研究会」[4]の立ち上げを行っている。

横浜市は，市内の中小企業がスマートコミュニティに参画できるように，3年がかりの支援を始めている。2012年8月中に「スマートハウス研究会」を立ち上げ，関連の機器やシステムについて周辺機器や部品，素材まで要素ごとに分解し，参入可能市場を精査する。そして，具体的な製品や部材の開発までこぎつける。分析の中から，市内企業を中心にした中小製造業グループが，十分に参画できる部品や素材の開発，加工法の採用に見当を付ける。その研究開発や製品化を横浜市が費用助成などで支援する。横浜市のスマートコミュニティ計画は，大企業が中心だが，中小企業の参画を促すことで，より裾野の広い産業創出を目指している。横浜スマートハウス研究会は，地場企業（市内企業）が持つ地域のシーズを結集させ，スマートシティという新市場のニーズをマッチングさせるという取り組みである。

②事例：「北海道工業大学寒地環境エネルギーシステム研究所」

北海道工業大学（現北海道科学大学）は，2012年4月，積雪寒冷地におけるより良い環境づくりと持続可能なエネルギーシステム構築に資する技術の開発に寄与することを目的に「寒地環境エネルギーシステム研究所」[5]を設立している。同研究所は，学内関連学科・分野の垣根を越え，

---

[4] この事例は，「横浜スマートハウス研究会（第1回）」（日時：2013年2月15日，会場：横浜企業経営支援財団大会議室）を参考に，各種二次資料から筆者が作成した。

[5] この事例は，半澤久（北海道工業大学寒地環境エネルギーシステム研究所長および同空間創造学部

「積雪寒冷地における環境エネルギーシステム確立」を研究の軸として，風力・太陽光・地中熱などの再生可能エネルギーを活用したエネルギー利用，建築物の省エネルギー化について最先端の研究を行い，持続可能（サステナビリティ）の高い社会の構築に寄与することを目指している。そして，学外企業・機関などとの連携を強化している。

　北海道では，地域が持つ優位性や積雪寒冷などの特性を活かした，地域活性化・雇用創出を図る産業振興が求められている。また，低炭素社会の実現に向けて，北海道は恵まれた自然と広大な土地を有し「再生可能エネルギー」の宝庫と言われており，環境・エネルギー産業への期待が高まっている。また，北海道の特色を活かした環境・エネルギービジネスの活性化を図るために，北海道の持つ技術や製品を組み合わせた市場ニーズにマッチする製品の開発を進めるとともに，国内外に向けた環境・エネルギー関連製品の市場開拓・販路拡大を積極的に推進している。環境・エネルギービジネスは，多様な産業分野に幅広く及んでおり，地域産業の活性化に向けた取り組みの実効性を高めるためには，関係する様々な機関の連携が重要である。

　同研究所では，企業規模を超えて，道内企業が持つ積雪寒冷地特有の製品や技術を組み合わせた「寒冷地スマートハウス街区コンセプト」として，それぞれの製品や技術がどのように活用されるのかを明らかにして一体的にPRを行うことにより，差別化を図り，道内企業と道外企業のマッチング機会を創出することを目指している。そして，産学官金からなるオール北海道体制を構築し，環境・エネルギービジネスの活性化を推進していくために，「北海道グリーン・コミュニティ推進ネットワーク」を2013年4月に設立している。

　その活動内容は，①北海道の特性や資源を活かしたグリーン・コミュニティ関連製品新規市場開拓を推進すること，②地域が持つ優位性，積雪寒冷などの特色を活かした技術・製品の開発，ブラッシュアップを支援すること，③道内企業が有する積雪寒冷地型の技術・製品が大手企業などの先進技術・製品群へ組み入れられるように促進すること，④環境・

建築学科環境工学研究室教授／当時）の講演「エコプロダクツ東北2012出展に見る環境・エネルギービジネスの可能性」（環境・エネルギービジネスセミナー，2013年2月14日，会場：北海道経済センター）や同研究所HPなどにより筆者作成。

エネルギー分野の取り組みに積極的な市町村との連携となっている。同ネットワークは，道内の産学官金からなるオール北海道体制を構築し，地域外から地域密着度の高い企業を誘致するという取り組みである。

(3) 地域の中小企業とスマートシティ

　中小企業がスマートシティを扱うには，その関連分野が広過ぎるため，中小企業が持っている技術（シーズ）と結び付かない，活かせないことが多く見られる。その中で国内の実証実験では，自治体から大企業が受注し，その下請けとして中小企業が仕事を受けている状態にある。また，自治体サイドが地場企業に発注したくても，発注しにくい状況でもある。つまり，地方自治体は，地場企業のシーズを活かしきれていない，地方自治体のニーズと地場企業のシーズが乖離している状況にある。

　したがって，地方自治体がニーズを切り分けて，つまりプロジェクトを切り分けて，システム（サブシステムやニッチシステム）で発注することと，地場企業がブラッシュアップして機器単体ではなく，システムで受注できること，の両方が必要である。大手に発注するのではなく，地元の中小企業に発注することで，地域で一気通貫させることが求められる。特に，産学官連携スキームは，地域内企業でシーズを持つがプロジェクトに参加していない企業に参加を促す仕組みとして有効である。

　さらに，地域外から関連企業を誘致し，地域内企業や大学と結び付けることにも有効である。そのためには地方自治体の力が不可欠であり，横浜市と北海道の取り組みは評価できる。官（自治体）が地域特性を提供し，学（大学）が地域特性に合わせたシーズの開発を行い，産（企業）においては地域内企業が地域内のシーズを提供し，不足する場合には地域外企業がシーズを提供する。そして，官が産学官連携スキームでマッチングを進める。

　スマートシティと地域企業の相乗効果については，スマートシティは複合技術の融合分野であるため，地方自治体は業種分類で捉えるのではなく，域内企業がどのような仕事をしているのか把握して，ネットワーク化させる必要がある。そのうえで，ネットワークの中核企業を数社抽出する必要がある。ネットワーク内の地場企業をよく知り，ネットワークをかじ取りできる中核企業に，自治体が発注すれば，地域に仕事が落

ちるのである。

3 ▶ スマートシティの導入による地域産業の活性化

3.1 各自治体の取り組み

　以下，地域におけるスマートシティ導入の取り組みをいくつかを紹介し，考察を加えることで，課題を抽出する。

①事例：豊田市「次世代エネルギー・社会システム実証事業」

　豊田市は，平成22年度に経済産業省の「次世代エネルギー・社会システム実証地域」[6]の選定を受けて，「低炭素社会システム実証プロジェクト」を進めている。プロジェクトでは，企業や大学と連携し，「豊田市低炭素社会システム実証協議会」を組織している。参加団体の得意分野や技術について，豊田市を舞台に展開してもらうことにより，低炭素なまちづくりを加速していきたいと考えている。実証プロジェクトは，まず家庭内のエネルギー利用の最適化を図り，次に移動手段である低炭素交通システムを構築していく。さらに，移動の目的地である商業，公共施設などのエネルギー利用の最適化を図って，最終的には社会全体，生活圏全体のエネルギー利用の最適化を目指すことにする。

　同プロジェクトで注目すべきは，エコポイント制の導入である。太陽光で発電した電力が余っている場合，余った電力を地域内で融通することができ，融通した分はDRポイント（Demand Response Point）に交換できるシステムになっている。DRポイント付与の状況は，各家庭に発信され，ポイントは時間帯によって増減し，場合によってはマイナスになる。ソーラーが活発に発電する時間帯ではポイントがプラスになるため，ソーラー発電の電力を車や家庭用蓄電池に充電することを推奨し，

6　この事例は，石川要一（豊田市総合企画部環境モデル都市推進課長／当時）の講演「活力ある低炭素都市の実現を目指して」（「NEDO技術フォーラムin中部―快適で，環境にやさしい，エネルギー社会をめざして―」，2012年8月17日，会場：愛知県産業労働センター）やヒアリング調査，各種二次資料から筆者が作成したものである。

ポイントがマイナスになる時間帯では,蓄電したバッテリーの電気の使用を推奨する。このような仕組みの中で,地域としてのエネルギーの最適化を図る。

　同プロジェクトは,生活者に無理をさせる低炭素社会では持続しないと考えている。生活者が無理せず,コミュニティ全体で電気使用がピークシフトしていくことを考えている。地域住民の電力需給パターンの違いを利用して互いに電力を融通し合うことで,地域全体のピークシフトができ,コミュニティとして自立できる地域を目指している。生活者が我慢をすることなく低炭素社会を構築することが必要である。ただし,実証段階では,当初は思うような行動を生活者が行ってくれなかった。そこで,DRポイントを「とよたエコポイント」と連動させ,商品券などに交換できるインセンティブを導入することで有効な実証データが得られるようになっている。このようなエコポイントを導入することで行動変化を誘発する仕組みは,スマートシティの定着に有効と言える。

②事例：弘前市「弘前型スマートシティ」への取り組み[7]

　弘前市は,2012年6月に,ITを使ってまち全体で省電力化に取り組むスマートシティ事業に着手している。弘前市では,地熱で道路の雪を解かすなど雪国特有の問題に対応した「弘前型」を目指して,2012年8月からスマートシティ構想の策定を開始し,基本計画を策定している。「弘前型」によるスマートシティでは,弘前市が海もなく（海に面していない）,雪も降り（太陽光発電には向かない）,また横浜市のような大型プロジェクトでもないスマートシティ構想であり,日本中の地方都市のスタンダードになればと考えている。スマートシティ構想の背景については,①東日本大震災の影響（ライフラインが停止,特に灯油の供給が止まったことで大変な思いをしたこと）,②弘前市の抱える課題（エネルギーの安全安心な供給,エネルギー自給率の向上［エネルギーコストの回収］,除排雪にかかる費用負担,人口減少と雇用の場の減少）,③厳しい財政状況があったのである。

---

[7]　この事例は,澤頭潤（弘前市都市整備部長兼スマートシティ推進室長／当時）の講演「弘前型スマートシティへの取り組み」（「スマートコミュニティ東北2012」,2012年10月31日,会場：TKPガーデンシティ仙台）や弘前市HPなどより筆者が作成したものである。

弘前市の強みと機会について，強みでは，①豊かな自然環境，②全国の生産量20％を占めるりんごを始めとする産業資源，③りんごの剪定枝（約5万トン／年）やりんご加工場の絞りかすなどのバイオマス資源がある。また，機会では，①ICT技術の急速な進展，②国内外で注目されるスマートシティ市場の拡大がある。そこで，弘前市らしい地域資源の活用による都市プレゼンスの向上を，「弘前型スマートシティ」構想で目指していくこととする。

　スマートシティ構想の目的については，①災害に強く，市民が暮らしやすい，低炭素で循環型のまちづくり／豊かな地域資源を活用した地域づくり，②弘前市の抱える課題の解決（再生可能エネルギーの導入とエネルギー自給率の向上），③除排雪に頼らない雪対策と費用削減，冬季利便性の向上，③再生可能エネルギーの利活用による雇用の創出と地域経済の活性化が目的である。「除排雪に頼らない雪対策と費用削減」が弘前型の最大の特徴である。

　また，積雪寒冷地での再生可能エネルギーの有効活用や雪対策で実績のある北海道工業大学と連携協定を結び（2012年10月），融雪や利雪に関する共同研究に着手している。重機一辺倒の除雪・排雪方式から，身の回りにある廃熱なども利用した融雪システムの構築が，「弘前型スマートシティ」の最大の目的である。雪に対する市民の負担，不満が多少でも軽減されれば，克雪への糸口が見えてくるとともに，地元企業への技術移転による新たなビジネスチャンスが雇用創出にも繋がる。

③事例：釜石市のスマートコミュニティ事業

　釜石市は，資源エネルギー庁の公募事業である「スマートコミュニティ導入促進事業におけるマスタープラン策定」に申請し，採択されている（事業名：「釜石市スマートコミュニティ・マスタープラン策定事業」）。[8]
東日本大震災時に，新日鉄釜石の火力発電，洋上ウィンドーファームは無事だったが，系統電力とだけ繋がっていたため使用できなかったのである。その結果，震災後数日間はライフラインが途絶え，電気がない生活を余儀なくされている。釜石市の「地域にあるエネルギーを地域内

8　この事例は，釜石市産業振興部へのインタビュー調査（実施日：2012年10月25日）や釜石市HPなどから筆者が作成したものである。

で使用したい」という想いが，スマートコミュニティを導入するきっかけである。釜石市では，スマートコミュニティとは，電力や交通，情報などの社会基盤を「統合的に管理しよう」「効率よく使おう」といった，新しいまちづくりの概念であると理解している。震災での経験を新たなまちづくりの中に活かそう，そして災害に強いまちをつくろう，というのが釜石市のスマートコミュニティに取り組む理由である。

　釜石市は，震災前から再生可能エネルギーの可能性を展望しており，水力発電所，揚水発電所，さらには風力発電所が稼働している。新たな計画では，木質バイオマス発電も計画している。したがって，震災後の再生可能エネルギーとのベストミックスによるスマートコミュニティの計画は，一からのスタートではなく，既存の技術を活かしたまちづくりである。

　釜石市の取り組みでは，スマートコミュニティ事業を通じた地域経済の復興，地域内にスマートシティを導入することによる地域経済の活性化について，浸水地域の造成跡地に工業用地を確保したいと考えている。工業用地では，企業誘致を行っており，菌床シイタケの栽培工場を建設する予定となっている。菌床シイタケ工場が，熱エネルギー需要を生むため，工場電力として木質バイオマス発電を活用する。そのための，木質バイオマスボイラー自体の工場の建設も計画している。菌床シイタケ工場と木質バイオマスボイラー工場で，雇用者170名を計画している。菌床シイタケ工場は，高齢者や障がい者雇用も比較的容易である。木質バイオマスボイラーは，分散型と言っても1基約5億円程度の費用が必要で，地域内需要では工場の稼働を維持できないのである。

　したがって，ヤシ油の生産で生じる廃棄物の処理に頭を悩ませる東南アジア，特にインドネシアに輸出することを計画している。しかし，インドネシアへの輸出も受注規模は100基程度にとどまるため，ボイラー製造会社は将来的に産業用ロボットなどへの横展開を考えている。しかし，この場合は，福祉用機器や介護ロボットなど地域内で今後需要拡大が見込まれる分野にまず取り掛かるべきである。介護や福祉分野ならば自治体も域内需要であるので，地域内企業に発注しやすいし，地域内企業も実績づくりに寄与するからである。

　釜石市の菌生シイタケ栽培工場の誘致による熱エネルギーの地域需要

の創出，熱エネルギー需要を満たすための木質バイオマスボイラーの製造工場の建設は，分散型エネルギーの観点からも非常に有効であるし，雇用の創出でも量産型工場の設置は，地域の安定雇用の創出に寄与している。しかし，問題となるのは，地域需要はすぐに満たされてしまうために，地域供給サイドは出口戦略が必要となることである。その点で，釜石市は海外需要（インドネシア市場）を組み込んでおり，このプロジェクトは有効である。

④事例：宮古市のスマートコミュニティ事業

　宮古市を含む岩手県沿岸での震災被害の特徴を地域産業振興と絡めると，①被災地域が広大で地域により被災状況が異なること（復旧のスピードが被災状況により異なる），②首都圏からの交通不便地域であり，従来から人口減少と少子高齢化が加速していた地域であったこと（元に戻すだけでは，地域の衰退は止まらない），③住宅の高台移転が計画されていること（適地が災害復興住宅用に優先されるため事業所用地が不足している）があげられる。

　経済産業省の「スマートコミュニティ導入促進事業」（地域管理エネルギーシステムや再生可能エネルギー関連の機器，プロジェクト管理に必要な費用について補助を行う事業）に，東北地方の8つの自治体のひとつとして，岩手県宮古市も採択されている。宮古市のスマートコミュニティ事業[9]では，「対災害性」「事業継続性」確保の観点から構築される社会インフラシステムなどにより，新たな事業創出・地域雇用を促進しながら地域特色に合致した宮古市版スマートコミュニティの構築を目的としている。ここでは地域資源として，旧川内村の木質バイオマス発電を供給サイド，また需要サイドとしてバイオマス発電で生まれる熱エネルギーを利用することとしている。

　筆者のインタビュー調査では，市の幹部は「雇用が創出されることで，地域経済が活性化し，地域経済が活性化されることで，さらに新たな雇用が創出される。雇用を起点とした，地域経済の循環を生み出すことが必要である。」と語っていた。宮古市が持つ地域資源のポテンシャルを

---

[9]　この事例は，佐藤日出海（宮古市産業振興部部長／当時）の「講座8 震災復興と地域産業」（岩手県立大学，平成24年度公開講座・滝沢キャンパス講座，2012年9月29日）などから筆者作成。

どのように活かすかが行政サイドの課題であり，したがって産業振興政策の在り方が重要である。

⑤事例：福島県の「ふくしまスマートシティ・プロジェクト」
「ふくしまスマートシティ・プロジェクト」は，地域金融機関である㈱東邦銀行（福島県福島市に本店を置く地方銀行）が中心的役割を担っている全国でも稀有なプロジェクトである。インタビュー調査では，「行政だけでも，大学だけでも，金融機関だけでもスマートシティ・プロジェクトは進まない。産学官金がビジネスで結び付くことが必要である」ことがわかっている。多くのプロジェクトでは，金（金融機関）が中心的な役割を担っていないが，プロジェクト推進のためには金融機関の役割は重要である。「ふくしまスマートシティ・プロジェクト」[10]は，東邦銀行から福島県と福島大学に提案したものである。

東邦銀行としては，大手企業（研究会に7社参加）と地場企業を繋げるコーディネートの役割を行い，プロジェクトを具現化させていきたい考えがある。学（大学）は扱う分野が限定的であるため，まちづくり，都市全体を俯瞰する必要があるスマートシティのコーディネーターを担うのは難しいと言える。このプロジェクトをまとめるためには，リーダーシップ，取りまとめ能力，そして資金力が必要であり，金融機関の大きな役割が求められている。

地域金融機関は，地域とともに歩んできており，地域とともに発展を遂げていく必要があるため，事業性のみで判断してプロジェクトの推進を考えてはいけないのである。地域金融機関として，プランを策定し，コーディネーターの役割を担い，さらに実行するディレクターの役割を担っている。プランをつくるだけでなく，メンバー（大手企業，地場企業，地域住民など）をコーディネートして，実行に移すのである。

さらに，地域金融機関は，地元と一蓮托生であり逃げられず，また地域の産業をよく知っており，地場企業などの関係者とも顔が見える関係を持っている。地域金融機関として，地域資源，地域経済の流れなどを踏まえたプロジェクトにしていきたいと考えている。そして，金融機関

10　この事例は，「ふくしまスマートシティ・プロジェクト」の事務局を務めている福島大学うつくしまふくしま未来支援センターへのヒアリング（実施日：2013年1月24日）を基に筆者作成。

の取引関係を活用して，大手企業と地場企業を繋げていきたいのである。大手企業と地場企業間の場づくり，ネットワーク化を地域金融機関が担うことで，事業の具現化に繋げていく必要がある。そのためには，融資などの金融の役割だけではダメで，地域金融機関にも「地域をどうにかしたい」という『想い』が必要である。

3.2 自治体の取り組み事例の分類

各地のスマートシティの取り組みを分類すると，①研究開発型スマートシティ（豊田市や横浜市などの実証実験プロジェクト［技術の蓄積が狙い］），②地域課題解決型（地域政策型）スマートシティ（弘前市［除雪］など），③産業振興型（産業政策型）スマートシティ（釜石市や宮古市［地域の産業振興や雇用拡大が狙い］）に分類分けすることができる。また，大都市型（横浜市など）と地方都市型（弘前市，釜石市，宮古市など）でも分類することができる。

3.3 地域にスマートシティを持続的に根付かせるために

(1) 地域に「インセンティブの提供」が有効

本調査研究の事例（豊田市）や有識者の研究にもあるように，地域住民に対するインセンティブの導入は有効であると考えられる[3]。ライフスタイルの変化を起こすためには，地域へのインセンティブの提供としての「エコポイントの導入」が有効と考えられる。スマートシティにおける地域の産業振興の担い手は，供給側では地域の中小企業であるが，さらにすべての需要側の参加が必要である。そのためには，地域住民が全員参加できるようなインセンティブの導入が有効である。

(2) スマートシティと地域のかかわり方[11]

地域づくりにスマートシティを活かすためには，まず①高齢化，産業振興，交通対策，防災などの地域のなるべく多くの課題を解決と結び付

11　畑中直樹氏（㈱地域計画建築研究所 取締役 大阪事務所副所長 計画部長／当時）の講演「地域づくりとスマートコミュニティー地域づくりに活かすためにー」（「ちゅうごく再生可能エネルギー推進ネットワーク」設立キックオフセミナー，2012年11月28日，会場：広島国際会議場）やヒアリングなどを参考に筆者作成。

けることが必要である。これは，地域の課題を集めることで，需要曲線を上げることが目的である。ここでは，地域資源のマイナス[12]を逆手にとった win-win のモデルがある。2つ目に，②既存のシステムを最大限に活用すること（既存の各種サービスへのアドオン）が必要である。これは，供給曲線を上げることが目的である。3つ目が，③需要ミックスと熱への着目である。需要ミックスを意識した土地利用をするべきである。4つ目は，④地域度の向上と地域経済・産業との好循環が必要である。ここでは，（ア）地域経済戦略（地域内循環，新産業創出）が必要であり，部分最適から全体最適へ（事業単体評価から地域全体の効果評価へ）の視点の切り替えが求められる。個別事業は赤字でも，コミュニティ全体として黒字を目指すべきである。しかし，この評価手法の確立が課題になっている。そして，（イ）「地産地消」にこたえるバーチャル系サービスの提供，つまり直接消費するのではなく「エコポイント」などを活用してバーチャルに地域内にニーズをつくり出す仕組みも求められる（住民のインセンティブ＋地域産業の活性化の一石二鳥を狙う）。最後が，⑤地域住民との目的の共有が必要である。地域全体の機運が醸成され，プロセスが共有されて，プロジェクトが前に進むのである。

4 ▶ スマートシティ導入による中小企業と地域産業の活性化

4.1　中小企業の活性化
（1）期待される市場拡大と参入可能領域と特徴

　筆者の定性的な実態調査では，スマートシティ市場向けと明確に意識して参入している中小企業はほとんどないと考えられる。しかし，既存調査の予測にあるように，新サービス・新市場が生み出されている。特に，中小企業の参入が期待できる分野は，省エネ・創エネ・蓄エネであると考えている。ただし，中小企業が今後参入するフィールドは，市場規模は拡大することは間違いないが，低収益の領域である[2]。この状

12　例えば，平地が狭い／山林が多い／雪が多い／人が少ない／独居者が多い／古くなっている／施設が余っている／撤去物がある／インフラが無いなどがあげられる。

況を確認したうえで，中小企業は参入すべきであると考えている。

（2）スマートシティ関連ビジネスのパターン

　スマートシティ関連ビジネスは，基本的にBtoBビジネスである。スマートシティという社会インフラを活用した新サービスの創出は，①大きいシステムであるスマートシティ全体の戦略の一部として参入する場合と，②スマートシティの規模が小さいシステム（例えば，分散型バイオマス発電など）にインテグレーターとして参入する場合，と2パターン考えられる。どちらのパターンで参入するかは，地域資源（自治体の優遇策や人件費の安さなど）と自社の経営資源との「相性」である。

　明確にスマートシティ関連ビジネス向けの受注ということを意識している中小企業は少ないと言える。スマートシティ事業は，パッケージ商品であるので，受注型や協力型の中小企業はその構成要素のサプライヤーとして参入することが多いからである。その場合，発注元であるインテグレーター企業とサプライヤーである中小企業間で，利益の取り分を争うことになる。つまり，垂直的競争という戦略的な視点が必要となる。大きなパッケージだと中小企業は取引関係から参入しやすいが，発注先の大手企業に収益部分を持っていかれるので，中小企業の取り分は低くなる。一方で，分散型バイオマス発電など小さいパッケージだとインテグレーターとして参入できるので，付加価値の高い部分を獲ることができる。後者の場合は，既存企業ではなくて，ベンチャー企業など進取性に富む企業も多く見られる。したがって，新規企業（大学発ベンチャー企業など）か既存企業か，また地域内企業か地域外企業かなどのケース分けをすると整理しやすくなる。いずれにしても，先進的なインテグレーターとして参入する企業は少ないので，圧倒的多数は受注型のケースでの参入になる。したがって，受注型中小企業の取り組みは重要である。

　東北地方や北海道のような寒冷地などには地域特性があり，大きな標準システムは向かない，地域企業が非標準システムを構築するべきである。その場合は，似通った地域と連携し，地域需要を地域外に展開させることも有効である。このようにスマートシティと中小企業のかかわりでは『地域密着度』が重要なので，スマートシティと地域のかかわりの度合いが重要である。域外企業でも，地域内にネットワークを持ってい

る企業（ネットワーク・コア企業）であれば，自治体発注では取引関係を通じて誘発効果が域内に及ぶことになる。

4.2 地域産業の活性化
(1) プロジェクトの事業採算性
　事業採算性を確保しないと社会インフラシステムとして，プロジェクトを持続できないことになる。例えば，バイオマス発電は，原材料自体のコスト高に加えて，原材料を収集する人の高齢化などの問題，さらに発電だけでなく，熱利用をしても採算性は厳しいので，事業採算性の確保は困難である。したがって，事業採算性で成功を判断するのではなく，それ以外の付加価値を見つけて評価するべきである。

　地域のPL（損益計算書）での経営ならば，評価の基準は「儲かるか，儲からないか」であるが，地域のBS（貸借対照表）での経営ならば，それ以外の付加価値で評価できる。つまり，地域課題を考慮して，効率性は悪いが，効率性以外の基準で地域にスマートシティを導入する必要がある。PLではプロジェクトの採算性は悪化しても，BSではプロジェクトのベネフィットは上がる必要がある。ただし，何をもって「地域のBS」と成すのか，誰がBSを規定し，誰が評価するのか，が課題である。利益を上げないが，地域全体が豊かになるとか，人々の生活が豊かになるという基準では，その尺度と評価が，数値化・定量化できないことが課題である。また，地域のBSは，個々の地域の抱える課題で変わってくる。いずれにしても，スマートシティが地域の課題を解決するのではなく，地域の課題解決の取り組みとしてのスマートシティなのである。地域の課題があって，そのソリューションとして本当にスマートシティが効果的なのか，地域のBSの視点で検討する必要がある。

(2) 地域へのスマートシティ導入とその経済効果
　地域へのスマートシティの導入は，再生可能エネルギーの導入だけでも経済効果・雇用創出効果があることは証明されている[3]。

　その経済効果は，①稼働前と②稼働後に分けられる。①稼働前は，建設関連，プラント関連，システム構築関連，そしてこれらにかかわる部材分野や生産設備関連分野などがあげられる。②稼働後は，保守メンテ

ナンス分野，消耗品分野などがあげられる。経済効果は，導入だけでなく，導入後の保守メンテナンスまで含めて考慮すべきであり，特に保守メンテナンス分野は中小企業が参入しやすい分野である。

　経済効果としての雇用創出は，メガソーラーのメンテナンス分野では，1MWで15名程度と言われている。一方，太陽電池の場合，1MWの量産型工場で約1,000名の雇用が創出されると言われている。メンテナンス分野は，国内での雇用創出効果は高いものの雇用量自体が限定されてしまうので，量産型の生産拠点を地域でいかに設けるかの方が雇用創出効果は高いと言える。いい換えれば，量産型の製造拠点ができれば，大規模な雇用が地域に発生すると言える。雇用創出は，メンテナンス分野でも効果が期待できるが，製造分野（特に，量産型）の雇用創出の方が効果は大きいのである。

　地域内で生み出される地域需要は，企業にとっては参入や企業立地（行政サイドでは企業誘致）の誘因になる。しかし，地域需要は需要自体が小さいことがネックである。スマートシティ事業による地域の産業振興，雇用創出の課題について，ある大手システム・インテグレーターの幹部は，「現在のスマートシティ構想の規模では，例えば太陽光発電関連の工場を誘致することなどは困難である。」と指摘している。

　需要規模を確保するために，まずは地域内で地産地消ができる規模を確保できるようにし，そして地域需要に派生する形で国内需要を，さらにはグローバル需要の取り込みに繋げる。つまり，地域需要で種を生んで，国内需要とグローバル需要の取り込みで育てるのである。好事例としては，釜石市のボイラー製造企業の企業誘致があげられる。このような企業誘致は，大企業の量産型工場の企業誘致と異なり，規模こそ小さいが，地域需要に関係しているだけに，地域密着型であり，多少の事業環境変化でも地域から離脱することはないのである。ただし，中小企業に地域外需要，さらにはグローバル需要を見つけ出すのは困難であり，地方自治体には，地域需要と結び付くような地域外需要，さらにはグローバル需要を探し出すマーケティング能力が必要である。

5 ▶ 中小企業と地域産業の活性化のインテグレート領域

　それでは，スマートシティ導入による，①中小企業の活性化と，②地域産業の活性化が，インテグググレートする領域は何かの疑問がある。

　自治体のベクトルと，中小企業のベクトルが，多くのプロジェクトでは乖離していて，どのように一致させるかが課題である。前述の各地のスマートシティの分類の中で産業振興型スマートシティ・プロジェクトについては，行政サイドの支援も手厚いことから，中小企業の参入可能性は高いのである。一方で，地域政策型では，自治体からの政策手法と中小企業の参入動機がミスマッチを起こしている。しかし，地域政策型スマートシティ・プロジェクトにおいても，プロジェクト内に産業振興型の取り組みがある。そこから地域の中小企業もプロジェクトに参入することができると考えられる。地域政策型スマートシティでも，地域政策型スマートシティからダイレクトに受注をすることは困難であるが，プロジェクトの中では産業振興型の小プロジェクトもあり，そこに中小企業の参入チャンスがある。その仕組みこそ，福島県や横浜市で行われている「地域内での産学官連携」の取り組みの意義である。さらに，地場企業だけが地域密着型企業（定義：雇用を生み出す，地場企業とのシナジー効果が高い）ではなく，地域外から来て，地域に密着してくれる誘致企業でもよく，その仕組みが北海道と北海道工業大学の取り組みのような「地域外の企業を含めた産学官連携の取り組み」の意義である。

6 ▶ おわりに

　スマートシティの根本は，新たな関係をつくり出し，そこで新たな付加価値をつくり出すことである。それをある産業内で行えばA産業のスマート化になる。しかし，これでは，「点」でのスマート化に過ぎないので，この時点ではA産業の振興にとどまる。異なる複数の産業間でスマート化をして，初めてスマートシティとなる。この時，「面」でのスマート化となる。そしてこの時点で，地域の産業振興となる。つまり，各産業内のスマート化（点でのスマート化）とともに，各産業間のスマート化

（面でのスマート化）を同時に進めることで，スマートシティが形成され，地域の産業振興に繋がる。

　スマート化した各産業間を繋げていくことで，産業連関構造がつくられ，産業集積となり，経済効果が高まるのである。つまり，スマートシティは，地域の産業連関関係を拡大させるのである。経済効果が高まることで，地域産業の活性化に繋がり，そして地域の雇用創出効果にも繋がり，地域振興に繋がるのである。

　このように産業内がスマート化した新しい付加価値を持つ異なる産業が繋がること，つまり産業間でスマート化することで，クロスオーバー効果が生まれ，新しい付加価値がさらに生み出される。

　そして，産業活性化事業としてのスマートシティの導入は，採算面で「持続性」が必要となる。地場企業が参入し，活性化して経済効果・雇用創出効果が生まれないと持続性は生まれないのである。

〈参考文献〉

[1] 柏木孝夫・監修（2012）『省エネ・新エネがつくる，超・少子高齢化のなかで人にやさしい スマートコミュニティ』時評社。
[2] 機械振興協会経済研究所編（2012）『わが国電機産業の新市場獲得戦略－日本版スマートシティ事業の強みを活かして－』（報告書No. H24-2），機械振興協会経済研究所。
[3] 機械振興協会経済研究所編（2013）『スマートシティによる地域の産業発展と中小企業－期待先行ではなく，実現させるプロジェクトにするために－』（報告書No. H24-5），機械振興協会経済研究所。
[4] 産業競争力懇談会編（2012）『2011年度 研究会 最終報告「都市づくり・社会システム構築研究会～特定実証プロジェクトにおける課題の抽出及び実運用化に向けた対応案の研究，検討～」』産業競争力懇談会。
[5] 中国経済連合会編（2014）『スマートコミュニティの実現に向けた課題と今後の展望に関する調査』中国経済連合会。

第9章

日本における
グリーンテクノロジーの集積に向けた
自治体の取り組み

今井健一

1 ▶ はじめに

　本章では，日本の環境エネルギー関連技術（以下，グリーンテクノロジー）の集積に向けた自治体の取り組みにおける特徴と課題について考察する。具体的には，グリーンテクノロジーが集積する「エコシティ」[1]あるいは「環境産業クラスター」の事例を通して，わが国におけるグリーンテクノロジーの集積における特徴と課題を，特にその研究開発と国内外普及の視点から考察する。

　日本における環境産業の位置付けは，2010年以降，その時々の内閣によって打ち出された成長戦略などの中で示されてきている。それらの概要は，『地域における環境産業の集積に向けて（中間報告）』に次のように記載されている[5]。まず，2010年6月18日に閣議決定された「新成長戦略」では，グリーンイノベーションが7つの戦略分野のひとつとして位置付けられ，そして東日本大震災が発生した2011年の12月24日に閣議決定された「日本再生の基本戦略」では，環境産業を東日本大震災後の日本再生を担う重要な柱として位置付けるとともに，世界における持続可能な発展の実現に向けてわが国の優れた環境エネルギー技術の国際普及を促進するとしている。環境産業の位置付けは，東日本大震災の

1　本章では，環境モデル都市，エコタウン，スマートシティ，コンパクトシティ，環境未来都市など，環境に配慮をしたまちの総称として「エコシティ」を用いる。環境産業クラスターと同様に，「エコシティ」にはクリーンテクノロジーが集積している。

経験を経て，より重要となり，より加速され，そしてより具体的になってきたと言える。

　このような状況の下で，全国に多く存在するエコシティや環境産業クラスターの取り組みも活発となってきており，これら取り組みの特徴と課題を検証しておくことは，日本のグリーンイノベーションを促進していくうえで重要な知見を提供してくれるはずである。

　本章の構成は次の通りである。第2節では，グリーンイノベーション分野における日本の研究開発の推移を概観する。第3節では，自治体におけるグリーンイノベーションの促進事例として，愛知県豊田市におけるスマートシティの取り組み，神奈川県川崎市における知のネットワークの取り組み（川崎市グリーンイノベーション・クラスター）を概観し，どのような形でグリーンテクノロジーの研究開発と国内外普及の促進が図られているかを分析する。そして，第4節では，グリーンイノベーション分野における日本の国際競争力を分析するとともに，筆者が2016年8月に九州地域の環境エネルギー関連企業を対象に実施した「我が国グリーンテクノロジーの海外市場展開に関するアンケート調査」から得られた興味深い結果について論じる。最後に，第5節にて，今後の日本のグリーンイノベーション促進に向けたいくつかの提言をし，本章の結びとする。

2 ▶ グリーンイノベーション分野における研究開発の推移

　政府は，第2期科学技術基本計画（2001年から2005年までの5年間を対象）および第3期科学技術基本計画（2006年から2010年までの5年間を対象）において，ライフサイエンス，情報通信，ナノテクノロジー・材料，ものづくり技術，社会基盤，フロンティア，環境，エネルギーの8分野を重点的に推進するとし，2期10年間にわたってこれら8分野に関連した技術の振興を図ってきた。そして，第4期科学技術基本計画（2011年から2015年までの5年間を対象）では，「東日本大震災からの復興，再生をとげ，将来にわたる持続的な成長と社会の発展に向けた科学技術イノベーションを戦略的に推進」することを基本方針として掲げて，グ

リーンイノベーションとライフイノベーションを推進するとしている[6]。グリーンイノベーション分野の関連技術には，図表9-1に示すように，第2，第3期の科学技術基本計画において推進する分野とされた環境とエネルギーに加えて，省資源と社会インフラが含まれている。

図表9-1　グリーンイノベーション分野の関連技術

大区分	中区分	小区分（参考技術例）
エネルギー	創エネ技術	太陽光発電，燃料電池など
	省エネ技術	超電導送電，省エネ住宅・建築，次世代自動車など
	蓄エネ技術	リチウムイオン電池，水素貯蔵システムなど
	資源作物	遺伝子組み換え資源作物，エネルギー資源材料
省資源	エコマテリアル	ナノマテリアル，生分解性プラスチックなど
	再資源化	レアメタルリサイクル技術，リサイクル評価技術・管理技術など
環境	水質保全・水質汚染	河川・湖沼などの水質を保持する技術，水質汚染防止・浄化技術
	大気汚染	大気汚染防止技術，大気浄化技術など
	土壌汚染	土壌汚染防止技術，土壌浄化技術など
	廃棄物処理	廃棄物を適正な処理で無毒化する技術
	有害物質対策・管理技術	アスベスト対策技術，環境ホルモン対策技術など
	温室効果ガス削減技術	CO_2など温暖化ガスの回収・固定化技術
	環境リスク	環境リスク評価技術
	地球観測・気候変動予測	シミュレーションなどを活用した気候変動予測技術など
	低環境負荷建築・建造物	省資源・長寿命化住宅，環境配慮設計技術
	生物多様性保全技術	自然再生に関する技術，生態系影響評価技術
社会インフラ	安全・安心な水環境	水資源・水環境の総合保全利用のための技術・システム
	電力系統	安定的なエネルギー供給を行う電力システム
	交通システム	渋滞などの交通管理に関する技術
	豊かな緑環境	壁面緑化技術，屋上緑化技術

（出所）特許庁"グリーンイノベーション関連技術の技術区分"，
　　　〈http://www.jpo.go.jp/shiryou/toukei/green_life_gaiyou.htm〉（2016年10月23日確認）。

図表9-2　グリーンイノベーション関連技術の主要国地域別での特許公開件数
**　　　　（当該国地域国籍の出願人による特許のみ，2006年～2014年）**

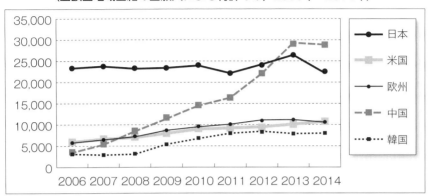

（出所）特許庁（2015）『平成26年度グリーンイノベーション分野の特許出願状況調査報告書』，pp. 13-32。

　日本のグリーンテクノロジーの研究開発力は，世界的に見てどの程度のレベルなのかの疑問がある。国の研究開発力を図る指標としては，研究開発のためにインプットされる予算や研究者数，あるいは研究開発のアウトプットとしての特許出願数や学術論文数などがある[1]。同様の技術であっても，それを開発するために要する予算，あるいは研究者数は様々な要因から国によって異なる。一方，研究開発の成果としての特許は，投入された予算や研究者数に関係なく，出願された特許件数に基づいて研究開発力を評価することが可能となる。

　したがって，異なる国の研究開発力を比較する場合には，特許出願件数を指標として用いた方が適していると言える。図表9-2は，日本，米国，欧州，中国，韓国におけるグリーンイノベーション分野の関連技術（エネルギー，省資源，環境，社会インフラの4区分を含む）の特許公開件数の推移を示している。[2] 図表9-2における特許公開件数は，出願先国（日本，米国，欧州諸国，中国，韓国）の国籍を持つ出願人により出願された特許のみの公開件数であり，出願先国以外の国籍を持つ出願人から出願された特許の公開件数は含んでいない。例えば，日本における特許公

2　主要国においては，出願された特許申請は1年6カ月を過ぎた時点で公開されることとなっている。

開件数は，日本国籍の出願人により出願された特許のみの公開件数であり，米国籍，欧州国籍，中国籍，韓国籍，その他の国籍の出願人により日本国特許庁に出願された特許の公開件数は含んでいないのである。なお，欧州における特許公開件数は，欧州特許条約の加盟国で出願受理実績のあった21カ国および欧州特許庁に対して，欧州国籍の出願人により出願された特許の公開件数である。

日本での日本国籍出願人による特許の公開件数の推移には，2013年から2014年の減少を除き，際立った変化を見ることはできないが，2006年から2014年にわたって，他国地域での特許公開件数に較べてかなり多いことがわかる。しかし，中国での中国国籍出願人による特許の公開件数が急速に伸びており，米国，欧州，韓国においても増加傾向にある。結果として，日本での特許公開件数が日米欧中韓全体の特許公開件数に占める割合は，2006年の55.3％から，2014年には27.8％へと大きく落ち込んでいる。第4期科学技術基本計画において推進すると掲げられたグリーンイノベーションにおけるわが国の研究開発力は，特許公開件数で見る限り，世界において相対的に低下している。

3 ▶ 自治体におけるグリーンイノベーションの促進

前節で示したとおり，日本のグリーンイノベーション分野における研究開発力は世界において相対的に低下しているものの，主要国地域（日本，米国，欧州，中国，韓国）での特許公開件数全体の4分の1以上（27.8％）を占めている。日本におけるグリーンイノベーションは，国内のどの地域，あるいはどのような特徴を持った地域において創り出されているのかの疑問がある。

経済協力開発機構（OECD）は，世界各国の特許にかかわるデータベースを構築しており，主要技術分野別，年別，国別，さらに一番大きな行政区分（TL2：territorial level 2）と2番目に大きな行政区分（TL3：territorial level 3）別の特許出願件数についてのデータもオンライン上でアクセス可能である[2]。日本については，10地域と47都道府県がTL2とTL3として区分されているが，環境関連技術についてのTL2と

TL3のデータは，現時点では未整備の状態である。また，日本国特許庁が，オンライン上で公開している詳細な出願特許についてのデータベースにおいても，47都道府県別の出願件数のカウントは行われていないのが実態である。よって，日本におけるグリーンイノベーションが，どの地域において，多く創り出されているのかについては，具体的なデータを利用することはできないことになる。しかし，すべての技術分野を網羅した47都道府県別の特許出願件数については，日本国特許庁が毎年発行する「特許行政年次報告書〈統計・資料編〉」に報告されている[7][8]。図表9-3は，日本国籍出願人による日本国特許庁への特許出願件数を出願人の居住住所がある都道府県別に区分した場合の2012年から2015年における上位10都道府県である。

2014年におけるグリーンイノベーション関連技術の日本国籍出願人による日本で出願された特許の公開件数22,486件（既出の図表9-2を参照）は，同年における47都道府県全体での日本国籍出願人による特許出願件数（全分野の技術）265,959件の8.5%を占める。特許出願される技術は多岐にわたっているため，グリーンイノベーション関連技術についても国内出願件数上位10都道府県が図表9-3と同様であるかどうかを明らかにすることはできないが，図表9-3によって，イノベーション全般がどの都道府県で多く創り出されているかについては知ることはできる。過去4年（2012～2015年）において，東京は日本国籍出願人による特許出願の半分を占め不動の1位である。2位大阪，3位愛知，4位神奈川，5位京都，6位兵庫，そして9位広島も4年間変化がない状況である。47都道府県全体の出願件数は年々減っているが，この理由として，特許庁は，「知財戦略における量から質への転換に伴い，出願人による出願の厳選が進んでいることなどが背景にあるものと考えられる」としているが[9]，出願件数の減少を，研究開発力低下の結果と捉えるか，あるいは出願厳選の結果と捉えるかについては検証する必要がある。

以上のように，日本におけるグリーンイノベーションが，どの地域，あるいはどのような特徴を持った地域において創り出されているのかを示すことができるデータは利用できなかった。しかし，経済産業省による産業クラスター計画，あるいは政府によって選定されている様々なタイプのエコシティを，グリーンテクノロジーが集積した地域あるいは自

図表9-3 全技術分野における国内出願件数上位10都道府県（日本国籍出願人による日本国特許庁への出願，2012-2015年）

順位	2012年			2013年		
	都道府県	出願件数	割合（%）	都道府県	出願件数	割合（%）
1	東京	146,300	51.0	東京	139,603	51.4
2	大阪	42,549	14.8	大阪	37,491	13.8
3	愛知	27,135	9.5	愛知	27,084	10.0
4	神奈川	18,295	6.4	神奈川	16,343	6.0
5	京都	9,068	3.2	京都	8,754	3.2
6	兵庫	5,987	2.1	兵庫	5,613	2.1
7	埼玉	3,991	1.4	静岡	4,019	1.5
8	静岡	3,930	1.4	埼玉	3,825	1.4
9	広島	2,312	0.8	広島	2,334	0.9
10	長野	2,127	0.7	福岡	2,119	0.8
	その他	25,319	8.8	その他	24,546	9.0
	合計（47都道府県）	287,013	100.0	合計（47都道府県）	271,731	100.0

順位	2014年			2015年		
	都道府県	出願件数	割合（%）	都道府県	出願件数	割合（%）
1	東京	135,592	51.0	東京	132,521	51.2
2	大阪	34,919	13.1	大阪	33,148	12.8
3	愛知	28,657	10.8	愛知	28,277	10.9
4	神奈川	16,367	6.2	神奈川	15,152	5.9
5	京都	8,571	3.2	京都	8,614	3.3
6	兵庫	5,721	2.2	兵庫	5,711	2.2
7	埼玉	3,780	1.4	静岡	3,710	1.4
8	静岡	3,600	1.4	埼玉	3,545	1.4
9	広島	2,422	0.9	広島	2,449	0.9
10	福岡	2,189	0.8	福岡	2,097	0.8
	その他	24,141	9.1	その他	23,615	9.1
	合計（47都道府県）	265,959	100.0	合計（47都道府県）	258,839	100.0

（出所）特許庁『特許行政年次報告書2014年版〈統計・資料編〉』および『特許行政年次報告書2016年版〈統計・資料編〉』。

治体と考えることは妥当である。以下は、このような視点から選定したグリーンテクノジーが集積した2つの自治体の事例であり、これからのわが国におけるグリーンイノベーションの研究開発と国内外普及を推進していくうえで、重要な示唆を持つ事例である。

3.1　スマートシティ：豊田市

　スマートシティ（またはスマートコミュニティ）についての厳密な定義はないが、その核となるコンセプトは、"環境にやさしいエネルギーを有効にそして効率的に使う都市"である。このような都市づくりにおける重要な柱として位置付けられているのが、再生可能エネルギー、次世代自動車、情報通信技術（ICT：information and communication technology）を駆使したエネルギー管理システムの大幅な導入である。エネルギー管理システムには、住宅におけるエネルギーの需給を有効にそして効率的に管理するHEMS（home energy management system）[3]、ビルにおけるエネルギーを有効にそして効率的に管理するBEMS（building energy management system）、そして住宅・ビル・工場・交通システムといったコミュニティ全体におけるエネルギーの需給を有効にそして効率的に管理するCEMS（community energy management system）が含まれる。

　経済産業省は、日本におけるスマートシティの取り組みを後押しするため、2010年4月、神奈川県横浜市、愛知県豊田市[4]、京都府けいはんな学研都市（京都・大阪・奈良の3府県にまたがる京阪奈丘陵に位置する）、そして福岡県北九州市の4地域を「次世代エネルギー・社会システム実証地域」として選定している。これらの4地域では、実証実験期間である5年間（2010年4月〜2015年3月）において、エネルギー・マネジメント・システムの構築を始めとした様々な実証実験が実施されている。これら

---

[3]　HEMSとは、太陽光発電などの創エネ機器、エアコンなどの省エネ家電、そして蓄エネ機器を繋ぎエネルギーを最適に管理・制御するシステムである。

[4]　地方中心都市である愛知県豊田市（2015年12月1日現在の人口422,655人）は、トヨタ自動車の企業城下町として有名であり、クルマのまちとしてのイメージが強い一方で、"環境先進都市とよた"として様々な取り組みを行ってきている。2009年1月には、政府によって「環境モデル都市」に選定されており、その取り組みのビジョンとして"人と環境と技術が融合する「ハイブリッド・シティとよた」"を掲げている。

図表9-4 豊田スマートシティに集積するグリーンテクノロジー

グリーンテクノロジー		関連サービス	普及のための施策
技術分野	技術		
スマートハウス	HEMS (House EnergyManagement System)		スマートハウス・スマートリフォームの固定資産税減税
			補助金
	住宅用太陽光発電		補助金
	家庭用燃料電池		補助金
	家庭用蓄電池		補助金
公共施設	太陽光発電設備		
低炭素型公共交通		基幹バス「とよたおいでんバス」と地域バスよりなるバスネットワークの整備	おいでんバス利用で増えるエコポイント
		デマンドバス	
	超小型EV (Electric Vehicle)	カーシェアリング(市内約25カ所にステーションを整備)	
		充電施設(市内にたくさんあり)	
低炭素型次世代自動車	HV (Hybrid Vehicle)	充電設備,充電施設(市内39カ所50基)	購入補助
	PHV (Plug-in Hybrid Vehicle)		
	EV,超小型EV		
	FCV (Fuel-cell Vehicle)	水素ステーション(とよたエコフルタウン)	
個人移動手段	パーソナルモビリティ		
エネルギー地産地消	再生可能エネルギー発電設備		発電設備の固定資産税減免
	EDMS (Energy Data Management System)		

(出所)豊田市「Toyota City環境先進都市加速プログラム」(冊子)を基に筆者作成。

の実証実験の結果を踏まえ，スマートシティに向けた本格的な取り組みがスタートするのはこれからである。

図表9-4は，豊田市におけるスマートシティの取り組みにどのような技術が導入されているかを示している。豊田スマートシティの事例が示すように，エネルギーあるいは社会インフラに関連した多様な先端技術が実証実験のまちづくりに導入されていることがわかる。この実証実験には，豊田市に本社があるトヨタ自動車(株)を始め，豊田市内あるいは豊田市外に本社を持つ企業がかかわっている。豊田市を筆者が2016年9月に訪問した際には，水素を燃料として走る燃料電池バスがすでに市内を運行している一方，市内約25カ所に整備されたステーションにて貸出・返却可能な超小型電気自動車も市民や豊田市を訪れる人の短距離移動，例えば，公共交通の駅と目的地の間の数km程度の移動のための足として利用されており，充電施設も充実している[10]。

このように市民や豊田市を訪れる人は，グリーンテクノロジーを目にするだけでなく，実際に体感することもできる。企業城下町としてのイメージが強い豊田市であるが，車や交通システムについては先端を走っている，あるいは先端を走ろうとしている市の気概を感じることができる。スマートシティは，多様なグリーンテクノロジーが集積しているだけでなく，グリーンテクノロジーを市民やまちを訪れる人々が目にし，あるいは実際に体感できるという点で，グリーンテクノロジーが詰まったショーケースの役割を果たしているのである。

3.2 知のネットワーク：川崎市グリーンイノベーション・クラスター

四大工業地帯の核として日本の高度経済成長を支えてきた神奈川県川崎市と福岡県北九州市には，環境面において類似する点が多い。1点は，公害克服の歴史である。両市は，高度経済成長時代に深刻な公害を経験し，それを見事に克服し，そして公害を克服するプロセスにおいて，も

---

5 「とよたおいでんバス」の"おいでん"は，三河地区の方言で"いらっしゃい"という意味。また，EDMSとは，"家，コンビニなどの地域，交通を情報で結び，電力の需給バランスを調整することでエネルギーの地産地消を目指すシステム。コミュニティ内で電力を融通しあい，電力利用の集中を避けることにより，地域全体のエネルギー利用の最適化を実現する"（豊田市の冊子「Toyota City 環境先進都市加速プログラム」よりの抜粋）。

のづくりの技術を活かし環境技術を蓄積してきた歴史がある。もう1点は，環境にやさしいまちとして生まれ変わった両市は，環境面での取り組みにおいて意欲的，多様であることに加え，取り組みのビジョンが市内のみに留まらず，海外，特にアジア地域にも目を向けていることである。アジア地域の環境，あるいは持続可能な発展を視野に入れたビジョンは，北九州市においては「アジア低炭素化センター」による北九州市で培われた環境技術のアジア展開への取り組み，そして川崎市においては「グリーンイノベーション・クラスター」事業の下における国内そして国境を越えた知のネットワーク構築の取り組みによって具体化されている。ここでは，川崎市に焦点を当て，グリーンイノベーション分野の関連技術の集積における特徴について概観する。

　政府が選定しているエコタウンは，グリーンテクノロジー，特に廃棄物処理あるいは再資源化の技術を持つ企業が地理的に集積しているという点からグリーンテクノロジーのクラスター事例と言える。川崎市は，1997年に通商産業省（現在の経済産業省）により，北九州市，飯田市，岐阜県とともに全国第1号のエコタウン地域として認定されている。エコタウン地域として認定されているのは，川崎市の臨海部全体約2,800haを対象とする地域（「川崎臨海部」と呼ばれる）であり，その面積は川崎市のほぼ2割を占める。

　川崎市臨海部には，臨海部エコタウンに加え，世界最高効率の天然ガス火力発電所，バイオマス発電所，大規模太陽光発電所，大規模風力発電所，大型リチウムイオン電池の製造施設など最先端の環境エネルギー技術を活かした施設も集積する[11]。これらの施設を核として，川崎市内にある多様な再生可能エネルギー施設をネットワーク化し，市内全域をエネルギーパークとして位置付け，川崎市が有する先端的な環境エネルギー技術のショーケースとして国内外に発信していくことを目指し計画されたのが「CCかわさきエネルギーパーク」である。この「CCかわさきエネルギーパーク」は，経済産業省資源エネルギー庁が推進する「次世代エネルギーパーク」として2011年に認定されている（2016年3月現在，全国で63の施設が次世代エネルギーパークとして認定されている）。

　また，市内殿町地区にある「キングスカイフロント」には，世界的な成長が見込まれるライフサイエンス分野と環境分野を中心に世界最高水

準の研究機関が集積し，革新的な新産業創出の拠点となることを目指している。このように川崎市臨海部およびその周辺地域には，「臨海部エコタウン」に関連したリサイクル企業，「次世代エネルギーパーク」に関連した主要な再生可能エネルギー施設，そして「キングスカイフロント」に関連した研究機関が集積している。

上述したように，多様な，そして革新的なグリーンテクノロジーが集積しているのが川崎市である。しかし，同市は，この特徴を活かすとともに，この特徴をさらに発展・拡大させていくため，2014年5月に「川崎市グリーンイノベーション推進方針」を策定し，これを具体的に進めるため2015年4月には「かわさきグリーンイノベーション・クラスター」を設立している。このグリーンイノベーション・クラスターは，環境分野で優れた取り組みを行う川崎市内外の企業，NPO，大学，学識者，支援機関，行政など多様な主体で構成されており，川崎市に蓄積された環境技術・ノウハウを活かした産業振興，国際貢献，他地域の環境改善の推進を目指す広域の知のネットワークである。

4 ▶ グリーンテクノロジーの国際競争力

豊田市と川崎市の事例は，地域におけるグリーンテクノロジー集積の取り組みが，わが国のグリーンテクノロジーの研究開発と国内外普及の促進に極めて大きな影響をおよぼすであろうことを予測させる。グリーンイノベーション分野における日本の研究開発力が世界において相対的に低下していることは第2節で示したが，本節では，グリーンイノベーション分野の国際市場における日本の国際競争力を検証する。国際競争力を検証することにより，わが国のグリーンイノベーションの国外普及における課題が見えてくるはずである。結果として，わが国のグリーンテクノロジーの研究開発と国内外普及の促進において重要な役割を果たしていくであろうエコシティや環境産業クラスターの取るべき戦略が明らかになっていくと考える。

図表9-5 主要国地域でのグリーンイノベーション関連技術の出願人国籍別特許公開件数（2014）[6]

技術区分	出願先国	日本国籍 件数	日本国籍 %	米国籍 件数	米国籍 %	欧州国籍 件数	欧州国籍 %
エネルギー	日本	18,160	78.1	1,863	8.0	1,444	6.2
エネルギー	米国	4,945	23.0	8,586	39.9	2,892	13.4
エネルギー	欧州	2,807	17.1	2,896	17.7	8,362	51.0
エネルギー	中国	3,437	12.3	2,540	9.1	2,004	7.2
エネルギー	韓国	1,892	16.4	1,447	12.5	1,109	9.6
エネルギー	インド	342	19.0	537	29.8	511	28.4
省資源	日本	1,191	70.9	228	13.6	150	8.9
省資源	米国	295	17.8	825	49.9	282	17.1
省資源	欧州	222	15.5	334	23.3	739	51.6
省資源	中国	233	6.5	250	6.9	166	4.6
省資源	韓国	192	20.5	158	16.8	104	11.1
省資源	インド	30	14.3	80	38.1	53	25.2
環境	日本	1,756	78.3	221	9.8	153	6.8
環境	米国	233	12.3	1,045	55.0	362	19.0
環境	欧州	220	12.7	392	22.6	975	56.3
環境	中国	209	3.1	293	4.4	227	3.4
環境	韓国	114	9.6	162	13.6	139	11.7
環境	インド	80	21.5	118	31.7	96	25.8
社会インフラ	日本	1,791	85.8	109	5.2	77	3.7
社会インフラ	米国	276	20.2	615	45.1	243	17.8
社会インフラ	欧州	192	12.8	225	15.0	909	60.5
社会インフラ	中国	168	4.9	119	3.5	148	4.3
社会インフラ	韓国	35	6.2	46	8.1	45	7.9
社会インフラ	インド	25	22.1	35	31.0	20	17.7

6　特許公開件数には"PCT関連出願"件数を含む。また，「その他」の出願人国籍は，オーストラリア，カナダ，ブラジル，ロシア，インド，台湾，シンガポールなどを含む。

(続き)

技術区分	出願先国	中国籍 件数	%	韓国籍 件数	%	その他 件数	%	総数 件数	%
エネルギー	日本	148	0.6	826	3.6	800	3.4	23,241	100.0
	米国	731	3.4	2,545	11.8	1,826	8.5	21,525	100.0
	欧州	294	1.8	1,005	6.1	1,034	6.3	16,398	100.0
	中国	17,742	63.5	1,160	4.2	1,066	3.8	27,949	100.0
	韓国	103	0.9	6,660	57.7	331	2.9	11,542	100.0
	インド	33	1.8	37	2.1	340	18.9	1,800	100.0
省資源	日本	17	1.0	47	2.8	46	2.7	1,679	100.0
	米国	31	1.9	107	6.5	113	6.8	1,653	100.0
	欧州	25	1.7	49	3.4	64	4.5	1,433	100.0
	中国	2,851	79.0	51	1.4	60	1.7	3,611	100.0
	韓国	14	1.5	439	46.8	31	3.3	938	100.0
	インド	2	1.0	5	2.4	40	19.0	210	100.0
環境	日本	10	0.4	28	1.2	76	3.4	2,244	100.0
	米国	41	2.2	80	4.2	140	7.4	1,901	100.0
	欧州	14	0.8	37	2.1	93	5.4	1,731	100.0
	中国	5,822	87.1	57	0.9	79	1.2	6,687	100.0
	韓国	12	1.0	729	61.4	32	2.7	1,188	100.0
	インド	5	1.3	7	1.9	66	17.7	372	100.0
社会インフラ	日本	13	0.6	29	1.4	68	3.3	2,087	100.0
	米国	20	1.5	76	5.6	135	9.9	1,365	100.0
	欧州	16	1.1	41	2.7	120	8.0	1,503	100.0
	中国	2,854	83.1	46	1.3	98	2.9	3,433	100.0
	韓国	0	0.0	415	73.1	27	4.8	568	100.0
	インド	2	1.8	0	0.0	31	27.4	113	100.0

(出所) 特許庁 (2015)『平成26年度グリーンイノベーション分野の特許出願状況調査報告書』, pp.13-16。

4.1 グリーンテクノロジーの国際競争力

　図表9-5は，2014年における主要国地域（日本，米国，欧州，中国，韓国，そしてインド）でのグリーンイノベーション関連技術（エネルギー，省資源，環境，社会インフラの4分野）の出願人国籍別特許公開件数を示している。例えば，エネルギー分野関連技術における日本（具体的には日本国特許庁）での特許公開件数の総数は23,241件であり，その内訳は，日本国籍出願人による特許出願が18,160件（総数の78.1%），以下同様に米国籍出願人1,863件（8.0%），欧州国籍出願人1,444件（6.2%），中国籍出願人148件（0.6%），韓国籍出願人826件（3.6%），その他の国籍の出願人による特許出願が800件（3.4%）となっている[7]。

　特許出願は技術の保護が目的であり，特許出願するということは当該国において特許出願する技術に関連した国際ビジネス（輸出，外国直接投資，あるいは特許ライセンスにかかわるビジネス）を行っている，あるいは行う計画があると考えられる。したがって，特許公開件数（主要国において，出願された特許は出願日より1年6カ月後に公開される）を比べることによって，当該国におけるグリーンイノベーション市場にどれだけ食い込んでいるかを図る指標となり得る（ただし，これは一般的あるいは原則的なケースであり，技術の秘密保持のため，特許公開を嫌って，あえて特許出願をしないというケースも想定できる）。図表9-5からは，いくつかの興味深い点を読み取ることができる。1点目は，特許公開件数の総数において，エネルギー分野がすべての出願先国で圧倒的に高い数値となっている。

　2点目は，4つの技術分野すべてにおいて，日本では日本国籍出願人による特許出願の割合がかなり高く（71%～86%），中国についても同じことが言える（64%～87%）。この点は，日本と中国のグリーンイノベーション国内市場における主たるプレーヤーが自国企業であるということ

7　特許出願件数には，日本国内での特許保護のための国内出願（日本国特許庁への出願）に加え，外国での特許保護のための特許協力条約（PCT：Patent Cooperation Treaty）に基づく国際出願であるPCT関連出願（同じく日本国特許庁を窓口として出願）の件数を含む。他国における特許出願も同様。なお，PCT出願には2段階あり，第1段階はinternational phaseと呼ばれ，ひとつの出願でPCT加盟国すべてへの出願とみなされる。そして，第2段階はnational phaseと呼ばれ，特定の国への出願手続きに進むものである。PCT関連出願とは，後者のnational phaseの出願を指している。

を示唆している（ただし，エネルギー分野における中国での中国籍出願人による特許公開件数の割合は63.5%であり，他の3分野と比べて相対的に低い）。

3点目は，各技術分野における日本の国際競争力についてである。まずエネルギー分野であるが，米国，中国，そして韓国において日本国籍出願人による特許公開件数が，当該国国籍の出願人を除いて最も高い割合を占めている（米国において23.0%，中国において12.3%，そして韓国において16.4%）。省資源分野についても同じことが言える（米国において17.8%，韓国において20.5%）。社会インフラ分野については，米国，そして他国国籍出願人とわずかの差ではあるが中国において日本国籍出願人による特許公開件数が，当該国国籍の出願人を除いて最も高い割合を占めている（米国において20.2%，中国において4.9%）。環境分野については，日本国籍出願人による特許公開件数が最も高い割合を占める国はないのである。

4点目は，インド市場において，米国と欧州の競争力が，社会インフラ分野を除き，日本の競争力を上回っている。例えば，エネルギー分野において，インドでの日本国籍出願人による特許公開件数の割合は19.0%である一方，米国籍と欧州国籍の出願人による割合は，それぞれ29.8%，28.4%となっている。インドにおける今後の経済成長とそれに伴うエネルギー需要の増加などを考慮すると，インドのグリーンイノベーション需要は今後ますます高まることが予想され，日本がどの程度インド市場に食い込むことができるかが注目される。

4.2　グリーンテクノロジーのアジア展開

北九州市や川崎市に見られるように，ものづくり企業の多くは中小企業である。今後，先進国，途上国を問わず，グリーンテクノロジーへの需要が高まることになる。特に，グリーンイノベーションの研究開発のための資金や人材が十分でない途上国において，日本が果たすべき役割は大きいと言える。しかし，実際の海外展開となると，十分な情報とネットワークを持たない中小企業にとっては，その壁は高いと予想される。

筆者は，2016年8月，グリーンテクノロジー関連企業による海外展開の現状を調査するため，九州地域の企業を対象にアンケート調査を実

施している（「我が国グリーンテクノロジーの海外市場展開に関するアンケート調査」）。このアンケート調査では，九州環境エネルギー産業推進機構（略称はK-RIP：Kyushu Renewable energy and environmental Industry Promotion association）に加盟する企業を含む九州全域の201社を対象にし，52社（大企業12社，中小企業38社）より回答が得られている（有効回答率25.5％）[8]。なお，K-RIPは，経済産業省の産業クラスター計画によって産業クラスター（対象は環境分野）に選定されており，九州全域のグリーンテクノロジー関連企業を中心メンバーとする環境ビジネス支援のための広域的な産学官ネットワークである。

　主な回答結果は次のとおりである。

①海外事業展開の状況：「海外事業を展開している」52社中24社（46.2％），「検討中」6社（11.5％），「海外事業展開の予定なし」22社（42.3％）
②海外事業展開にあたっての支障：「支障がある」30社中21社（70.0％），「支障がない」9社（30.0％）
③支障となっている内容（複数回答）：「技術が模倣・盗まれる心配がある」21社中11社，「価格の問題」10社，「現地情報の不足」9社，「コミュニケーションの問題」8社，「相手国の特許制度が整備されていない」5社，「その他」8社
④日本国政府による環境分野における技術協力事業とのかかわり（複数回答）：「携わったことがある（研修生受け入れ，専門家派遣，その他）」52社中23.0％，「携わったことはない」73.1％，「無回答」5.8％
⑤地方自治体による環境分野における技術協力事業とのかかわり（複数回答）：「携わったことがある（研修生受け入れ，専門家派遣，その他）」52社中26.8％，「携わったことはない」67.3％，「無回答」5.8％
⑥環境技術の研究開発に向けた国内での共同研究開発の実績：「多くある」52社中11.5％，「少しある」48.1％，「まったくない」36.5％，「無回答」3.8％
⑦環境技術の研究開発に向けた海外での共同研究開発の実績：「多くある」

8　回答企業の環境産業分野は，環境汚染防止17社，地球温暖化対策17社，廃棄物処理・資源有効利用26社，自然環境保全7社，その他が6社となっている（ただし，2分野以上の企業あり）。

52社中0.0％,「少しある」17.3％,「まったくない」78.9％,「無回答」3.8％
⑧自社の環境技術・サービスの国際市場競争力:「トップレベル」52社中3.8％,「高い」19.2％,「普通」19.2％,「低い」7.7％,「わからない」44.2％,「無回答」5.8％
⑨日本の環境技術・サービスの国際市場競争力:「トップレベル」52社中9.6％,「高い」36.5％,「普通」21.2％,「低い」5.8％,「わからない」21.2％,「無回答」5.8％
⑩日本の環境産業全般の国際市場競争力は研究開発レベル（技術レベル）を反映しているか:「反映している」52社中7.7％,「反映していない（大きな乖離がある）」7.7％,「反映していない（少々乖離がある）」13.5％,「環境産業分野によって状況は大きく異なる」26.9％,「わからない」38.5％,「無回答」5.8％

　海外事業展開にあたって「支障がある」と回答した企業が30社中21社（70.0％）もあることは，注目に値する。グリーンテクノロジー分野の海外事業展開（特にアジア諸国）を促進するための政策を検討するにあたって留意すべき点である。これに関連し，支障となっている内容として，多くの企業（21社中11社）が，「技術が模倣・盗まれる心配がある」と回答していることは，特許面での対策の必要性を示唆している。
　一方，国・自治体にかかわらず環境分野における技術協力事業にかかわったことがないと回答した企業が多い（国の事業では73.1％，自治体の事業では67.3％）ことも海外事業展開を促進するうえで関心を払うべき点である。環境分野は国の経済発展に大きくかかわる分野であり，国際協力機構（JICA）による政府開発援助（ODA）も環境分野における技術協力は拡大している。また，北九州市における「アジア低炭素化センター」や本章で取り上げた川崎市における「グリーンイノベーション・クラスター」の取り組みのように，上下水道，廃棄物処理・リサイクル，あるいはスマートシティ関連技術など，日本の自治体が得意とする技術をアジア諸国に移転し，さらには地元企業の国際ビジネスに繋げようという努力もなされている。このような技術協力分野に積極的にかかわることは，企業が海外事業展開をするうえで必須となる情報，ネットワー

ク，ノウハウを取得する大きな足掛かりとなるはずである。

5 ▶ おわりに

　本章では，日本のグリーンイノベーションの研究開発力と国際市場競争力を他主要国と比較する一方で，日本の自治体（特に豊田市と川崎市）におけるグリーンテクノロジーのクラスター促進に向けた取り組み事例を通して，日本のグリーンイノベーション促進の特徴と課題を考察した。これを踏まえ，今後の日本のグリーンイノベーション促進に向けたいくつかの提言をして，本章のむすびとしたい。

　まず，第1の提言は，豊田スマートシティの事例に見られるとおり，グリーンテクノロジーを人々が目に触れ体感することによって，グリーンテクノロジーが人々の生活の中に溶け込んでいくプロセスの重要性である。グリーンテクノロジーの研究・開発・商品化だけでなく，グリーンテクノロジーが社会システムに溶け込み，人々の日常の生活に存在することが，グリーンテクノロジーの普及と改善のためのフィードバックに繋がる。この意味で，スマートシティにおける取り組みが，展示場でのみ目にすることができる，あるいは実証実験のように市内の限られた地域でのみ実施されているというだけではグリーンテクノロジーの普及と進歩には繋がらないことになる。スマートシティの取り組みが実証実験の段階を経て，今後，面的に拡大していくことが必要である。

　第2の提言は，国際協力の場でよく聞かれることではあるが，アジアの国々の状況にあった，そしてニーズに沿ったテクノロジーを移転することの重要性である。そのためには，日本の企業・研究機関・自治体の研究者などと途上国のカウンターパートによる国境を越えた"知のネットワーク"を築くことが重要となる。このような知のネットワークによって，現地に最も適した革新的な技術やアイデアが生まれるだけでなく，途上国カウンターパートのキャパシティ・ビルディングにも繋がる。技術の移転・普及における途上国の技術に携わる人々のキャパシティ・ビルディングの重要性は技術移転に関する学術論文においても指摘されている[3][4]。また，JICAの技術協力においても，近年，環境分野にお

ける共同研究やキャパシティ・ビルディングのプロジェクトが多く実施されている。

第3の提言は，革新的なグリーンテクノロジーは，必ずしも先端的で高価な技術だけではないということである。すでにある技術にちょっとした（しかし，革新的な）アイデアや工夫を加えることで人々の生活を一変させるような革新的なテクノロジーもある（例えば，移動可能で簡易な濾過式浄水器などは，途上国できれいな水にアクセスできない，あるいは災害などで水にアクセスできない多くの人々の命を救うこととなる）。人々の生活を改善する，そして便利にするためのテクノロジーにはこのような視点が特に重要である。

〈参考文献〉

[1] OECD（2010）*OECD Economic Globalization Indicators 2010*, OECD Publishing, Paris, pp.146-148.
[2] OECD patent databases.
〈http://www.oecd.org/sti/inno/oecdpatentdatabases.htm〉
[3] Dechezleprêtre, A., Glachant, M., and Ménière, Y.（2008）The clean development mechanism and the international diffusion of technologies: An empirical study. *Energy Policy* 36:1273-83.
[4] Murphy, K., Kirkman, G.A., Seres, S., and Haites, E.（2015）Technology transfer in the CDM: An updated analysis. *Climate Policy* 15(1): 127-45.
[5] 環境省（2012）『地域における環境産業の集積に向けて（中間報告）』地域における環境産業の集積促進に関する研究会。
[6] 文部科学省『第4期科学技術基本計画の概要』文部科学省。
〈http://www.mext.go.jp/a_menu/kagaku/kihon/main5_a4.htm〉（2016/1/23日閲覧）
[7] 特許庁（2014）『特許行政年次報告書2014年版〈統計・資料編〉』特許庁。
[8] 特許庁（2016a）『特許行政年次報告書2016年版〈統計・資料編〉』特許庁。
[9] 特許庁（2016b）『特許行政年次報告書2016年版〈本編〉』特許庁，p.2。
[10] 豊田市低炭素社会システム実証推進協議会（2014年）『豊田市低炭素社会システム実証プロジェクト』（冊子）。
[11] 川崎市経済労働局国際経済推進室（2016）『Kawasaki Eco-Tech Walker』川崎市。

第10章
フランス・ブルゴーニュ州における イノベーション創出政策と 産業クラスター政策の現状

高橋賢

1 ▶ はじめに

　フランスでは，産業クラスターの政策として，競争力拠点政策が2005年より展開されている。この政策の特徴は，省庁縦割り型ではなく，国をあげての省庁横断型の政策であるという点にある。
　政策においては，認定＝ラベル化と公的資金による土台づくり，進捗状況と効果性の厳しい監視，そして自立に向けてのフォローといったことが，中長期的な視点から行われている。現在，フランス全土で71の拠点が認定されている。それぞれの競争力拠点の中で，様々なプロジェクトが商品化・商業化されている。
　本章では，フランスのブルゴーニュ州におけるイノベーション創出の取り組みと，ブルゴーニュ州の競争力拠点であるVITAGORAの活動について考察する。

2 ▶ ブルゴーニュ地域圏庁の取り組み

2.1　イノベーション・レジョナル戦略

　地域圏庁は，地方の経済発展，経済開発における国の代表の役割を果たしている国の出先機関である。州議会の建物に入っており，州議会と

は共同して仕事をしている。ただし，あくまで国の代表機関であって，州議会とは法的にも別な機関である。以下，イノベーション創出にかかわる地域圏庁の取り組みについて述べる。

イノベーションに関する国家的戦略には，様々な分野がある。ブルゴーニュ州では，その他の州とは違って，分野横断的にイノベーションを創出することを考えている。しかも，少なくとも全国レベル，そして欧州レベルで通用するようなイノベーションに対して公的資金を投資するために，優先的に投資する分野を決めている。その戦略が，イノベーション・レジョナル戦略である。

最初のイノベーションに関する州戦略を作成したのは2010年である。2014年に2回目の戦略の見直しを行っている。最初の戦略は，イノベーションを支援するためのツールを定めるものであり，2回目の戦略は，ブルゴーニュ州が特化すべき専門分野，セクター，分野を定めるというものである。

2.2 ブルゴーニュ州における産業クラスター

ブルゴーニュ州には，国に認定を受けた2つの競争力拠点がある。金属にかかわるポール・ニュクレエール（Pôle Nucléaire）と，後ほど取り上げる食糧農林水産加工業のVITAGORAである。両者とも，現在では運営費の50％以上が民間からの資金，つまり会費収入や業務請負料などで賄われている。

VITAGORAは，加盟企業のイメージをアップするのに大きな役割を果たしている。当初はブルゴーニュ州だけであったが，現在はフランシュ＝コンテ州，イル＝ド＝フランス州に広がっている。ポール・ニュクレエールも，ローヌ＝アルプ州にまで広がっている。

競争力拠点というのは，国政の中で非常に重要と位置付けられたものであるが，その他のセクターでもコラボレーションの規模を広げようと地域圏庁では考えている。例えば，「企業の房」というクラスターがある。ブルゴーニュ州には鉄道関係のグラップ・ダントロプリーズというクラスターがある。このクラスターはブルゴーニュ州に12あり，そのうち，ラベル化されているものが4つである。それぞれのクラスターは規模も様々であり，小さいものでは5社，大きいものでは50社の会員がいる。

2.3 技術移転加速会社（SATT）

　イノベーションを創出するための政策の柱のひとつとして，技術移転加速会社（Sociétés d'Accélération du Transfert de Technologies：SATT）の設立がある。

　競争力拠点以外の場である大学での研究について，企業にその技術を移転していくために，企業を孵化させるインキュベータをつくる。そこで生まれた新しく起業した小さな会社，これをスタートアップというが，それを育てていき，そしてそれを加速させていくのである。そういった形で技術を企業に伝えて，それを国内市場もしくは国際市場で通用するものに発展させていき，商品化・産業化させていくのである。

　これらの活動を促進するため，2011年に設立されたのがSATTである。これは，学界と企業界という今まで別々の世界だったものを融合させる機会を促進することが目的である。これにより，企業が技術を習得できるようにしたり，企業の側から研究者にこういう研究を行ってほしいという要請をすることで，2つの世界を結び付けようとしているのである。

　SATTは，株式会社という法人格を持っている，大学の子会社である。フランス全土にはSATTが10社ある。ブルゴーニュ州のSATTは，ブルゴーニュ大学の子会社である。他に4つの州，ロレーヌ州，フランシュ＝コンテ州，シャンパーニュ＝アルデーヌ州と一緒に運営しているものもある。

　この会社の最終的な目標は，民間会社のように機能することである。2014年現在，資金は国から出ている。ブルゴーニュ大学の子会社は，未来投資プログラムの一環として国から6,000万ユーロが出資されている。

　この会社には，理事会，取締役会，決定委員会や戦略委員会などがあり，企業と同じように運営されていくことが目標である。最終的な目標としては，研究開発の結果，特許を取得して，その特許料などで運営されていくことである。現在，株主は4つの大学である。国は株を持っていない。

　この会社の理事会には4つの組織からの代表がメンバーとして在籍している。高等教育省，経済産業雇用省，フランスの公的銀行であるBPIフランス，それから信託公庫から選ばれた代表である。この4つの機関の代表が国の代表としてこの会社の理事会に参加している。その他に，大学の関係者も理事会のメンバーになっている。国からの交付金を受け

ていることから，これらの4つの機関の代表が国の代表として参加し，会社の機能の仕方，運営の仕方についてコントロールとチェックを行っている。

ブルゴーニュ州のSATTには，2014年現在20人ほどのスタッフがいる。ブルゴーニュ大学から10人ほど参加し，他の3つの大学から10人ほど参加している。彼らは，企業のニーズを把握して，技術移転をするためのエンジニアである。この他，法務の専門家，財務の専門家もいる。

この会社の収益源は，技術移転を受けようとする企業とラボとの間の橋渡しをすることによって得られる契約料と，ラボがとってきた特許に対して付加価値を付けたことに対する報酬である。

2.4 ブルゴーニュ地方における競争力拠点のインパクトと今後の課題

経済産業雇用省では，フランス全土で競争力拠点が71というのは数として多過ぎる，という議論がある。これに対し，地域圏庁では71という拠点数は，ブルゴーニュ州には意味のあるものであると考えている。それは，ブルゴーニュ州のように小さな州の観点からすると，競争力拠点がもたらす効果は比較的大きいからである。もし，最初の競争力拠点の認定数が12というような数字であったとすれば，VITAGORAもポール・ニュクレエールも選ばれることはなかったのではないかと考えられている。実際，2つの競争力拠点がもたらすリターンはそれなりにあり，拠点として機能していると考えられている。

国からの経済的援助が大幅に削減されていることもあり，競争力拠点が提供するサービスを充実させ，企業にメリットを示して会員企業を増やし，自己財源で運営できる方向に持っていきたいと地域圏庁は考えている。

3 ▶ ブルゴーニュ州議会によるイノベーション創出の取り組み

3.1 州議会の役割

　1982年の地方分権法により，特に経済開発に関する各種権限が，国から州議会に委譲された。州議会は，州の地域内における経済政策のシェフ・ドゥ・フィル（chef de file）という，推進役，コーディネート役，調整役を担うことになっている。したがって，州議会は州の経済政策の中において様々なアクター間のコーディネート役を担うことになる。

　そのミッションは，経済開発およびイノベーションに関するその州の戦略，リージョナル・ストラテジーというものを採択することによって果たされる。そのためのロードマップとも言える書類が存在している。

　具体的にいうと，1番目のミッションは，企業の発展のためのエコシステムを組織することである。2番目のミッションは，企業がプロジェクトを行うための財政支援も含めた様々な支援を行うということである。

　これらのミッションを果たすためのアクションに向けて，企業を集めたり，企業をグループに加入させたりする。それは企業をイノベーション的なプロジェクトの周りに集めたり，企業の国際的な発展のために集めたり，持続可能な発展の分野のプロジェクトの周りに企業を集めたりといった形で行っていく。競争力拠点への支援や競争力拠点との協力というのはこういったアクションの中に含まれることになる。

　例えば，VITAGORAは海外でコンタクトを増やしたり，ノウハウを交換したりという活動を行っているが，そういう活動に対して州議会は財政的支援を含めて支援をしている。そのような活動が企業単独では行えない場合に，VITAGORAの枠組みで可能となるような支援を行っている。

3.2 州レベルのイノベーション戦略

　州レベルのイノベーション戦略の策定について，その概要を州議会提供の資料 "Stratégie régionale d'innovation de Bourgogne" に基づき紹介する。

　2009年，欧州地域開発基金（FEDER）の次期プログラムに向け，州

議会と国は，EUの期待にこたえるべく，共同で地域圏イノベーション戦略（SRI）の策定を進めている。EUの求めに応じ，戦略的に重要な以下4つの分野に関して調査と診断に基づく事前評価が行われている。

　①公的な研究能力
　②技術移転
　③ブルゴーニュ地域圏の中小企業のニーズ
　④産業クラスターのニーズ

　この作業により，ブルゴーニュ地域圏のイノベーション・システムの全容と，担い手たち（研究者，企業主など）のニーズを明らかにすることができると期待されたのである。また，2009年末までに，SRIの適用が図られることになっている。地域圏知事および州議会議長の諮問機関として置かれた地域圏イノベーション戦略委員会（CRSI）も，この作業に緊密に協力している。
　州議会は，地域圏イノベーション起業推進特区（ERIE）の創設に取り組んでいる。この特区は，ブルゴーニュ地域圏のイノベーションに関係するあらゆる担い手，あらゆる施設を活性化するための原動力となるものである。
　州議会は，これまで地域圏戦略計画（地域圏経済開発計画，地域圏職業訓練開発計画など）を実施してきた他，地域圏のイノベーション・システムに積極的に関与し，当地の担い手たちとともに経験を蓄積してきた。こうした経験を通じて，成功要因を分析するのみならず，イノベーションを阻害する，取り除くべき足かせを同定できたのである。
　これに基づき，州議会は，現在から地域圏のイノベーション・システムの構築が完了するまでの間，地域圏企業支援計画（PRSE）の延長線上に，大規模イノベーションのための地域圏アクションプランに取り組んでいる。このアクションプランを通じて，イノベーション能力を解放し，成長途上にある中小企業を支援し，この地域圏に戦略的優位をもたらすことができると見込まれる。年500万ユーロの新たな予算が付与された，SRIの作業と推奨に基づくこのアクションプランには，2つの課題が与えられている。イノベーションの担い手間の障壁を取り除くこと，そし

て，ブルゴーニュの研究者および中小企業のイノベーション能力を強化することである。

2010年に策定した戦略は，次の3つの戦略軸を有している。

- より充実した研究／企業間のパートナーシップ
- イノベーションに寄与する有能な人材
- 地域圏の魅力と威光の増大

3.3　イノベーション創出の支援

州議会では，イノベーション創出のために，アクション・プランなどが含まれているストラテジック・ドキュメント（documents stratégiques）を作成している。また，実際に物理的な場所をつくり，その場所に州のイノベーション会館という施設を建設している。そこにイノベーションに関する公的アクターを集め，エコシステムをつくっていくのである。

イノベーション会館には，企業やラボラトリーを支援している公的アクターを集めている。公的機関としては，前述のSATTと，ブルゴーニュ・イノベーションという機関がある。これは，ブルゴーニュ州の地域内にあるあらゆる企業に対してイノベーションに関する支援を行う。SATTは，ラボラトリーで行っている業務について，特許を取るといった技術移転を促すような活動を行っている。一方，ブルゴーニュ・イノベーションは，企業からのニーズをくみ上げる機関である。イノベーション会館では，ブルゴーニュ・イノベーションとSATTが協力して活動している。

特に重要なのは，地域レベルではリージョナル・ストラテジーやアクション・プランといった業務的な書類などを作成し，欧州レベルではイノベーション・ストラテジーを集約して，イノベーティブな製品をより早く出せるように企業とラボを近付けていくという取り組みをしている点である。

3.4　イノベーション創出のためのアクションプラン

2009年に策定されたイノベーション創出のためのアクション・プランは12ある。それは，図表10-1の通りである[6]。

図表10-1　アクション・プランの一覧

1. イノベーションの担い手同士を繋ぐ	
アクション1	地域圏テクノポリス
アクション2	地域圏イノベーション起業推進特区
アクション3	産業クラスター
アクション4	官民共同研究機関
2. イノベーションに向けた研究を促進する	
アクション5	国際的人材の招聘
アクション6	目標契約
アクション7	国際コンソーシアム
3. 地域圏のイノベーション能力を活性化する	
アクション8	起業家精神を有する若手研究者
アクション9	新興テクノロジー企業支援
アクション10	イノベーション開発契約：中小企業のイノベーション能力
アクション11	イノベーション開発契約：能力の強化
アクション12	イノベーション開発契約：プロジェクト資金調達

（出所）州議会提供資料より筆者作成。

3.5　イノベーション創出のための州議会の取り組み
（1）　地域圏テクノポリスの設立

　ブルゴーニュ州では，地域圏テクノポリスのための会館を設立している。この会館の周りには大学のキャンパスがあり，研究上の連携を取っている。テクノポリスとは，イノベーションに基づく開発政策をサポートするものである。その目的は，イノベーション活動の創出，人材の開発・ネットワーク化，および地域の活性化を図り，新興企業やイノベーション・プロジェクトを誘致することで，イノベーション・プロジェクトの育成と具体化を促進することである。

　あるプロジェクトの下に人が集まって，企業が創られる。設立されたばかりの企業をスタートアップと呼んでいる。その企業は，最初はインキュベータというところに入る。インキュベータとは，卵を孵化させる，という意味である。つまり，これは企業を孵化させるところである。起業してしばらく経つと，卵が孵化して，次に苗になる。そうすると，ペピニエール（pépinière）と呼ばれる別の建物に入れられる。ペピニエー

ルとは，元来，苗を育てるところ，という意味である。スタートアップ企業がインキュベータに滞在するのはだいたい18カ月である。

　ペピニエールでは，企業の社長を非常に様々な形でケアをしている。例えば，財源を見つけるために投資家に紹介したり，必要であれば法的なアドバイスや財政的なアドバイスなどを行ったりする。その企業が大きなツールが必要だと申請すれば，周りの大学でそのツールを利用できるように支援したりする。

　財政支援は様々なレベルで行われている。最初に企業ができたばかりのときは，インキュベータに入った際に，スタートアップ企業各社について4万ユーロの直接投資をする。

　スタートアップの若い企業家というのは往々にして研究者であることが多いので，財政支援だけでは不十分なことが多く見られる。そのような人材について，財政支援をするだけではなくて，その後も継続して様々な形でケアしていくことが非常に重要になってくる。

　企業が育ち，ペピニエールに入るようになった場合，そこでも様々なケアが行われる。直接的な財政支援も多少あるが，この段階では，投資家への紹介といった投資を募るための支援を行うことになる。具体的な研究プランが上がってくれば，研究に対して直接財政支援も行っている。この財政支援は，州議会とともに，BPIフランスも行うのである。

　この一連の流れは，次の図表10-2の通りである。

図表10-2　イノベーション会館におけるスタートアップ企業の支援

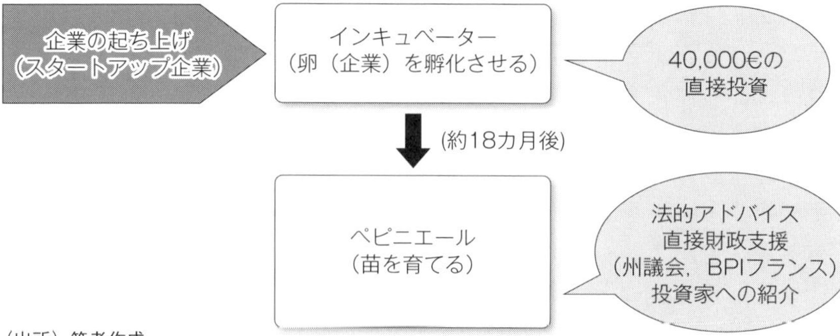

企業の起ち上げ（スタートアップ企業）　→　インキュベーター（卵（企業）を孵化させる）　…　40,000€の直接投資

（約18カ月後）　↓

ペピニエール（苗を育てる）　…　法的アドバイス　直接財政支援（州議会，BPIフランス）　投資家への紹介

（出所）筆者作成。

直接的な財政支援は，先に前金という形で一部を支払っている。イノベーションを起こすためには資金が必要であるからである。これには，実際の支出を証明する請求書・領収書を提出する義務がある。それと同時に，実際の活動について，アクティビティ・レポートを提出させる。そして残りの財政支援の資金を出している。

(2) イノベーション創出に対する直接投資

州議会では，イノベーションに繋がるようなもの，そして，企業がイノベーティブなサービス，または商品を最終的に販売できるようになりそうなものに対して財政支援をしている。具体的な商品を開発・商品化するようなプロジェクトに対しては，州は直接的な財政投資を行っている。その対象は，中小企業のみであり，プロジェクトの中身が明確に定義されているようなものである。

(3) 産業クラスター支援

産業クラスターに対する州議会の支援は，クラスター形成の支援と，形成されたクラスターのケアという2つの側面を持っている。

州議会では，クラスターの運営費について財政支援を行っている。これは所要資金の最大50％までであり，残りの50％は民間企業から資金を調達しなければならない。競争力拠点の戦略的目標について，国と州と競争力拠点の間で合意が形成されれば，その運営費に財源を付ける。それと同時に競争力拠点に対しては，民間資金を多く獲得するよう提言している。最終的には，競争力拠点が公的財源なしで自立できるようになることを目標としている。

3.6 競争力拠点とのかかわり

(1) 州議会と国による毎月のフォロー

国の政策として行われている競争力拠点政策であるが，競争力拠点のフォローや具体的支援というものは，実際には州議会が行っている。それらの活動は，国から州に委譲されている。

州議会は，毎年1回，競争力拠点の理事会と総会に出席している。それとは別に，毎月競争力拠点の人と会い，様々なアクションをフォロー

している。特に，州議会のイノベーション部では，競争力拠点の企業，とりわけ中小企業が何をやっているかということについて注視している。

競争力拠点に対するフォローは，毎月国と州議会が一緒に行っている。国からは2人，州議会からは1人が担当している。このフォローは，競争力拠点の運営にかかわるもので，毎月1回2時間程度を掛けている。それとは別に，日常的に競争力拠点とコンタクトをとり，様々なアクションのフォローをしている。前述のように，プロジェクトに対しては前金という形で資金を提供し，その後フォローしながら残りの資金を支払うという形になる。

(2) 推進委員会による進捗状況のチェック

競争力拠点の活動の進捗状況や財源の使途に関するチェックは，運営に関する推進委員会（comité de pilotage）が行っている。これは，コンソーシアムのメンバーと，出資している主体からメンバーが選ばれる。そのメンバーは，国と州議会，BPIフランスから選ばれている。このチェックは，6カ月ごとないしは1年ごとに行われる。プロジェクトの契約の際に，推進委員会を1年に最低でも1回は開催するということが義務付けられている。

なお，運営に関する推進委員会の他に，技術に関する推進委員会というものもある。これには州議会はタッチしておらず，コンソーシアムのメンバーになっている企業やラボから委員が選ばれている。そこでは，企業とラボで形成されたコンソーシアムにおいて，知的所有権が契約上どういう扱いになるのか，権利の按分はどのようになるのかということを決定している。

(3) 競争力拠点による経済効果の測定

州議会から見る経済効果のポイントは，中小企業がメリットを受けているか，地域経済にとって効果があるのか，という点である。

代表的な指標は，研究開発の成果による収益（売上）増である。また，雇用の創出も見る。

測定が難しいが，重要であると考えられている指標として，ネットワークの拡がり，というものがある。これは，国内外において，どういう

ラボが，どういう能力を持っていて，他のどういうラボと将来的に関係を結んでネットワークを構築できるか，ということである。これには，遠方の企業をブルゴーニュに誘致するといったような活動も含まれている。

間接的な指標としては，競争力拠点の会員企業数というものもある。これは，当初からいる会員が継続して参加しているか，新規に会員となる企業数が増えているか，という視点である。企業が会員を続けているということは，その企業が競争力拠点からメリットを享受していると感じているということであり，競争力拠点が順調に機能していることを表している。また，競争力拠点が順調に機能していれば，新規にメンバーになるメリットもあるということで，会員数も増えていく。会員企業数が増加するということは，会費収入や業務受託収入が増加し，運営費に対する公的資金の割合が低下していくということに繋がる。これは，国や州議会の目標である競争力拠点の自立的運営に近付いていくということである。これもひとつの間接的な経済効果であると考えられている。

4 ▶ 競争力拠点VITAGORAの取り組み

4.1 　VITAGORAの概要

VITAGORAは，2005年に認定された71の競争力拠点のひとつであり，ブルゴーニュ州とフランシュ＝コンテ州，イル＝ド＝フランス州にまたがる地域を対象とした競争力拠点である。対外的にもかなり評価の高い競争力拠点であり，ハンガリー，ルーマニア，ブラジル，ロシア，韓国などのクラスター形成のモデルとなっている。

VITAGORAの目的は，プレイヤーが，イノベーティブな製品の起ち上げに導かれるような研究開発に参加するために，特定の情報だけではなく国際的な機会にもアクセスするコミュニケーションすることができるようにすることである。①食品や調理器具，②消費者の健康を増進する栄養補助食品，③消費者のウェルネスに貢献する味覚，栄養，健康の領域での新しいキーサービス，といった3つの市場に，VITAGORAのネットワークによって様々なメンバーを戦略として配置している。これ

らの市場に関するイノベーションの活動においてメンバーを支援するために，VITAGORAは「消費者のウェルネスに資する持続的食糧」という概念を基本にして，これらの戦略を展開している。

　VITAGORAのHPによると，2014年末現在，166の企業，11の非営利団体，21の研究開発・訓練機関がメンバーとなっている。プロジェクト数は146件である。パートナー企業から900億ユーロのリターンを得る見込みである。

　VITAGORAは日本の産業クラスターとも連携を取っている。札幌バイオクラスター，ノーステック財団（NOASTEC），九州バイオクラスターなどと，10年ほど前からパートナーシップを結んでいる。

4.2　VITAGORAの役割

(1) マッチング

　プロジェクトを起ち上げる際の，最初のミーティングで，VITAGORAは重要な役割を果たしている。そのミーティングにどういうアクターを呼ぶのか，ということをVITAGORAが選定する。VITAGORAが成功した理由として，VITAGORAの理事長は，アクターの特性をよく知っているということがあると考えている。各プロジェクトについて，どのようなアクターを呼べばいいのか，VITAGORAが熟知しているということである。これが，「VITAGORAに持って行けば解決してくれる」という会員の認識に繋がる。これこそが，VITAGORAの付加価値であり，そこが企業などに魅力的であると映れば，会員も増えていくと考えられている。

(2) プロジェクトのフォロー

　VITAGORAは，直接プロジェクトに資金を提供するということはしていない。VITAGORAの役割は，プロジェクトのアクターが，州議会などから資金を得られるように働きかけることである。

　また，商品の市場化やプロモーションに関しては，VITAGORAは関与しないことになる。あくまでそのような活動は，プロジェクトに参加している企業の責任で行うものである，というのがVITAGORAの基本的なスタンスである。

VITAGORAは，プロジェクトの進捗管理も行っている。VITAGORAは，プロジェクトホルダーと呼ばれる企業と，定期的に頻繁に面談を持っている。公式的なチェックとしては，2年に1回フラッシュレポートをプロジェクトホルダーに提出させている。これは，年商，雇用，特許などの経済的付加価値に関する詳細なレポートである。このチェックを，VITAGORAが行うことになる。

　このように，VITAGORAは，アクター間のマッチングやプロジェクトの進捗管理に徹し，プロジェクトの遂行は，なるべく参加企業の自律性に任せているのである。

(3) ラベル化

　企業からプロジェクトの提案があると，VITAGORAはアクター，パートナーを集める。おおよそ3～4年の開発計画を立てるのだが，VITAGORAが付加価値の高い商品・サービスだと判断すれば，書類をラベル化委員会に提出する。ここで，ラベル化の認定が行われる。ラベルを受けたプロジェクトは，省庁間戦略基金（Fond Unique Interministériel：FUI）の資金を受けることができるという大きなメリットがある。

　ラベル化の基準は，次の通りである。

　①VITAGORAの発展戦略に合っているか？（単なる医薬品ではなく，消費者の健康のための商品をつくっているか）
　②イノベーティブか？
　③パートナーシップに強みがあるか？（バランスのとれたいいパートナーシップか）
　④価値をもたらすか？（雇用をもたらすか，収益が上がるか，地域経済にとって効果があるか）
　⑤競争力拠点として新たな科学的知識を増やすことができるか？

　これらの基準に照らして点数を付け，その合計によってVITAGORAとしてラベルを与えるかどうかの決定を下すことになる。ラベルが認定されたプロジェクトについては，前述のフラッシュレポートによって進

捗を管理する。

4.3 VITAGORAによる商品開発の事例
(1) 高齢者向けパンの開発

VITAGORAは，ブリオッシュ製法の小さなパンを開発した。これは，高齢者にとって食べやすいこと，そして体によいこと，をコンセプトとして開発されたものである。サイズは食べやすいように小さくし，歯がなくても飲み込めるような食感にしてある。また，植物性のタンパク質やミネラル塩など，高齢者の筋肉を強くする栄養素が含まれており，補助栄養剤のような役割を果たしている。これらは，臨床的に効果が証明されている。

この開発の構想は，2006年末から始まっている。もともと，この商品は，産業界からの2つの要望から始まっている。その要望とは，シニア向けの商品であること，肥満対策の商品であることである。

この要望を受けたVITAGORAは，2007年に関連するアクターを集めた。それは，病院，大学，農産物加工業者などである。栄養素を保ちつつ小麦を粉にするという製粉技術が必要であり，それを果たすアクターも参加している。

このプロジェクトは，FUIに提案され，承認を受けており，各パートナー間でコンソーシアムを形成している。このコンソーシアムでは，各パートナー間の役割分担や，知的所有権の配分についての合意が成されている。ここでのVITAGORAの役割は，いわば触媒のようなものである。大企業，研究所，中小企業を引き合わせることは難しく，これは組織の目的や利益が異なるからである。そこでVITAGORAは，中小企業に対し，大学などの研究機関と同じ土俵で話ができるように，弁護士などを呼んで知的財産についての説明を行ったりしている。

形成されたコンソーシアムで研究開発を行い，2012年末に製品化することができた。2013年半ばより販売が始まっている。直接の生産拠点は，フランス国内に1カ所であるが，海外での生産のために小麦粉のミックスを販売している。販売ルートは，老人ホーム，病院，シニア向けの宅配サービスである。位置付けが「健康補助食品」ということであるので，薬局のネットワークを使った販売も考えている。大型スーパーでの販売

も考えている。この商品の開発により，地元の経済が活性化し，雇用を生んでいる。

(2) カシスのつぼみのスパイス

次の事例は，カシスのつぼみを使ったスパイスである。このつぼみは，今まで香水に使われており，食品向けの材料ではなかったし，食品だという認識すら持たれていなかったのである。

発端は，2007年に，カシスの農家からVITAGORAに，「カシスのつぼみで食品をつくりたい」という申し出があったことである。農家としては，作付面積を増やす，香水以外の販路を広げる，という目的があった。しかし，農家には研究開発能力もなければ，資金もない。そこでVITAGORAに話を持っていったのである。

このプロジェクトの最初のミーティングでは，新しい農産物加工品をつくりたい企業と，カシスの分子構造に熟知している民間の研究所が集積している。商品化において困難だった点は，つぼみの乾燥に関する技術的な問題と，規制の問題である。技術的な問題は，専門家が集り，パウダー化の技術を開発することで克服，規制の問題は，味覚の専門家などとも協議し，関連機関に働きかけることで食品として認証を得られたのである。その結果，開発開始から2年半で商品化することができたのである。

4.4 VITAGORAの経済効果と今後の目標

(1) 経済効果

VITAGORAが地域に与えた経済効果を測定するひとつの指標として，雇用の創出がある。これには，プロジェクトによって創出された直接雇用と，プロジェクトに付随して創出された間接雇用がある。

直接雇用には，R&Dの雇用，生産の雇用，商品化の雇用などがある。

間接雇用の例としては，前述のパンのプロジェクトで言えば，パンのプロジェクトで雇用された人が当地に赴任し，その家族がパンの販売所で働くようになった，といったものである。このような間接雇用は，直接雇用よりも多いと見込まれている。ただし，このような間接雇用については，VITAGORAとしては広報していない。

これらの雇用形態とは別に，「3番目の雇用形態」というものがある。VITAGORAには，研究のためのエコシステムというものがあり，ここに，VITAGORAに関心を持つ企業の研究機関が集まってくる。このような研究機関は，2010年から集まり始めている。
　例えば，調理器具メーカーであるSEBのR&Dやマーケティングのチーム90人がこのエコシステムに移っている。乳製品会社のスノーブルのR&Dチームが40人移っている。また，ドイツの栄養補助食品会社であるメルク・グループが，細菌などの研究を行う世界的なプラットフォームをエコシステムに移している。これは，事務局を含め，200人が移っている。この他にも，様々なスタートアップ企業が創設され，雇用を生んでいる。前述の大企業3社のものと合わせて，2009年から4年ほどでのべ約500人の雇用が生まれている。フランスは，現在経済が不振であり，雇用が減少している中での500人の雇用創出は，大きな経済効果だと考えられている。

(2) 競争力拠点としての目標

　前述のように，競争力拠点のひとつの目標は，運営費について公的資金の割合を減少させ，民間資金の割合を増加させることである。これは，競争力拠点の提供するサービスに対して民間企業がメリットを感じ，会員企業が増えていくことで，会費収入や業務委託料収入が増加していく，ということである。
　VITAGORAでは，2014年現在，年間予算のうち民間資金の比率は55％で，公的資金の比率は45％である。公的資金は，国（経済産業雇用省），ブルゴーニュ州議会，フランシュ＝コンテ州議会からの資金である。イル＝ド＝フランス州は，2013年からVITAGORAに参画しているが，その州議会からは資金の提供を受けていない。VITAGORAとしては，民間資金の割合を上げていくことが目標のひとつであるため，イル＝ド＝フランス州議会からは今後も資金提供を受けないつもりである。
　VITAGORAは，毎年少なくとも会員数が10％ずつ伸びている。会員には，ベーシック会員とプロジェクト会員がある。ベーシック会員は，プロジェクトに参加する資格はないが，VITAGORAが提供するサービスは受けられる，という会員である。年間一律税抜きで600ユーロの会

費を支払っている。一方，プロジェクト会員は，プロジェクトにも参加できる資格がある会員である。これは，最低850ユーロ，最高11,000ユーロを，年商に応じて会費として支払うことになる。会員の1/2はプロジェクト会員である。目標は，2016年までに中小企業の会員の2/3がプロジェクト会員になる予定である。

(3) 自己評価

VITAGORAでは，2014年末から2015年の第1四半期にかけて自己評価を行っている。

2016年から2017年にかけて国の評価がある予定なので，それに先駆けてヨーロッパの専門キャビネットに要請をして評価してもらう予定である。自己評価は以前から行っているが，外部の専門機関に頼るのは初めてである。

5 ▶ おわりに

本章では，フランス・ブルゴーニュ州における産業クラスター政策について考察した。

州議会と国の出先機関である地域圏庁は，イノベーション創出のための独自の取り組みを行い，競争力拠点やそれ以外のクラスターからイノベーティブなプロジェクトが創出されるような環境づくりを行っている。

それに加えて，州議会や地域圏庁は，国の政策である競争力拠点に対しても，独自の支援を行っている。このように，フランスでは，地域においても，国の機関と地域の機関が協力して産業クラスターの政策を促進しようとしているのである。

〈付記〉
　本章の主要な部分は，筆者が会計検査院の特別研究官としてまとめた平成26年度海外行政実態調査報告書「フランスにおける産業クラスター政策の現状」によるものである。2014年10月に行った，ブルゴーニュ地域圏庁，ブルゴーニュ州会計検査院，VITAGORA，ブル

ゴーニュ州議会へのインタビュー調査を基に構成している。調査日程は以下の通りである。

2014年10月22日（水）
　ブルゴーニュ地域圏庁「ブルゴーニュ州における農業政策，産業政策およびクラスター政策について」（対応者：Mr. Cyril Charbonnier，Mr. François Roche-Bruyn）
　ブルゴーニュおよびフランシュ＝コンテ州地方会計検査院「ブルゴーニュおよびフランシュ＝コンテ州地方会計検査院における農業政策，産業政策およびクラスター政策に対する検査について」（対応者：Mr. Roberto Schmidt）

2014年10月23日（木）
　フランス農業クラスターVITAGORA「フランス農業クラスターにおける取組について」（対応者：Mr. Christophe Breuillet）
　ブルゴーニュ地域圏議会（Conseil régional de Bourgogne）農業農村開発総局（Direction de l'agriculture et du développement rural）「ブルゴーニュ地域圏における農業政策およびクラスター政策について」（対応者：Ms. Anne-Marie Clément，Ms. Dominique Pinard-Duchamp）

〈参考文献〉
[1] Plan d'actions régional pour l'innovation, 2009.（ブルゴーニュ州議会提供資料）
[2] Stratégie régionale d'innovation de Bourgogne, 2010.（ブルゴーニュ州議会提供資料）
[3] 経済産業省地域経済産業グループ（2011）『産業クラスター計画　第Ⅱ期中期計画活動総括』経済産業省。
[4] 高橋賢（2015a）「フランスにおける産業クラスター政策の現状と課題」『横浜経営研究』横浜経営学会，第36巻第2号，pp. 281-295。
[5] 高橋賢（2015b）「補助金活用における管理会計的視点の導入」『会計検査研究』会計検査院，第52号，pp. 11-25。
[6] 高橋賢（2015c）「フランスにおける産業クラスター政策の現状」『会計検査院平成26年度海外行政実態調査報告書』会計検査院。
[7] 高橋賢（2014）「鳥取県における6次産業化の取組」『横浜経営研究』横浜経営学会，第35巻第3号，pp. 27-40。
[8] 高橋賢（2013）「食料産業クラスター政策の問題点」『横浜経営研究』横浜経営学会，第34巻第2・3号，pp. 35-47。
[9] 二神恭一，高山貢，高橋賢編（2014）『地域再生のための経営と会計』中央経済社。
[10] ブルゴーニュ州HP（http://www.region-bourgogne.fr/）（2015/1/27日閲覧）
[11] VITAGORA HP（http://www.vitagora.com/）（2015/1/27日閲覧）

第11章
イタリア・ミランドラ地域の バイオメディカル・バレーにおける 起業家輩出と企業間ガバナンス(※)

稲垣京輔

1 ▶ はじめに

　本章の目的は，イタリアの医療機器部門における中小企業の創業と企業間関係を中心に過去に蓄積されてきた研究を概観することで，産業クラスターとしての特徴を提示することである。

　イタリアでは，モデナ県のミランドラを中心とした地域がバイオメディカル・バレーと呼ばれ，医療機器の開発生産拠点となっている。1963年に最初の企業が創業し，わずか20年の間に80の企業と3,000人の雇用を生み出している。そして，さらに20年後の2003年において，同地域における医療機器部門は，企業数こそ74社に減少したものの，4,300人以上の雇用規模にまで成長した産業である。

　[2]および[10]の研究以来，多くの研究者によってイタリアの産業集積地域（industrial district）が着目されている。その特徴としては，繊維，製靴，家具，産業機械といった先進国でもはや成熟部門とみなされた産業において，同一地域に多数の中小零細企業が集積して生産活動に従事することで，国際競争力のある新たな価値連鎖の体系を生み出すところに着目されている。特に，エミリア地域に見られる中小企業の集積と協力関係に基づく分業体制はエミリアン・モデルと名付けられている。ところが，エミリア地方の中に位置するミランドラで発展してきた医療機器産業の集積に対する関心は，それまでのエミリアン・モデルとは異なる新しい産業集積の形として研究者によって取り上げられている。それ

は，ひとつは成熟産業ではなく先端産業であること，そしてもうひとつは開発から生産にいたるバリューチェーンが地域内で完結するのではなく，地域外部の大企業を取り込んで発展してきたことが着目されている[27]。ミランドラの事例は，それまでの地域内部で完結するような産業構造を超え，分析枠組みの変化をももたらしている。すなわち，グローバル化の中で新たな価値連鎖のシステムが形成され，どのように地域の外にある知識を取り込んで効率的に学習を進めるかという観点から，産業集積地域や産業クラスターが位置付けられるようになったのである[3]。

　そこで，本章では，イタリアの他の産業集積とは異なるモデルとして提示されてきたミランドラ地域における集積プロセスを，起業家活動とガバナンスという観点から明らかにする。

　以下では，まず第2節で，イタリアの産業集積を研究対象とした論文の中から経営学的な関心の傾向とハイテク産業を対象とした研究についてレビューし，第3節においてはミランドラ周辺を広域的に捉えたエミリア地方の産業集積の特徴を捉えたうえで，第4節においては起業家がどのように輩出されたかについてバイオメディカル・バレーにおけるスピンオフ連鎖のプロセスに触れ，第5節では多国籍企業によるガバナンスの変遷について述べながら，結論としてミランドラのバイオメディカル・バレーの発展プロセスにおける特徴を第6節において導出する。

2 ▶ イタリアにおける起業家活動とハイテク産業の集積を研究対象とした経営学的関心

　産業集積や産業クラスターの生成と発展を支える要因としての組織を分析単位とする経営学アプローチの研究では，起業家を輩出する仕組みがどのように地域に醸成されてきたのかという観点から，組織や企業間の関係性や知識創造やイノベーションのパフォーマンスに目が向けられている。特に，従業員の創業可能性を高める資源動員や知識創造の仕組みについて高い関心が寄せられ[44][16]，最近はハイテク型産業や大学発ベンチャーを分析対象とする傾向がある。このような研究は，もともと北欧や米国の事例を中心に研究が盛んに行われており，大学の文化や

ファイナンスの仕組みなど，各地域の特定の組織においてスピンオフを生じせしめる制度的要因が明らかにされてきた[13][36][42][45][46]。また，大学からスピンオフする際に，学内外のネットワークの活用とチームの形成を通じて，起業家活動のパフォーマンスが高められることが実証されている[12][48]。

　対照的にイタリアの起業家活動については，繊維や製靴，金属機械など成熟化した産業における企業分散として扱われる傾向が強く見られる。旧来の産業集積のプロセスについて示唆的な研究としては，[17]が「企業が企業を創る」の概念を提示し，母体企業からの従業員のスピンオフについて言及している。ただし，それは事業規模の縮小によるリストラに起因する「後ろ向きで消極的な起業」としての概念が前提となっており，200以上もの地域において戦後様々な産業集積が生まれているにもかかわらず，どのように集積が形成されてきたかを特定の地域や産業の分散化における事例の中で明らかにしている研究は限られている。

　しかし，近年では，エミリア・ロマーニャ州やベネト州における産業集積地域の形成過程における企業の分散化や創業の状況が明らかになってきている。それらはいずれも，イノベーションの過程として企業の分散化を捉えることが前提とされている[11]。本研究で取り上げるミランドラ地域における企業の分散化についても，[22]を始めとして企業間の知識フローやイノベーションの状況に主に関心が寄せられている。これと前後するように，モデナ県と商工会議所がRicerche e Interventi di politica industriale e del lavoroという地域の民間調査会社に依頼する形でミランドラの医療機器メーカーに対する定量的な観測を1999年から2004年にかけてほぼ毎年行っており，この2001年[33]あるいは2004年[34]のデータをもとに2000年代の初頭に，[4][5][32][35][38][52]など数本の研究論文や報告書が相次いで公刊されている。

　また，米国での研究の流れを受けて，イタリアにおける大学発ベンチャーや研究開発型の事業創造を分析対象とした研究も増加傾向にある[1][18][29][30]。中でも[30]は，アングロサクソン型のベンチャー企業との対比事例としてイタリアの制度的枠組みの未整備を指摘しつつも，地域においてスピンオフの母体となる組織に焦点を当てながら，起業家活動における知識創造やイノベーションの機能を捉えようとしている。

3 ▶ ミランドラ地域における医療機器メーカーの集積と企業群の特徴

　ミランドラ市は，人口2万6,000人のモデナ県の最北端に属するコムーネである。ミランドラを中心としたバイオメディカル・バレーに所属する企業の立地は，ミランドラ市という地理的な境界線を越え，メドーラ，カンポ・サント，カヴェッツォ，コンコルディア，サン・フェリーチェといった近隣のコムーネと，さらに北の州境を超え，マントヴァ県の一部にまで広がる。この地域一帯における医療機器産業に属する企業の取引構造に関するデータによると，2004年の時点に関する限り，8割以上の中間財が域内で最終製品となることを表しており，特に射出成形から組み立て工程を経て最終製品にいたるまでの製造工程すべてを地域内で完結する割合が高いことを表している[34]。とりわけほぼ7割の中間製品が従業員50名以上の企業によって最終製品となって出荷されており，R&Iの調査におけるサンプルでは，このカテゴリーに属する企業の平均従業員規模は325人であり，海外への輸出比率が63％に達する。

　また，[31]で述べられているように，イタリアの産業集積地域においては，域内分業の進展によって生産の分散化が進んでいるイメージで捉えられることが多いが，確かにミランドラでは生産の集中度は高まりつつある。主要3社に対する集中度は，2003年時点ですでに62％まで上昇してきている[34]。また，発注先の地域集中度を見るとモデナ県内が5割以上であったが，域内や国内への発注が減少し，海外への発注額が増えており，この時期に海外への流出傾向が強まりつつあったことが窺える[33][34]。

　バイオメディカル・バレーで生産される製品の輸出比率を見ると，1997年にはほぼ5割だったのが，2000年には6割に到達していた[33]。さらに，従業員規模が50人以上の企業の輸出に対するプレゼンスをより詳細に見ると，従業員規模が50人以下の企業に比べて際立っているのが，グループ企業内での流通経路を持っている点であり，輸出額のほぼ7割がグループ内で取引されている[33]。後述するように，ミランドラの医療機器部門では，規模の大きな有力企業ほど多国籍企業に買収されている。中小企業が各国で異なる薬事法などの製造や流通に関する規制をクリアし，国外で販路を開拓していくことは，コスト上の問題から

極めて困難であるため，国外市場の広がりは，従業員が50人未満の企業においては，商社や問屋を仲介しているケースが多く見られる。ところが，従業員規模250人以上の企業になるとグループ内に流通経路を確保しているところが多いのである。したがって，従業員規模の大きな企業ほど単に最終製品の製造工程を担うだけでなく，中間財を供給する企業に対して間接的に輸出の販路を提供していたことがわかる。

最終製品を製造する企業で従業員数が50人未満の規模は，グループの傘下に入っていない企業が多いが，そのような企業であっても，国内では公的／民間医療機関に対する販売が50％を超えており，商社や問屋への依存度は30％台にとどまる。これは，日本の産業集積地における中小零細の製造業に見られる特徴とは際立って異なる点である。少ない従業員にもかかわらずこれらの企業が，医療機関に対して直接的に販路を確保できるのは，地域の支援機関などの体制が整っていることが推測される。

しかし，最終製品におけるクライアントの変化を2000年と2003年とで比較すると，輸出に関しては，グループ企業を通じた流通は額面で見ると横ばいだが比率を落としている[34]。むしろ，海外の公的／民間医療機関に対する直接販売によって得られる付加価値額の比率が急激に伸びており，2000年においては全体の0.1％に過ぎなかったものが，2003年には10％を超えるまでに上昇している。この伸び率に寄与する大部分が，主に従業員250人以上の企業によって担われている[34]。

他方で，国内市場においては，医療機関への直接販売の比率が相対的に下がり，グループ企業へ販売するルートが急速に大きくなっている[34]。この伸び率の大きな部分に関しても，従業員が250人以上の企業によって担われている[34]。こうしたことから，これまで国内市場で医療機関に対して独自の販売ルートを確保し，輸出市場では商社・問屋機能に依存してきた独立系の中小零細企業にとっては厳しい状況となってきており，販路を拡大しようとするほど，従業員数を拡大し，グループ企業の傘下に入らざるを得ないような圧力が高くなってきていたことが推察される。

4 ▶ スピンオフ連鎖と起業家輩出

4.1 イタリアの各産地で見られるスピンオフ連鎖

　産業クラスターを構成する企業の出自をたどると，ひとつの企業を母体として次々に新たな企業が子，孫の形でスピンオフによって生み出された事例が数多く見られる。例えば，[19]によると，シリコンバレーの半導体クラスターの形成はフェア・チャイルド社からのスピンオフによることが記述されている。また，[51]は，サンディエゴのバイオ・クラスターがHybritech社からのスピンオフ，札幌バレーのソフトウェア産業のクラスターが，複数のベンチャー企業からのスピンオフによって形成されてきたことを述べている。これらの文献からは，複数の同時的なスピンオフが生じることによってクラスターが形成されていったことが読み取れる。それぞれの地域に見られる同一産業での独立開業が相次ぎ，空間的な近接性をともなっていることに着目すると，その担い手である起業家の間にも高い関係性が見られ，スピンオフは連鎖的に生じていることが推察される。

　イタリアの産業集積を見ても，各地域産業の発展経路において，ひとつの企業が母体となって，スピンオフが連鎖的に展開されてきたことが明らかになりつつある。[11]によると，スピンオフによる企業分散の過程で少数の母体企業（seed companies）に蓄積された知識が地域内部に移転され普及することが指摘されている。カムッフォらを含めたパドヴァ大学の研究者たちは，こうした特徴が，特定の産業集積だけでなく，エミリア・ロマーニャ州やベネト州などイタリア北部の様々な産業集積において，広範に同様の発展経路が見られることを明らかにした。例えば，ベッルーノ地域における眼鏡フレームの産業集積の出発点となったのはSafiloであるし[9]，ポルデノーネ地域の機械金属産業の集積においてはZanussiとOfficine Savio[7]，コネリアーノ地域の機械金属産業においてはZoppas[43]がそれぞれ母体企業となり，それらの従業員がスピンオフすることで産業が発展してきた[11]。

　ところが，一企業からスピンオフが何世代にもわたって繰り返されるような現象は同じであっても，それを生み出す起業家の動機付けや社会

的文脈は，事例特殊的であることもまた明らかにされつつある。例えば，[50]はボローニャの包装機械産業の産業集積プロセスに関しては，スピンオフが連鎖的に生じることで集積が形成されたことを述べている。他方で，同産業における同じような現象が，ほぼ同じ時期に欧州の他の場所でも見られ，[38]が，ドイツのミッドヘッセ地方で見られたスピンオフの連鎖を詳述している。これらの研究ではそれぞれ，ボローニャではACMA，ミッドヘッセではRovemaという特定の企業から，母体企業からの開業支援のないスピンオフが数多く誕生していることが明らかになっている。しかしながら，どのような文脈の中で特定の企業からスピンオフが生じたのかに関しては，その国や地域，組織などスピンオフの主体を取り巻く様々な関係性や制度によって異なっており，スピンオフの母体となる企業がどのような形で起業家を輩出する機能を持ち得たのかについては，個別事例の文脈を詳細に検討していく必要があることを示唆している。

4.2　ミランドラにおけるスピンオフ連鎖とその特徴

　ミランドラの医療機器メーカーにおけるスピンオフ連鎖に関しては，[4][22][35][38]がインタビュー調査に基づいた起業家のストーリーを記述しており，さらに[35]の記述に基づいた補完的な記述を[52]が行っている。これらの研究はすべて，当該産業においてスピンオフの母体を最初に構築したマリオ・ベロネージの創業プロセスに焦点を当てており，とりわけベロネージがシリアル・アントレプレナーとして，1人で5つもの企業を開業したことを他の産業集積のスピンオフとは異なる最も大きな特徴と捉えている。なかでも企業分散の経緯が詳述されている[22]によると，以下のようにベロネージの創業プロセスが描かれている。

　ミランドラの薬剤師であったマリオ・ベロネージは，1963年に最初の企業となるMirasetを従業員5人とともに設立している。開業に当たって，彼は機械部品を扱う流通会社の従業員とプラスティック加工の技術者をパートナーとしたのである[4]。当時の地元の病院では，血液や点滴などの体外循環に使用する器具にゴム素材のチューブが使用され，洗浄消毒のうえで再利用されていた。衛生面とメンテナンスの問題から，ゴム素材のチューブに代替する使い捨て素材への移行が望まれて，ベロネー

ジの会社設立はそうした需要にこたえることが目的である[22]。

　製品が上市されると引き合いが急速に拡大し，従業員を5人から30人へと拡大し，コネクター部品の整形や押し出しなどの製造工程を近隣にアウトソーシングするようになっている。1965年にパドヴァ大学病院の教授の要請で，体外血液循環において装置と患者を結合するためのチューブ状の部材を開発して製造している。当時は同様の米国製品が存在したが，製造上のパテントによる保護がなかったために模倣が可能であり，イタリアで開発された最初の人工体外循環器となったのである。その後，体外循環用のチューブの生産と輸出が始まり，1966年にはその部門の生産ラインと工場を別会社のDascoとして独立させ[22]，同年にMirasetとして創業した組織本体は，企業名をSterilplastに改称している[38]。

　Dascoは，その後急激に発展をとげるが，1970年にドイツの製薬メーカーであるSandozに売却される。その後，1977年に，特殊な組織膜の開発特許を保持していたRhone Poulencとの合弁事業がスタートすることで，同社（Hospal Dascoに名称変更）は欧州，とりわけイタリアとフランス市場において有利なポジションを得ている。しかし，所有の変更に伴う資源の投入は不十分であり，R&D資金の不足，イタリアの公的医療機関による支払いの遅延，さらに大学病院と連携し始めた多国籍企業の戦略への対応，米国やスウェーデンで開発された技術の所有権問題などが慢性的な問題となり，組織内部は常に危機的な状況となる。そのために，創業者のベロネージと創業時のパートナーが同社から独立し，地域内に数多くの独立企業が誕生する契機となっている[22][38]。

　1973年にベロネージは，数人の技術者とともにBellcoを設立し，革新的な使い捨て医療機器の開発を進めている。この時代に，製品イノベーションによって，米国製品の模倣からの脱却を図っている。しかし，成長を支える資本が必要であったにもかかわらず，ここでも主要顧客である公的医療機関の20カ月以上に及ぶ支払い遅延により，Bellcoは資金を供給してもらえるパートナーを見つけざるを得なかったのである。1975年に，国家持株会社ENIグループの化学会社AnicとMontedisonの傘下にあった医薬品メーカーのArchifarに売却が決まっている[35]。

　ベロネージは，Bellcoの売却資金を元手に1978年にDidecoを創業し，心臓外科手術用の人工心肺装置の開発製造に乗り出している。当時，欧

州では同社を含めて2社だけが製造しており，創業後5年で2,000万ドルの売上を達成し，1988年にファイザーグループの医療機器部門であるShileyに売却されたのである。

さらにベロネージは，1986年にDidecoでの創業協力者とともにDarを設立し，集中治療室で患者が用いる使い捨ての酸素呼吸マスクの製造を始めている[38]。この企業は1993年に，米国で同じ事業に携わる多国籍企業Mallinckrodtに売却され，その後も成長を続けて，1997年には，従業員200人以上の規模となり，イタリア国内と欧州において4,000万ドルを売上げている[22]。

これらの一連のベロネージの創業活動の過程の中で，創業にかかわった協力者や創業時からの技術者が何人もスピンオフしている。図表11-1は[26]で図示されスピンオフツリーに修正を加え，ベロネージが創業した企業と多国籍企業に売却された企業がわかるように記したものである。この図からわかることは，多国籍企業に売却された企業がランダムに存在してないということであり，とりわけ1980年以降にDascoからスピンオフした企業は皆無である。多国籍企業に売却された企業は，特に70年代にBellcoとDidecoからスピンオフした企業に多く見られ，それらの創業者は，ベロネージを中心とした人的ネットワークのコミュニティの中にしか存在しないのではないかということが推察される。

ジャンニ・ベッリーニは，ベロネージとともにBellcoの立ち上げに参画し，1976年に人工透析用のフィルタと周辺機器のアクセサリの製造を目的とするMiramedを設立している。しかし，ベロネージと同様にある程度の規模に達すると資金調達上の困難に見舞われ，1982年にこの分野で最も大規模な米国系多国籍企業であるBaxter Travernolに売却している[35]。彼もまた，ベロネージのやり方を踏襲し，別の事業を行うために，Haemotronicを1978年に創業し1983年に民間投資会社に売却，そして1990年にDiatecnoとGupan, Mirenという3つの会社を束ねたうえで，米系多国籍企業のB. Braunの投資の下でCarexを創業し，1年後にB. Braunにすべての所有権を譲渡したのである。

また，スピンオフツリーの中で，CarexとAnpaxもまた，海外の企業に売却されているが，これら2社の創業者は，いずれもベロネージの下で創業体験を共有しているだけでなく，彼ら自身のスタートアップに

図表11-1 ミランドラのバイオ・メディカルバレーにおけるスピンオフツリー

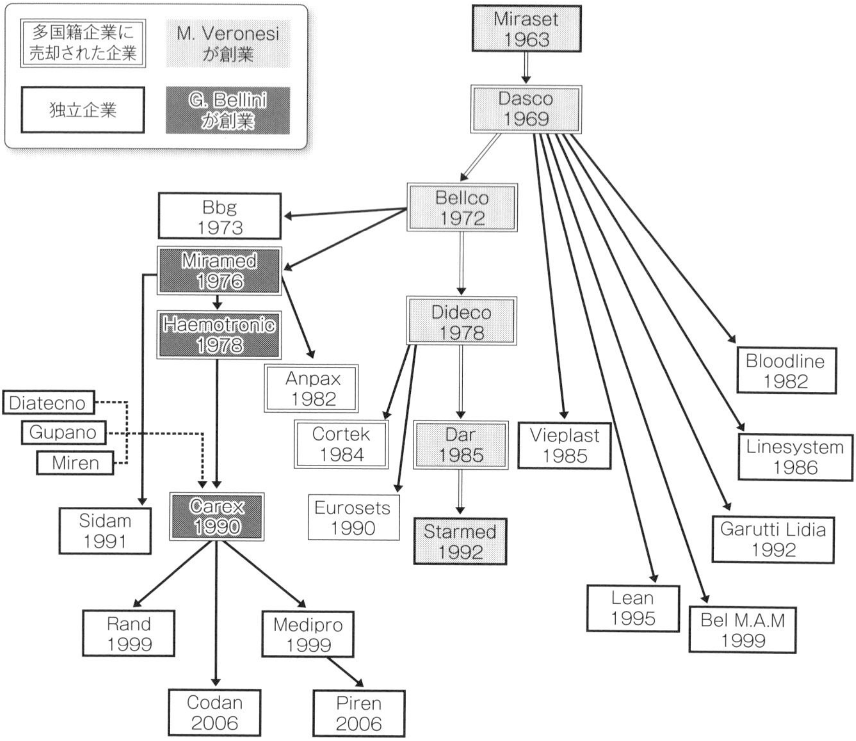

```
凡例:
[多国籍企業に売却された企業]
[独立企業]
[M. Veronesiが創業]
[G. Belliniが創業]
```

- Miraset 1963
  - Dasco 1969
    - Bellco 1972
      - Bbg 1973
      - Miramed 1976
        - Haemotronic 1978
          - Carex 1990
            - Rand 1999
            - Medipro 1999
              - Codan 2006
              - Piren 2006
      - Dideco 1978
        - Anpax 1982
        - Cortek 1984
        - Dar 1985
          - Starmed 1992
        - Eurosets 1990
      - Vieplast 1985
    - Bloodline 1982
    - Linesystem 1986
    - Garutti Lidia 1992
    - Lean 1995
    - Bel M.A.M 1999
- Diatecno / Gupano / Miren → Carex
- Sidam 1991

（出所）Lorenzoni（2010）をもとに筆者作成。

おいて，すでに初期段階から出資と出口戦略を見越した創業を行っている。Cortekの創業者は，もともとDidecoの技術部門のマネジャーであり，1995年にDidecoとともに売却先となるイタリア国内最大の医療機器グループであるSorin Biomedicaから創業段階においてすでに投資を取り付けている。ジョイント・プロジェクトとしてDideco社内で発足した後に，1984年に合弁企業として創業した[35]。一方，Anpaxの創業者は，Dascoで10年勤務した後に，ベッリーニとともにMiramedを立ち上げた創業メンバーの1人である。そしてドイツのドイツ系多国籍企業のFleseniusとの技術提携によって同社を立ち上げ，1990年に医療機器関連に特化した持株企業であるCremasconiグループに売却している[38]。

1970年代から90年にいたるまで使い捨て医療機器を中心とした様々な企業が，派生技術をニッチな市場に結び付ける方法によるか，あるいは多国籍企業に売却された企業のサプライヤーとなったりして開業し，スピンオフの連鎖が見られる。その中でも，ベロネージが創業したBellco, Dasco, Dideco, Darの4社だけが2000年時点において従業員数が250人以上の規模に成長し，これらがミランドラ地域内でトップ4の企業規模となっている。そして，Bellcoの従業員であったベッリーニが創業したHaemotronicとMiramedを合わせ，これら6社で地域全体の75%以上の売上高と従業員数を抱える企業へと成長したのである[22]。

5 ▶ 企業間ガバナンス機能の発展

5.1 グローバル化とガバナンス機能の発展

イタリアの産業集積地においては，一般的に1980年代後半頃から企業の間で規模的な発展に格差が生まれ，集積内部にいくつかの主導的な企業（impresa guida）が出現したことがすでに明らかになっている[20]。このような主導企業は情報の結節点としての役割を果たすだけでなく，企業間の取引関係自体を発展させて中長期的なパートナーシップを組む関係にまで発展している。

こうした関係自体を組織に蓄積した資源として活用しながら，製品開発プロジェクトごとにサプライヤーを巧みに再編成することが，産業集積地におけるガバナンス機能である。生産設備を縮小し，仲介機能に特化する企業は，企業間の取引関係を統括することで，複数企業にまたがる製品開発から生産・販売までの流れの企画，管理，調整を行っている。

産業集積を支える産業セグメントが成長過程から成熟化へ向かう90年代においては，ガバナンス機能を持つ企業が集権的にサプライチェーンのマネジメント機能を担うようになり[47]，そのことが地域の産業を再活性化するうえで重要な意味を持っている[25]。このような企業における共通する点は，サプライチェーンだけでなく，企画・販売といった顧客と接触するフェーズに投資や能力を集中し，組織の規模を拡大して

いることである．さらに，製品開発部門の知識マネジメントを組織横断的なプロジェクトベースで管理する一方で，企画・販売部門の統合を通して企業規模を拡大し，海外に販売拠点を確立する企業も現われてきている．こうした企業は，地元企業を巻き込む形でグループを形成し，グローバルな展開を通して多様な顧客情報を吸い上げ，地元企業に効率的に環流するシステムを構築してきたのである[20][21][24].

　産業集積地における企業間関係を見ると，そのガバナンス機能は各企業に分散して存在するのではなく，知識や情報の獲得において優位に立ついくつかの中核企業に集中していることが観察されている．特に，製品開発プロセスにおけるイノベーションの媒介となる機能や価値連鎖プロセス全体の中で，知識のネットワークの結節点となる社内企業家や企業間を結ぶ主体が着目され，これらは触媒[23]や境界連結者[3]という概念で表されている．このような主体はすでに20年以上前からイタリアの産業集積の中では観察されてきており，産業集積をグローバル・ネットワークへリンクさせる役割[37]や需要を搬入する役割[49]を担い，コーディネーションを通じて戦略やイノベーションの共有が促されると考えられている．

　さらに[11]によると，企業間関係のガバナンスは，単にサプライチェーン・マネジメントや取引関係における知識の流れを制御するだけではなく，企業の所有関係にも及ぶことが明示されている．イタリアの産業集積において共通に見られる主導企業の戦略的な特徴として，次の5点をあげている．第1に，合弁会社や系列子会社，工場の設立を通じて，製造工程の国際化を図る．第2に，販売子会社や販売部門の設立やフランチャイズ，小売りチェーンの買収などを通じて，海外市場も含めた多様な形態の流通経路をコントロールする．第3に，ブランドポートフォリオにおける補完関係を構築し，新しい戦略的な事業分野への参入を目的として，地域内外の企業を買収する．第4に，地域外部のサプライヤーとの関係を強化することによって，技術革新，製品開発，品質管理，マーケティング，ファイナンスの各分野での戦略的資源にアクセスする．第5に，同業種，あるいは関連業種における地域外部のパートナーとの間で技術革新や販売戦略に関する合弁事業を成立する．

　[15]もまた，イタリア・プラート地方の中小企業に関する調査から，

取引関係だけでなくオーナー経営がもたらす所有関係のガバナンスにも言及している。イタリアの中小企業における典型的な企業間ガバナンスの形態として，オーナー経営企業の所有関係には，公式のものと非公式のものがある。グループ化によるガバナンスは「公式」の関係を表しており，多くの場合オーナー家族が所有する持株企業によって，被買収企業の株式のすべて，あるいは一部が所有される。ところが，「非公式」の所有関係では，オーナー一族が管理する個人資産の運用会社を通じて，従業員の創業支援のための投資や長期的な取引企業に対する投資などが行われることがある。これらについては会計上の記録に残らないために，ほとんどの場合，金額の規模や投資の頻度などについて検証が不可能である。こうしたガバナンス機能はいずれも主導企業におけるオーナー経営者の属人的な能力によって支えられてきており，それが，地域内において所有関係が移動する際の特徴であると考えられている[8][14][15]。

5.2　ミランドラの医療機器産業における多国籍企業によるガバナンス

　ミランドラの医療機器産業においては，こうした中核企業の役割を地域外部に立地する多国籍企業が産業発展の初期段階から代替している。

　ミランドラの医療機器メーカーの売却は，多国籍企業の地域への誘致として捉えられており，図表11-2にあるように，2つの時期に集中していることがわかる。最初のピークは，1987年〜88年であり，2度目のピークが1994年〜95年である[4]。最初のピークにおいて，GambroはHospal Dascoを買収し，PfizerがDidecoを買収することで，ミランドラ地域に参入した。SorinはENI傘下の企業に売却されたBellcoと合弁事業を行うことで，地域に参入するが，その後，1990年にENIが保有していた株式をすべて買い取り，Sorin Biomedicaと改称した。2度目のピークである1994年〜95年においては，SorinとGambroが地域内において勢力を拡大している。特に，Sorinグループは，1995年にDidecoとCortekを買収することで，すでに買収したBellcoとあわせて，地域内で従業員数と売上の規模におけるプレゼンスの大きい2つの企業を傘下に収めることで，地域経済を支える最も大きな担い手となったのである[4]。さらに，ドイツ系多国籍企業であるFreseniusとB. Brownがそれぞれ，Cremasconiグループの傘下に入ったAnpaxとCarexを買収することで

図表11-2　企業の売却先の変遷

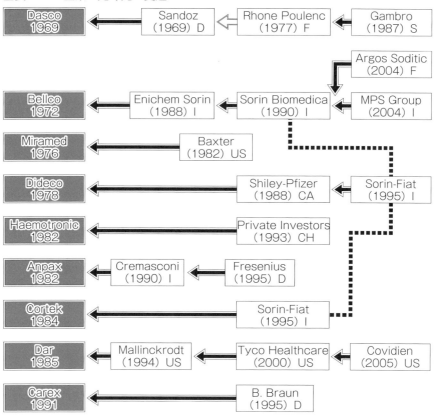

（出所）Biggiero（2002）およびLorenzoni（2010）をもとに筆者作成。

地域に参入している。Mallinckrodtは1994年にDarを買収し，Miramedを買収したBaxterに続き，米国系企業の参入の2例目となったのである。

　[52]の2006年時点における調査によると，ミランドラの産業集積を形成する企業の中で，地域の雇用創出を担った企業，すなわち従業員規模で見た4大企業は，Dasco, Bellco Dideco, Darである。これらはいずれも多国籍企業グループの傘下に売却され，ミランドラは生産と製品開発の拠点となっているに過ぎない。従業員規模別に資産保有の状況を見ると，250人以上の規模の企業はすべてが他企業によって経営権を掌握

されていることが確認されている[32][34]。

ただし，注目すべき点は，第1に従業員規模において最も成長した企業すべてが，ベロネージによって設立された企業であるという点，第2に，これらの企業が売却後においても売上と従業員の規模が成長してきたという点，さらに第3に，売却された後に，さらに所有関係が変遷していく企業も数多く存在していながら，しかもそれらの開発・製造拠点が依然として地域内部に存続している点である。

地域の企業が，多国籍企業の傘下に入ることによって，極めて大きな効果がもたらされたことも，すでに実証されている。ひとつは，多国籍企業の傘下にある企業が様々なサプライヤー企業とのリンケージを通じて，地域外部の多様な需要を地域内部に投げ入れることによって生じる効果である。[22]の取引構造のネットワーク分析によると，そうした需要搬入を通じて，結果的にキーアクターとして機能するような小規模な企業が増加していることが報告されている。また，地域外部へのネットワークに取り込まれる地域内部の企業形態は多様であり，規模や創業年次との相関がないことも明らかにされている[22]。

もうひとつの効果は，下請けとなっているサプライヤーのネットワークを通じて，様々な需要の変化や多様性に関する知識が地域内部に環流することであり，それには2つの経路がある[4]。ひとつは，下請けとして中間製品を製造する企業が顧客の需要を取り込むことで，新しい製造方法や技術コードを普及する媒体となり，知識が地域内に環流するという経路である。これは，サプライヤーが一社との取引に依存するリスクを下げようとする行動によって生じる。もうひとつの経路は，多国籍企業傘下に売却されて大企業の下請けとして生産工程の一部を任されていたサプライヤー企業が，独立系の最終製品メーカーへと変化することによってもたらされる経路である。

かつては，地域の独立性や内発的な発展の担い手としての中小企業が，イタリアの産業地域を事例とした数多くの研究の中で着目されている。しかし，2000年以降になると，このように多国籍企業などの地域外部との関係の中で培われたノウハウや学習によって得られた知識が地域に環流される仕組みに対して焦点が当てられるようになり，地域の閉鎖的な環境の中でロックインに陥りがちな企業に対し，発展の機会を提供する

と考えられるようになった。

6 ▶ おわりに

　本研究では，イタリアのミランドラ地域における医療機器産業の特徴について，1990年台後半から2000年代初頭までに蓄積された先行研究のデータを見直すことで，主に産業集積プロセスにおける起業家の輩出機能と企業間関係のガバナンスに着目しながらレビューを行っている。

　[4]や[52]においても強調されているように，ミランドラの医療機械産業の特殊性，すなわちイタリアの他と異なる新しい産業集積という要素が，業種による特殊性とは別に，ベロネージの多国籍企業への売却によって得られた資金を次の創業に活かしていくというシリアル・アントレプレナーとしての極めて属人的な能力や行動に依存していた点は明らかである。

　しかし，本研究において確認したかったのは，[22]や[38]の記述で明らかなように，シリアル・アントレプレナーとしての起業家のそのような能力が必ずしも戦略的，計画的に遂行された合理的な行動の結果ではないということである。実際には，ユーザーである医療機関の支払い遅延による運転資金の欠如や製品開発資金の差し迫った必要性という，地域におけるユーザーや銀行との関係といった起業家の「埋め込まれた状況」への対応として行為が繰り出されていったというところに着目すべきである。この点に関しては，近年明らかになりつつある起業家活動におけるエフェクチュエーション・アプローチからも裏付けられている[39][40]。つまり，「熟達した起業家」の事業創造は，あらかじめ想定された市場における因果関係に基づいた合理的意思決定によって達成されるわけではなく，ユーザーやステークホルダーとの対応の過程において事業としてつくり込まれていき，そこで出会った新たなパートナーからのコミットメントを引き出すことによって，さらに別の目的や手段へと発展し，次の起業へと繋がるプロセスとして描かれる[41][53]。

　他方で，地域における企業間ガバナンスにおいても，この事例はイタリアの産業集積研究に対して新たな知見を与えている。多国籍企業とリ

ンクした比較的規模の大きな企業とサプライヤー企業との間において，企業間関係の階層化が進行しているという状況は，ミランドラに特有なわけではない。地域外部との取引関係が地域産業の発展を支えていることについては，すでに様々な研究において明らかにされてきたことである。ただし，これまで，イタリアの産業集積における企業間ガバナンスは，経営者間のインフォーマルな関係と経営者の属人的な能力に基づくオーナーシップ経営に特徴があるとされている。例えば，[6]において，ボローニャの包装機械メーカーの事例において指摘されているような集積内部の「緩やかに階層化」された企業間関係であったり，あるいは[15]のように，プラートのアパレル産業の集積の事例においても，オーナーシップ経営によるインフォーマルなガバナンスを通じた地域内企業のグループ化は，極めて有効な手段として機能していたことが明らかにされている。イタリアのように銀行による中小企業に対する融資が厳しく，ベンチャーキャピタルが貧弱な環境の下では，経営者の持つインフォーマルな関係が資源動員の重要な役割を果たしやすいと考えられている。しかし，本事例のバイオメディカル・バレーのような，先端技術開発に多額の投資と成長スピードを必要とする分野では，オーナーシップ経営による企業間ガバナンスに依存した産業集積の維持，発展には限界があり，域外の専門経営者企業へ経営権を譲渡することによって，事業の拡大が委ねられるというプロセスが，地域産業の発展のうえで不可欠であるということもまた同時に示唆される。

(※) 本章は，以下の初出論文を加筆修正したものである。
稲垣京輔 (2013) 「イタリア・ミランドラ地域の医療機器中小企業の集積と企業家活動」『経済論叢』(京都大学) 186巻4号，pp.61-80。

〈参考文献〉
[1] Amendola, G. (1992) "L'imprenditorialità difficile: La creazione in Italia di imprese high-tech da parte di ricercatori universitari", in Martinelli, F., e Bartolomei, G. (cura di) *Università e Tecnopoli*, Università e Tecnopoli, Pisa, Tacchi.
[2] Becattini, G. (Eds.) (1987) *Mercato e forze locali: Il distretto industriale*, Bologna, Il Mulino.

[3] Belussi, F., and Sammarra, A. (2009) *Business Networks in Clusters and Industrial Districts: The Governance of the Global Value Chain*, London, Routledge.

[4] Biggiero, L. (2002) "The Location of Multinationals in Industrial Districts: Knowledge Transfer in Biomedicale", *Journal of Technology Transfar*, 27, pp.111-122.

[5] Biggiero, L., and Sammarra, A. (2002) "The biomedical valley: Stractural, relational and cognitive aspects", in Belussi, F., Gottardi, G., and Rullani, E. (Eds.) *Technological Evolution of Industrial Districts*, Massachusetts, Kluwer.

[6] Boari, C., and Lipparini, A. (1999) "Networks within industrial districts: Organizing knowledge creation and transfer by means of moderate hierarchies", *Journal of Management and Governance*, 3, pp.339-60.

[7] Bortoluzzi, G., Fulan, A., e Grandinetti, G. (2006) *Il distretto della componentistica e della meccanica in provincia di Pordenone: Relazione locali e apertura internazionale*, Milano, Franco Angeli.

[8] Brioschi, F., Brioschi. M.S., and Cainelli. G. (2004) "Ownership linkages and business groups in indsustial district – *The case of Emilia Romagna*", in Cainelli G., Zoboli R. (Eds.) *The Evolution of Industrial Districts: Changing Governance, Innovation and Internationalisation of Local Capitalism in Italy*, Heidelberg, Phisica-Verlag.

[9] Brunetti, G., e Camuffo, A. (2000) *Del Vecchio e Luxottica: Come si diventa leader mondiali*, Rorino, Isedi.

[10] Brusco, S. (1982) "The Emilian Model: Productive Decentralisation and Social Integration", *Cambridge Journal of Economics*, No.6, pp.167-189.

[11] Camuffo, A., and Gradinetti, R. (2011) "Italian industrial districts as cognitive systems: Are they still reproducible?", *Entrepreneurship & Regional Development*, 23 (9), pp.815-852.

[12] Clarysse, B., and Moray, N. (2004) "A process study of entrepreneurial team formation: The case of a research-based spin-off", *Journal of Business Venturing*, 19 (1), pp.55-79.

[13] Dahlstrand, A. (1997) "Entrepreneurial Spin-off Entreprises in Göteborg, Sweden", *European Planning Studies*, 5(5), pp.659-673.

[14] Dei Ottati, G. (1997) "Cooperazione e concorrenza nel distretto industriale come modello organizzativo", in Varaldo. R.,e Ferrucci, L. (cura di) *Il distretto industriale tra logiche di impresa e logiche di sistema*, Franco Angeli.

[15] Dei Ottati, G. (2008) "The remarkable resilence of the industrial districts of Tuscany", Cooke, P., Heidenreich, M., and Braczyk, H. (Eds.) *Regional Innovation Systems: The role of governance in a globalized world*, second edition, Routledge.

[16] Klepper, S. (2005) "Employee Start-ups on High-Tech Industries", in Breschi, S. and Malerba, F. (Eds.) *Clusters, Networks, and Innovation*, Oxford.

[17] Labini, P. S. (1993) "Da impresa a impresa", *Industria e Sindacato*, 6.

[18] Lanzara, R., e Piccaluga, A. (1997) "L'evoluzione dei modelli di trasferimento

tecnologico: Il ruolo delle imprese spin-off e dei laboratori di ricerca", il workshop internazionale su innovazione, Sistemi PMI e sviluppo locale, Cremona, 11-12 giugno.
[19] Lecuyer, C. (2000) "Fairchild Semiconductor and Its Influence", in Lee, C., Miller, W.F., Hancock, M.G., and Rowen, H.S. (Eds.) *The Silicon Valley Edge*, Stanford Business.
[20] Lipparini, A. (1995) *Imprese, relazioni, tra imprese e posizionamento competitivo*, Etaslibri.
[21] Lipparini, A. (2002) "Il leveraging del capitale intellettuale e del capitale sociale: Il caso Ducati Motor", in Lipparini (cura di) *La gestione strategica del capitale intellettuale e del capitale sociale*, Bologna, il Mulino.
[22] Lipparini, A., and Lomi, A. (1999) "Interorganizational relations in the Modena biomedical industry: A case study in local economic development", in Grandori, A. (Ed.) *Interfirm Networks: Organization and Industrial Competitiveness*, London, Routledge.
[23] Lipparini, A., and Sobrero, M. (1997) "Coordinating Multi-Firms Innovative Process: Entrepreneurs as Catalysts in Small-Firm Networks", in Ebers, M., Grandori, A. (Eds.) *The Formation of Inter-Organizational Networks*, Oxford University Press.
[24] Lorenozoni, G. (1990) *L'architettura di sviluppo delle imprese minori*, Bologna, Il Mulino.
[25] Lorenzoni, G. and Lipparini, A. (1999) "The Leveraging of Interfirm Relationships as a Distinctive Organizational Capability: A Longitudinal Study", *Strategic Management Journal*, Vol.20, pp.317-338.
[26] Lorenzoni, G. (2010) "Le micro fondazioni per l'analisi'dei'distretti'industrial", in Boari, C. (Ed.) *Dinamiche evolutive nei cluster geografici di imprese*, Bologna, il Mulino.
[27] Lugli, L., e Galloni, M. (2005) "Distretti e globalizzazione: Il caso del distretto biomedicale di Mirandola", Istituto Ricerche Economiche e Sociali.
[28] Moβig I. (2005) "The Evolution of Regional Packaging Machinery Cluster in Germany", in Lagendijk, A., and Orinas, P. (Eds.) *Proximity, Distance and Diversity: Issues on Economic Interaction and Local Development*, Ashgate.
[29] Piccaluga, A., (1991) "Gli spin-off accademici nei settori ad alta tecnologia", *Sinergie*, Vol.25, pp.203-242.
[30] Piccaluga, A. (2000) "I processi di filiazione: L'impresa crea impresa e la ricerca crea impresa", in Lipparini, A., eLorenzoni, G. (cura di) *Imprenditori e Imprese: Idee, piani, processi*, Bologna, il Mulino.
[31] Piore, M.J., and Sabel, C.F. (1984) *The Second Industrial Divide*, New York, Basic Books. (山之内靖・永易浩一・石田あつみ（訳）(1993)『第二の産業分水嶺』筑摩書房）
[32] Pistani, A., and Boemi, M. (2001) High road to work organisation case study: Medica Srl and the Mirandola biomedical district, Nomisma.
[33] Ricerche e Interventi di politica industriale e del lavoro (2001) *Osservatorio sul*

settore biomedicale nel distretto mirandolese.

[34] Ricerche e Interventi di politica industriale e del lavoro (2004) *Osservatorio sul settore biomedicale nel distretto mirandolese.*

[35] Rinaldi, A. (2000) *Distretti ma non solo: L'industrializzazione della provincia di Modena (1945-1995)*, Milano, Franco Angeli.

[36] Roberts, E. and Malone, D. (1996) "Policies and structures for spinning off new campanies from research and development organizations", *R&D Management*, 26(1), pp.17-47.

[37] Rullani, E. (1997) "L'evoluzione dei distretti industriali: Un processo tra decostruzione e internazionalizzazione", in Varaldo, R., eFerrucci, L. (cura di) *Il distretto industriale tra logiche di impresa e logiche di sistema*, Franco Angeli.

[38] Sammarra, A. (2003) *Lo sviluppo dei distretti industriali: Percorsi evolutivi fra globalizzazione e localizzazione*, Carocci.

[39] Sarasvathy, S. D. (2001) "Causation and Effectuation: Toward a Theoretical Shift from Economic Inevitability to Entrepreneurial Contingency", *The Academy of Management Review*, 26, pp.243-263.

[40] Sarasvathy, S.D. (2008). *Effectuation: Elements of Entrepreneurial Expertise*, Cheltenham, UK, Edward Edgar.（加護野忠男・高瀬進・吉田満里梨（訳）（2015）『エフェクシュエーション市場創造の実効理論』碩学舎）

[41] Sarasvathy, S.D., and Dew, N. (2005) "New market creation as transformation", *Journal of Evolutionary Economics*, 15(5), pp.533-565.

[42] Smilor, R.W., Gibson, D.V., and Dietrich, G.B. (1990) "University spin-out companies: Technology start-ups from UT-Austin", *Journal of Business Venturing*, 5(1), pp.63-76.

[43] Soli, V. (1998) "Il sistema produttivo inox di Conegliano", in Coro, G., eRullani, E. (Eds.) *Percorsi locali di internazionalizzazione: Competenze e auto-organizzazione nei distretti industriali del Nord-Est*, Milano, Franco Angeli.

[44] Sorrentino, M. (2000) "L'imprenditorialità interna per lo sviluppo", in Lipparini, A., e Lorenzoni, G. (cura di) *Imprenditori e Imprese: Idee, piani, processi*, il Mulino.

[45] Stankiewicz, R. (1994) "Spin-off Companies from Universities", *Science and Public Policy*, 21(2), pp.99-107.

[46] Sttefensen, M., Rogers, E.M., and Speakman, K. (2000) "Spin-offs from research centers at a research university", *Journal of Business Venturing*, 15(1), pp.93-111.

[47] Vacca, S. (1986) "L'economia delle relazioni tura imprese: Dall'espansione dimensionale allo sviluppo perreti esterne", *Economia e Politica Industriale*, No.51.

[48] Walter, A., Auer, M., and Ritter, T. (2006) "The impact of network capabilities and entrepreneurial orientation on university spin-off performance", *Journal of Business Venturing*, 21(5), pp.541-567.

[49] 伊丹敬之（1997）「産業集積の意義と論理」伊丹敬之・松島茂・橘川武郎（編）『産業

集積の本質』有斐閣。
［50］稲垣京輔（2003）『イタリアの起業家ネットワーク－産業集積プロセスとしてのスピンオフの連鎖』白桃書房。
［51］前田昇（2003）「欧米先進事例から見たクラスター形成・促進要素」石倉洋子・藤田昌久・前田昇・金井一頼・山崎朗『日本の産業クラスター戦略』有斐閣。
［52］松本敦則（2007）「新しいタイプのイタリア産業集積－ミランドラの医療機器産業の事例」影山喜一編『地域マネシメントと起業家精神』雄松堂出版。
［53］高瀬進（2012）「大学発ベンチャー起業家の意思決定：瀧和男氏のプロトコル分析」神戸大学大学院経営学研究科ワーキングペーパー201205。

第12章

産業クラスターのライフ・サイクルと政策的支援の意義

水野由香里

1 ▶ はじめに

 本書は,これまで産業クラスターの具体的事例をあげ,産業クラスターの形成・発展のプロセスや地理的・構造的分析が行われている。本章では,これまで事例分析で捉えられてきた個別具体的なミクロレベルの分析から,分析の単位(unit of analysis)を「産業クラスター」として捉え,一段階マクロ的な視点で産業クラスターを理解することを目的とする。その際,産業クラスターを2つの観点から捉え直すことにする。
 第1の観点は,産業クラスターをライフ・サイクルの論理で捉え直すことである。それは,すなわち,産業クラスターが生成(emerging)されることになった背景や理由,形成(forming)・発展(developing)をとげる鍵になった要因やメカニズム,一度発展した産業クラスターが衰退(declining)[1],あるいは低迷(stagnating)した後にたどる道程(衰退する論理および再生(regenerating)する論理)という産業クラスターのライフ・サイクルとして,既存研究や事例分析をもとに考察を加えることである。
 第2の観点は,今日的課題のひとつでもある産業クラスターを政策的に支援することの意義を検討することである。日本では,1960年代以降2000年代にいたるまで,産業クラスター形成・発展に関する様々な政策

---

[1] 伊丹他(1998)では,衰退ではなく「崩壊」と表現している。

が次々と打ち出されている[2]。例えば，「新産業都市建設促進法」（1962年）や「高度技術工業集積地域開発促進法（テクノポリス法）」（1983年），「地域産業の高度化に寄与する特定事業の集積に関する法律（頭脳立地法）」（1988年），「特定産業集積の活性化に関する臨時措置法（地域産業集積活性化法）」（1997年），「産業クラスター計画」（2001年），「知的クラスター創成事業」（2002年）などがあげられる[3]。

これらの政策に見られるように，産業クラスターの形成および発展に対して，政策的に大きな期待がよせられ，実際の支援がなされていたことが確認される。その一方で，これらの支援が実際にどのように実行されてきたのか，費用対効果がどの程度あったのか，産業クラスターの生成・形成・発展・その後（衰退，および低迷からの再生）にどのような作用を与えたのか，そして，政策的意義がどの程度あったのかを確認する必要がある。そこで，本章の第2の観点として，産業クラスターのライフ・サイクルを踏まえながら，産業クラスターに関する政策的意義を確認することとする。

2 ▶ 産業クラスターの生成の論理

産業クラスターのライフ・サイクルを考えるにあたって，まず議論すべきことは「産業クラスターはどのようにして生成されるのか」である。

この課題を解決する糸口を提供している研究では，産業クラスターの機能や比較優位の形成プロセス，成長要因についての研究の層が厚い一方で，産業クラスター生成についての研究が少ない点に着目し[4]，テキサス州オースティンという特定の地域での60年にわたるスピンオフに

---

[2] 産業クラスターに関する政策のクロノロジーを追うと，日本の三大都市（首都圏・近畿圏・中部圏）からいかに産業および人口の集中を分散させ，意図的に地方に知識集約的産業を形成させようとしたのかをうかがい知ることができる。

[3] 日本の産業クラスター政策のこれまでの軌跡に関しては，石倉他（2003）や松原（2013）に詳しく記述されている。

[4] 伊丹他（1998）は，産業集積の論理を考える際のポイントが，「いったん発生した集積がなぜ拡大していくのか」（p.7）にあるからこそ，集積の継続の論理を追究する研究が多いのであろうという立場を示している。

よるハイテク・クラスターの形成プロセスを明らかにしている[22]。同研究では,（進化経済学的視点に基づき）産業クラスターが歴史的偶然性に依存し，経路依存的に規定されていくものであると主張している研究[4]をリファーしたうえで,「クラスター出現のプロセスは「意図と偶然のつづれ織り」であり，この地域の成功の理由を少数の要素だけに帰結させることは困難である」[22](p.328)ことを指摘している。そのため,同研究では,産業クラスターの中にいる行為者の意図や行為に視点をおいてオースティンのハイテク産業クラスターを読み解いている。

　また，大学発ベンチャー企業に焦点を当て，それらの主体が地域にハイテク産業[5]を生成するプロセスに着目している研究も確認される[18][6]。同研究では，優れた先端的技術シーズがある特定の地域に多数存在していたとしても，それだけでは新産業形成初期に求められるプロダクト・イノベーション[9]を起こすことは簡単ではないとして，このような産業クラスターを生成することの難しさを指摘している。そこで，同研究では，現実問題としてこのような課題に対してどのように対処すべきかの「処方箋」ともなる手段（対策・政策・優遇制度など）を提示[7]している。

　こうして，様々な「処方箋」を通して，ミクロ・レベルの企業家活動を地域のクラスターというメゾ・レベルの現象に繋げていくことこそが，産業クラスター形成に結び付くと主張している。ただし，メゾ・レベルの現象に繋げる，すなわち，産業クラスターを形成段階に結び付けるためには，計画的なものと創発的なものが存在しており，それゆえ，計画と創発とのダイナミックな相互作用を促進するプロセスがポイントとなることを強調する[8]。したがって，偶然と必然が交差することで産業ク

5　同研究が「ハイテク産業の形成」に注力している理由は，日本経済を回復させるためには，新産業，その中でもハイテク産業（航空・宇宙,事務機器・電子計算機,電子機器,医薬品,医用・精密・光学機器）の形成しかないと認識しているためである（西澤他，2012：4）。
6　同研究では,ある特定地域に大学発ベンチャー企業を起点にしてハイテク産業が形成され,発展して,地域に根づいた状態を「地域エコシステム」と称している。
7　西澤他（2012）のこの指摘からも，政府や自治体，団体などの企図のみによって，産業クラスターを恣意的，あるいは，政策的に生成し，形成・発展させることが容易ではないことが理解できる。
8　研究対象は異なるが，島本（2014）で取り上げられているサンシャイン計画の軌跡からもまた，同様の主張を確認することができる。

ラスターが生成されることを読み解くことができる[18][22]。

3 ▶ 産業クラスターの形成・発展の論理

　産業クラスターの形成，および発展に関する研究を整理すると，産業クラスターの形成や発展に寄与する要因を大きく3つに分類することができる。それは，「組織や企業・人の存在」と「組織間関係・産業クラスターの構造」，そして，「閾値を越えるタイミングと経済波及効果」である。以下，それらの要因について個別に確認することとする。

　「組織や企業・人の存在」が，産業クラスターの形成・発展に寄与する要因のひとつとして分類される理由は，産業クラスターの形成および発展のプロセスにおいて，ある特定の主体（組織や団体，大学，人）が，能動的に産業クラスターに深くかかわることによって形成および発展を後押しする現象が確認できるためである。より具体的に確認できる対象としては，「リーディング企業」[11]や外部情報を持ち込む「ゲートキーパー」[10]，業務を外部から持ち込む「需要搬入企業」[11]，「ビジョナリスト」「インフルエンサー」[22]，「中核企業」[24][26]，構造的空隙を埋める「ブリッジ」[1]9などの表現で言い表されている。

　これらの主体の役割は，大きく2つに分類することができる。それは，産業クラスターの境界を越えた活動によって情報や具体的業務をクラスター内に持ち込むことで，産業クラスターの活性化をもたらす役割と，産業クラスター内部の形成・発展のマネジメントに寄与する役割である。これらの主体は，どちらか一方の役割を果たすに留まる場合もあれば，両方の役割を同時に果たす場合も確認される。例えば，ゲートキーパーと需要搬入企業，ブリッジの場合は，前者，すなわち集積外部との繋がりをもたらす役割を果たすことが多いのに対し，ビジョナリストとインフルエンサーは後者，すなわち集積内部のマネジメントを果たすことが多く見られる。また，リーディング企業や中核企業は，その両方の役割を果たしていることが多いのである。

9　ある対象（ネットワーク）とそれまで知らなかった別の対象（ネットワーク）を繋ぐ主体を指している。

「組織間関係・産業クラスターの構造」が，産業クラスターの形成・発展に寄与する2つ目の要因として分類される理由は，産業クラスターがそもそも複数の主体や組織，ステークホルダーの存在によって成立し，相互に深くかかわる社会的な営みであること，かつ，構造的な仕組みをとっているためである。産業クラスターが「地域イノベーション・システム（RIS）」[10]や「地域エコシステム」[18]と称されるゆえんである。産業クラスター内での分業と協業関係を表す「柔軟な専門化」[6]は，産業クラスター内の組織が相互に深くかかわる状態を表したひとつの言葉である。

　また，産業クラスターを形成する4つの要素を示したM.ポーターのダイヤモンド・モデル[7][11]では，産業クラスターの地理的な競争優位性のみならず，関連産業も含めた複数の企業間関係が表されており，産業クラスター内の組織間関係，および，その関係構造が如実に存在することを示している。さらに，産業クラスターの形成や発展のプロセスにおいて，地元の自治体や支援機関などが関与することも少なくなく[10][23][26]，彼らが産業クラスターのステークホルダー（利害関係者）となっている。

　「閾値を越えるタイミングと経済波及効果」が産業クラスターの形成・発展に関する3つ目の要因として分類される理由は，産業クラスター内では組織間の相互作用が継続していることで，あるタイミングが訪れると加速度的に大きな効果や経済性が発生するためである。この現象は「ある地点に，都市あるいは特定産業の集積がある程度起こると，その「集積の経済」という自己増殖的優位により，その集積の存在自体が立地空間にロックイン効果（凍結効果）を生み，そこから個別主体が逃れ難くなり，また新たな主体が引き寄せられる」[10](p.224)と説明されている。また，このようにして発生する経済的側面を「集積の経済性」と表現している研究も確認される[30]。

　このような自己増殖する，あるいは，集積に経済性をもたらすタイミ

10　同研究については，Cooke（1992）やCooke & Morgan（1993）を参照のこと。
11　同モデルは，研究対象となった世界10カ国において，それぞれ「国際競争力を持つ業界」を抽出し，分析した結果，共通する成功要因から導出した4つの要素から構成されるモデルである。4つの要素とは，「企業戦略および競争環境」「要素（投入資源）条件」「関連産業・支援産業」「需要条件」である。ダイヤモンド・モデルの詳細に関してはPorter（1998）の他にも，石倉他（2003）を参照のこと。

ング，すなわち，「閾値を越えるタイミング」という現象が注目されるのは珍しいことではない。例えば，複数企業間でイノベーションに取り組む「オープン・イノベーション」において，当初，オープン・イノベーションの推進に反対していた部署や担当者が推進姿勢を示すことになるきっかけとして重要なのは「初期の段階で小さくても成功体験を積み重ねる」ことである[12]。

これは，たとえ小さくとも，成功体験の蓄積が，次の活動の推進力に結び付くことを表している。このような現象は戦略論の議論において「ドライブ」[13]と表現されることもある[12]。閾値を越えて大きな経済的効果をもたらす「ドライブ」現象が，特に産業クラスターの内部で発生しやすい背景として，産業クラスターが知識創造の「場」として機能し，知の共創を創り出すSECIモデル[14]のスパイラルが働くためであると主張する研究も確認される[10][17][28]。

ただし，「ドライブ」現象は，自然発生的に起こるものではなく，また，いつ・どのタイミングで起こるのかはア・プリオリではないと言える。したがって，このタイミングをいかにして「つかむ」のかは，産業クラスターの形成・発展を考えるうえで，極めて重要な論点となる。

4 ▶ 産業クラスターの衰退・再生の論理

「ドライブ」現象により産業クラスターが形成・発展しても，そのドライブが自動的に継続するわけではないと見られる。「変化に対応し，

12　筆者が参画する株式会社ナインシグマ・ジャパンが主催するグローバル・オープン・イノベーション・フォーラムでのエピソードである。同フォーラムでは，毎回，国内外でオープン・イノベーションの取り組みに成功している企業のゲストがスピーカーとして招かれ，1時間程度の講演を聞いた後，企業の参加者らが5～6名でテーブルを囲んで講演のテーマについてディスカッションするものである。各テーブルには大学教員も加わり，われわれは，ディスカッション・リードする役割を担っている。

13　より具体的には，企業の「大きな資源蓄積が戦略構想をドライブする」（伊丹，2002：195）ため，それが戦略の差別化に繋がると主張されている。

14　このモデルは，暗黙知と形式知からなる知識創造のプロセス（知の相互変換作用）を示したもので，「共同化（socialization）」「表出化（externalization）」「連結化（combination）」「内面化（internalization）」のモードで知識創造がスパイラルされていくというモデルである。

常にその発展を画し，各種の働きかけを続けなければ，どんなに華々しい成果をあげたクラスターであっても衰退はまぬかれない」と指摘している研究も確認されるためである[10]（p.28）。

一方で，「一度衰退したクラスターが復活して成長軌道に乗ることも可能である」[10]ことも指摘されている。それでは，産業クラスターが衰退あるいは復活して再生をとげる場合には，何が作用しており，また，そのきっかけや要素にはどのようなものがあるのだろうか。

4.1 産業クラスターの低迷・衰退の論理

そこで，まず，産業クラスターが衰退および低迷する理由として，産業クラスターの外部要因と内部要因に分けて整理してみることとする。産業クラスターの衰退・低迷する外部要因として，まずあげられるのは，経済状況の悪化や産業そのものの低迷である。1985年から2012年の内閣府経済社会総合研究所の景気動向を示すコンポジット・インデックス（景気動向CI）の一致指数と，法人税収（国税庁）および景気の影響を受けやすい装置・計測機メーカーの業績の比較[15]が行われている研究からもこの点が確認されている[5]。同データの比較からは，確かに，景気動向と法人税収，および景気動向とその装置・計測器メーカーの企業業績との相関関係を確認することができる。

また，産業そのもののトレンドが大きく変化した，あるいは，海外勢の攻勢や代替品の出現によって，国内産業の市場規模が縮小したために，産業クラスターが衰退するという事例も少なくないのである。例えば，繊維問屋街や伝統工芸，洋食器などの産業クラスターを擁していた地域において，旧態依然の業務や事業の進め方に固執し，業態の変革ができないまま衰退していった事例は数多く見られる。いわゆる産業クラスターの「ゆでガエル現象」[16]とも言える。

しかし，確かに，成功を収めた企業がその後に没落するに至った「引

---

15 装置・計測器の導入は，企業にとっては設備投資となる。この設備投資の動向は，景気の動向に大きく影響されるためである。

16 戦略論の議論でしばしば引用される比喩である。ここでは，環境が徐々に変化しているにもかかわらず，その主体（加熱されている水につかっている蛙という比喩）が環境の変化への対応を怠り，気がついた時には，取り返しがつかない状態になっていること（蛙がゆで上がってしまうという比喩）を指している。

き金」が外部環境の変化であったとしても，企業が「失敗」に陥る理由は，組織の内部にあることも少なくない[27]。例えば，尾州地方の毛織物製品の産地が衰退した理由を追究している研究によると[11]，同事例では，確かに毛織物の需要が減少したり，毛糸相場が不安定であったりする外部環境の変化という要因は認められるものの，産業クラスターが外部環境への変化に対応するプロセスにおいては，産業クラスター内での過剰設備による供給過剰[17]が発生し，産業クラスター内部の関係構造が変化したことに衰退の理由があると説明している。

また，産業クラスターが衰退および低迷するその他の内部要因としては，場の牽引役となっていた中核企業や需要搬入企業，ゲートキーパーなどの中核的主体の業績が悪化した，あるいは，海外や他地域に拠点を移したことなどが確認される。特に，大企業が産業クラスターの中核となっている，いわゆる「企業城下町」型であった場合に多く観察される。「企業城下町」型産業クラスターの中核となっていた特定大企業の国際分業が進んだことで，産業クラスター自体が衰退の危機に直面することを指摘している研究がある[20][29]。

これらの研究では，そのような事態に陥った理由を「企業城下町における中小企業，工業集積の最も重大な構造問題は，長い間にわたって特定大企業に依存し，自立的な展開力などを考慮する必要もなく，一時期までは居心地のよい時代を過ごしてきたのであった」[20]（p.129）と主張し，それゆえ，依存してきた企業に「営業力・開発力の欠如」「技術・設備の制約」「偏った工業集積」という企業城下町の構造問題をもたらしたと指摘している。また，企業城下町に属する「域内中小企業は特定大企業の企業文化に依存し，他の完成品企業との取引を開拓する能力に大きく欠ける存在となった」[29]（p.209）と指摘する研究も確認されている[18]。

以上のように，外部環境の変化や組織内部の「ゆでガエル現象」，および，

17　産業クラスター内で過剰設備が行われ，過剰供給状態に陥っていた理由は，労働コストが増大し，また，労働力の確保が難しくなったために，機械設備を導入することによる生産性向上が個別企業の強いインセンティブになったこと，そして，農家が毛織物製造に新規参入することで，よりいっそうの供給過剰状態を招いたことなどが背景にある（伊丹他，1998：172-173）。

18　一方で，特定大企業に「依存」していた中小企業にとっての「言い分」もある。この点に関しては，水野（2015，pp.17-18）を参照のこと。

特定企業に「依存」する企業の存在が，産業クラスターの低迷や衰退を招いていることが理解できる。

4.2　産業クラスター再生の論理

　一度，低迷，あるいは，危機に瀕した産業クラスターが再生をとげる軌跡には，大きく2つのタイプが確認されている。それは，産業クラスターそのものが変貌をとげ，当初の産業とは類似する産業に転換することで再生していくタイプと，当初の産業クラスターの部分的な崩壊の傷跡はあるものの，その一部が再生をとげるタイプである。前者のより具体的な事例としては洋食器の加工（研磨）技術を得意として栄えた燕市が，そして，後者の事例としては企業城下町として繁栄した茨城県日立市の産業クラスター[19]があげられる。

　燕市が直面した環境の変化は，中国から洋食器などの輸入が拡大し，国内における洋食器などの研磨の需要が激減した[30](p.185)ことである。このような環境下で，燕市を中心とした産業クラスター内部の企業は，6つのタイプにわかれて生き残ってきたと指摘されている[30][20]。燕市を中心とした産業クラスターの環境への適応，すなわち，本章の文脈では「再生」プロセスにおいて重要なことは，クラスター内で完結していた産地構造が解体し，特定の企業間関係や製品内容に限定されない，極めて柔軟な企業間の取引関係を必要に応じて形成可能なクラスターへと変化したことである[30]。したがって，燕市の産業クラスターは，「研磨加工を中心に，特定加工専門化企業群の層の厚さから，産業集積内の一定の企業層が，層として国内機械・金属産業へ組み込まれ」[30](p.196)ることができるよう再編したことで，再生をとげたのである。

　日立市が直面した環境の変化は，同市の製造品出荷額と従業員数の推移から確認することができ，1991年をピークとして1995年まで落ち込

19　天野（2005）においても，アルプス電気の国際分業（工場の海外移転）に伴い，新潟県中越地域における1次・2次下請企業の一部が産業クラスター内で自立化し，（特に中堅企業群が中核となって）構造調整を進めながら再生を果たしたプロセスが記述されている。

20　それらは，国内向け自社ブランド洋食器メーカー，消費者向けハウスウェア卸売企業，業務用ハウスウェア卸売企業，高度生産技術広域受注企業（国内外の完成品メーカーからの製品や部品のOEM受注や特定加工受注），ニッチ市場向け独自製品開発企業，特定加工専門化広域受注企業（国内他地域・地元の完成品・部品メーカーからの特定加工）である。

みが続いている[11]。その理由は，日立市を中心とした産業クラスターの「中核として機能してきた日立製作所が，円高基調の定着や長期にわたる需要の不振といった経営環境の悪化に対応すべく，国内外の生産拠点や部品調達の見直しを進めた結果，集積内の中小企業への発注量を縮小してきた影響が大きい」[11]（p.226）とされている[21]。

したがって，日立市を中心とした産業クラスターに属する中小製造業にとっては，存立基盤そのものを揺るがすような事態に陥っている。確かに，特定大企業との取引が減少，もしくは途絶えた中小製造業の一部の企業は，経営の危機に直面している。その一方で，中小製造業の別の企業は，経営を自立化した企業行動が確認されている[8][26]。それらのことは，財団法人機械振興協会経済研究所が実施したアンケート調査[22]から窺い知ることができる。より具体的には，調査が実施された年と10年前の回答企業の取引を比較すると，受注企業数が拡大するとともに，受注額上位3位が売上に占める割合も低下しており，受注先を巡る取引にかかるリスクの分散化が確認されたのである[15]。

この調査を踏まえて，経営を自立化して産業クラスター内で再生した企業群の特徴（論文中では自立化することができた「ターニング・ポイント」）を3つあげている研究がある[25]。それらは，特定大企業が売上のほぼ100％を占めていた時期から，技術蓄積や特定大企業からの技術移転を組織に定着させる企業努力を継続していたこと，売上の大部分を特定大企業に依存していた時期においても，継続的に取引の開拓や業種の多様な事業展開の可能性を探っていたこと，自らも市場競争で生き残る技術を保有するために自己投資をしていたことである。これらの企業群の自助努力と培ってきた市場競争力を発揮したことが，日立市を中心とした産業クラスターの部分的再生に繋がっている。

以上のように，外部環境の変化に対して，産業クラスターそのものが変貌をとげて再生していくタイプであれ，部分的な崩壊の傷跡はあるものの一部が再生をとげるタイプであれ，共通していることは，産業クラ

21 　また，伊丹他（1998）では，この傾向は日立市に限らず，多くの企業城下町で指摘されていることであるとの補足をしている。

22 　同調査の詳細は，「国内中小製造業におけるネットワークの創発と取引多様化戦略」（機械工業経済研究報告書H20-5）で確認することができる[15]。

スター内部に「ゆでガエル現象」が発生していなかったこと，また，それぞれが産業クラスター外部との競争においても，市場競争力の淘汰圧に負けない事業を展開したことが根底にある。

5 ▶ 産業クラスターの政策支援の実態

本節では，これまでの産業クラスターのライフ・サイクルの議論を踏まえながら，産業クラスターの生成や，形成および発展，そして，低迷・衰退，あるいは，再生のそれぞれのステージでいかなる政策支援が行われてきたのか，そして，産業クラスター内部の企業やステークホルダーは政策に対していかなる選択や活動をしてきたのかを確認することとする。

5.1　生成期における政策支援

ある特定の地域に産業クラスターを生成するために行われる施策としては，新たな施設（インキュベーション施設や産学交流のためのプラザなど）の建設や工業団地の整備，企業・工場誘致のための支援があげられる。一般的には，自治体が有識者を集め，研究会や検討会を重ね，実施されることが多い。

これらの方策は，もともと地元に優れた先端的技術シーズが存在している場合と，まったく異なる新たな事業の誘致に乗り出している場合がある。いずれの場合でも，（優れた先端的技術シーズがある特定の地域に多数存在したとしても）それだけでは新産業形成初期に求められるプロダクト・イノベーション[9]を起こすことは簡単ではないのである[18]。

関西にあるインキュベーション施設を併設するコンベンション施設の場合，当時の内閣総理大臣の指定をうけ，官民共同出資により設立された第三セクターがその運営に当たっていたが，その担当者でさえも「この立地に拠点をつくることに対しても議論があった。こんな交通アクセスの悪いところにつくっても，（施設利用率を上げることは）難しいと最初から思っていた」と筆者に語ったほどである。産業クラスターを生成するために，「ハコモノ」先行型行政で行うことに対して，慎重に検

討すべきであることを示唆する一例である[23]。

　また，特区制度や地域振興および活性化に関する政策の公募に申請し，採択（あるいは認可）されることも，産業クラスターの生成のきっかけをつくる手段のひとつになる。ただし，これらの申請に対しては，審査段階で地域への経済的および社会的効果が見込めること，それらの計画が具体的かつ合理的に説明されていること，そして，計画の実現可能性が厳格に問われることから，産業クラスター生成期の手段としては実現可能性が低い手段である。

5.2　形成・発展期における政策支援

　ある特定地域の産業クラスターを形成・発展させるための政策的手段としては，特区や産業クラスターの政策，地域新生コンソーシアム研究開発事業などに採択され，その予算の支援を受けることがあげられる。様々な政策に採択されることで，当該地域が「産業クラスター」として政府や自治体から資源動員を正当化[21]されたことになり，対外的な知名度や認知度が向上し，ロックイン効果や「ドライブ」現象を生むきっかけとなることが期待されるためである。

　また，産業クラスター内の企業や大学，研究機関などが，産業クラスターに関連するテーマの補助金事業に採択されることもまた，政府や自治体によって資源動員が正当化[21]されたことを意味し，対外的なシグナリング効果として特区や産業クラスター政策などに採択されたのと類似の効果が期待される。

　以上のことから，産業クラスターが政府や自治体の政策の支援を受けることは，当該産業クラスターに対する公的機関の「お墨付き」を得ることを意味し，これがシグナリング効果となり，当該産業クラスターの知名度や認知度の向上，そして，ロックイン効果を生むことになる。したがって，これらの手段は，産業クラスターの形成・発展にとって，ひ

23　ただし，そのような立地であるからこそ，大企業は，整備された同地域一帯に関して，情報が漏れにくい（かつ，広い建設予定地が比較的安価で購入できる）ことを利点に感じ，研究所の建設の候補地として捉え，実際に進出する大企業も確認される。一方で，インキュベーションに入居する企業やそのような大企業との連携を見込んで同地域に移転した企業にとっては，「新産業創出を行う大規模民間研究施設は閉鎖的で何をしているのかわからない」「実際に通信情報研究を行っている研究所の技術は高度過ぎて地元（企業）に結び付かない」という声も聞かれる。

とつの「閾値を越えるタイミング」となりうることを表している。

産業クラスターにかかわるステークホルダーにおいても，この点を認識しているケースが少なくなく，公募案件に関する情報提供ルートを把握しているという逸話も耳にするほどである。

5.3 低迷・衰退期における政策支援

産業クラスターに関する政策は，産業振興政策と社会政策を明確にする必要があることを指摘している研究も確認される[14]。前者は，産業クラスター生成，および，形成・発展期を対象にした政策である。一方で，後者は，「衰退産業分野・地域問題解決の課題を担うものであるが，概して，それは成果を上げることが極めて困難である」[14](p.185)。

また，後者の社会政策に対する特定の条件をあらかじめ定めておき，迅速に行う必要があることを強調している。なぜなら，「比較優位を失った産業集積に関しては，中長期的にはそれを維持しようとし続けることは非合理的であるが，その産業集積が短期に崩壊することによって一時に多数の企業倒産，失業が発生しても従業員は職業や居住地を変えることは容易ではなく，社会的にも大きなコストとなるため」[14](p.185-186)である。

しかし，現実的に社会政策として明確な施策が行われてきたのかと言えば，「法律施行が後手にまわり，施策の迅速さという点で問題があった」[14](p.186) と強く批判している。

5.4 再生期における政策支援

産業クラスターの再生期に対する政策支援というよりも，産業クラスターの再生のプロセスそのものを支援すると解釈することができる政策の例として「地域産業集積活性化法」における「B集積」があげられる。

この政策は，従来の地場産業や伝統産業が新分野に展開することができるよう支援することを目的として，低迷している産業クラスターの転換を促している。「変化に対応し，常にその発展を画し，各種の働きかけを続けなければ，どんなに華々しい成果をあげたクラスターであっても，衰退はまぬかれない」[10](p.28) のである。そのような状況下では，産業クラスターの新たな展開を探るための政策支援は，産業クラスター

の再生プロセスを支えるひとつの手段となる。

6 ▶ 産業クラスターの政策支援の意義

　産業クラスター生成期であれ，形成・発展期であれ，低迷・衰退期，あるいは，再生期であれ，政府や自治体が産業クラスターの支援を行うことに対しては，産業振興政策の面からも社会政策の面からも一定の意義がある[14]ことは自明のことである。

　例えば，新たな産業クラスター生成に取り組むことによって，当該地域に新たな雇用を生むことや，政府や自治体による資源動員の正当化がシグナリング効果となりロックイン効果を生んで産業クラスターの発展を助長すること，従来の地場産業や伝統産業の再生を支援すること，産業クラスターが崩壊した際の企業の連鎖倒産や大量失業による短期的混乱を防ぐことなどは，産業クラスター政策として立案すべき必要な支援であるという側面は否めないのである。

　しかし，一方で，これらの政策による費用対効果がどの程度確認できるのか，そして，その後の産業クラスターにどのようなプラスの作用を与えたのか，を追跡する必要がある。このような問題認識の下，近年，政府や自治体は，政策実施期間終了後，有識者による評価委員会などを設けて，個別に政策評価を実施し，幅広く公表するようになっている[24]。

　さらに，そもそもそれらの政策支援が日本の産業振興において，本当に必要なのかという視点を有することも求められる。なぜなら，これまでの研究でも指摘されてきているように，補助金などの支援を受けても，商業的成功に結び付いていない場合も少なくないためである[13][26]。中小企業が第三者機関との共同研究開発を行った研究[13]では，公的な補助金を受けることと商業的成功の係数は負で有意であった，すなわち，（共同研究の議論ではあるものの）公的な補助金を受けても商業的成功をもたらしていないことを指摘している。

　また，（中小企業および大企業が外部資金を獲得してイノベーション

24　この点は，われわれ大学教員を始めとした研究者らが申請する科学技術研究費もまた同様である。

に取り組む議論の文脈ではあるものの）補助金の対象に採択されて研究を行った結果，実用化，すなわち，素材や部品，製品の開発は実現するものの，収益を見込める事業化の成功には結び付いていない傾向が高いという結果が得られている研究も確認される[26]。

このような状況を誘発した原因として，（事業化に成功すると返還義務が生じる場合があり）そもそも黒字化するインセンティブが働きにくいこと，申請案件が「しなければならない」ではなく「（余裕があれば・失敗するリスクをとらなくてもよいのなら）やってみたい」計画を立案することがあること，申請主体が「やってみたいこと」「やりたいこと」を推し進めるために実用化されたアウトプットが顧客ニーズからかけ離れていること（オーバースペックや高価格），などがあることが指摘されている[26]。

さらに，産業クラスター政策そのものについて厳しく言及している研究も確認される[22]。同研究では「現行の政策では，シリコンバレーなど成功したクラスターの事例分析から得た「成功要因」を特定し，日本に不足している「成功要因」を整備さえすれば成功する，という素朴な要素決定論が横行している。・・・（中略）・・・また，これらによって，クラスター形成によって不可欠な要素と思われる要素が，次々と政策として追加されていった。結果として「政策の膨張」が生じた」[22](p.333)と指摘している。

一方で，このような過剰政策を「閾値を越えるタイミング」と逆手に捉え，積極的に申請を行い，採択されるなかで産業クラスターの形成・発展に結び付けてきた「頼もしい」産業クラスター群が存在することも，また事実である。

7 ▶ おわりに

本章は，産業クラスターを分析の単位として，産業クラスターのライフ・サイクルを4つの段階（生成期，形成・発展期，低迷・衰退期，再生期）として捉え，それぞれのライフ・サイクルの段階における政策的支援の意義を確認している。

産業クラスターの生成期には，偶然と必然が交差することで産業クラスターが生成されること，それぞれのダイナミックな相互作用に着目する必要があることが確認される。産業クラスターの形成・発展期には，発展のドライブ現象を引き起こす3つの要因に着目している。それが，ゲートキーパーやインフルエンサーと称される主体などの「組織や企業，人の存在」と，産業クラスター内の主体間の関係やステークホルダー間の構造を表す「組織間関係・産業クラスター構造」，産業クラスター内にロックイン効果を生み出し経済的効果をもたらす「閾値を越えるタイミングと経済波及効果」である。

産業クラスターの低迷・衰退期には，産業クラスターの外部要因と内部要因が作用していること，また，産業クラスター内部にゆでガエル現象が引き起こされることも衰退の直接の原因となることが少なくないことを指摘している。産業クラスターの再生期には，産業クラスターそのものが業態変貌をとげて再生を果たす場合と，企業城下町型のように一部が自立して生き残る場合があることを確認している。

そして，産業クラスターのライフ・サイクルのそれぞれの段階における政策的意義を検討している。産業クラスターの生成期を支援することに対しては，産業クラスターの生成を定着させ，形成・発展に結び付けることは容易ではないことが改めて確認されている。産業クラスターの形成・発展期においては，政府や自治体に採択されることが，資源動員が公的に正当化[21]されたことを意味し，これがシグナリング効果となって，ロックイン効果に結び付いている。こうして，採択されたという事実が産業クラスターの形成・発展期における「閾値を越えるタイミング」となる場合があることを確認している。

産業クラスターの低迷・衰退期においては，短期間で崩壊することによる地元経済に与えるダメージが大きいため，社会政策として支援する必要があることが改めて確認されている。産業クラスターの再生期においては，政策が新事業創出や既存企業による新たな事業展開を促すきっかけとなることに繋がる可能性が残されていることを確認している。

しかし，一方で，産業クラスターを政策的に支援することについては，課題が発生することも少なくないのが現状である。それは，これらの政策的支援が商業的成功をもたらさない場合も少なくないこと，「やるべ

きこと」ではなく「やってみたいこと」を優先させてしまうことが少なくないこと，そもそも産業クラスターの議論が進められる段階で政策が膨張していること，などの課題が確認されている。ただし，このような政策的状況を逆手に捉えて，産業クラスターの形成・発展に結び付けてきた産業クラスター群が存在していることも同時に確認されている。

　以上から，本章の結論およびインプリケーションは3つ導出される。第1の結論およびインプリケーションとして，産業クラスターの生成期から形成・発展期に移行することに関する知見である。既存研究からも産業クラスターの生成期を乗り越え，形成・発展期に移行し，産業クラスターとして「定着」することは容易ではないことが確認されている。

　また，産業クラスターの形成・発展に寄与する要因のひとつである「閾値を越えるタイミング」の到来はア・プリオリではないと言える。したがって，産業クラスターを支える主体にとっては，やっかいな問題である。しかし，時には，政策をも「利用」して，積極的に「閾値を越えるタイミング」を「つかむ」自助努力・たくましさが求められる。ただし，政策に「依存」して，自らゆでガエル現象を引き起こすことがないよう心する必要もある。

　第2の結論およびインプリケーションとして，外部要因によって産業クラスターの低迷・衰退期を引き起こさないための知見である。産業のトレンド・ニーズの変化や経済状況の悪化によって，産業クラスターに対して負の影響を与えることは，ある一定程度は避けられないのである。しかし，それによってどれだけ産業クラスターの構造が脆弱になることを防ぎ，産業クラスターの頑健性を保つのかを考えるうえでは，いかに産業クラスター内での依存関係をつくらず，ゆでガエル現象に陥らないようにするのかが鍵となる。

　すなわち，いかに産業クラスターを「進化」させるのかが問われる。産業クラスターを進化させるためには，産業クラスターを構成する「個」が自立的かつ強靭であることが求められる。また，これらの市場価値の高い「個」が産業クラスター内で結び付くことで，単独で取り組むよりも極めて大きく，また，単独では得ることが極めて難しい効果を得る[26]ことができるようになる。

　この文脈においては，「やり抜く力」に関する研究[16]が参考になる。「や

り抜く力」を発揮するためには，どの集団に属するかが非常に重要なことであり，その集団において「やり抜く力」の強い文化をつくりだすことの重要性を指摘している[16]。すなわち，産業クラスターを構成する一員として，時には事業領域を転換させ，保有技術を展開し，新たな取引関係や経済活動に結び付ける独立性の高い強い一員であることが求められることを示している

　このような企業行動は，産業クラスター外部の「筋が良いステークホルダー」[26]との出会いや繋がりに結び付く可能性が高い。なぜなら，お互いの能力や存在価値を高め合うことができるwin-winの関係を構築すること，および，ステークホルダーが求める高い要望を満たしてくれることは，新たなステークホルダーにとっても魅力的な機会として認識されるためである。

　第3の結論およびインプリケーションとして，政策に関する総論と各論に関する知見である。産業クラスターのライフ・サイクルの各ステージにおける政策の実態と意義を検証するプロセス（第5節と第6節の記述）を通して，政策的意図は妥当であると判断できるものの，具体的施策に落とし込み，実行する段階になると，費用対効果や経済成長を考慮した場合の成果を確認できていないことも少なくないと言える。

　このことは，政策の総論としては妥当であると判断されるものの，個別の各論レベルでの成果が出ていないことを示している。すなわち，政策の戦略立案そのものが良くとも，政策の戦術が誤っている可能性があることを意味している。政策の戦術レベルでの議論，より具体的には，いかなる政策の戦術が日本経済にとって，そして，日本の国際競争力を高めるのに有効であるのかの議論が極めて重要であることを示している。

〈参考文献〉

[1] Burt, R.(1992) *Structure Holes: The Social Structure of Competition*, Cambridge, MA: Harvard University Press.
[2] Cooke, P.(1992) "Regional Innovation System: Competitive Regulation in the New Europe," *Geoforum*, Vol.23, No.3, pp.365-382.
[3] Cooke, P., & Morgan, K.(1993) "The Network Paradigm: New Departures in

Corporate and Regional Development", *Environment Planning D: Society and Space*, Vol.11, No.5, pp.543-564.
[4] Krugman, P.（1991）*Geography and Trade*, Boston, MA: MIT Press.
[5] Mizuno. Y.（2013）"Make provision for Future Growth under Adverse Circumstances," *Annals of Business Administrative Science*, Global Business Research Centre, No.12, pp.311-326.
[6] Piore, M., & Sable, C.（1984）*The Second Industrial Divide*, New York, NY: Basic Book.
[7] Porter, M.（1998）"Cluster and Competition: New Agendas for Companies, Government and Institutions," in id., *On Competition*, Boston, MA : Harvard Business Press.
[8] 天野倫文（2005）『東アジアの国際分業と日本企業：新たな企業成長への展望』有斐閣。
[9] アッターバック，大津正和訳・小川進監訳（1998）『イノベーション・ダイナミクス』有斐閣。
[10] 石倉洋子・藤田昌久・前田昇・金井一頼・山﨑朗（2003）『日本の産業クラスター戦略－地域における競争優位の確立』有斐閣。
[11] 伊丹敬之・松島茂・橘川武郎編（1998）『産業集積の本質　柔軟な分業・集積の条件』有斐閣。
[12] 伊丹敬之（2012）『経営戦略の論理（第4版）』日本経済新聞出版社。
[13] 岡室博之（2009）『技術連携の経済分析－中小企業の企業間共同研究開発と産学官連携』同友館。
[14] 清成忠男・橋本寿朗編（1997）『日本型産業集積の未来像』日本経済新聞社。
[15] 財団法人機械振興協会経済研究所（2009）「国内中小製造業におけるネットワークの創発と取引多様化戦略」財団法人機械振興協会経済研究所。
[16] ダックワース，神崎朗子訳（2016）『やり抜く力－人生のあらゆる成功を決める「究極の能力」を身につける』ダイヤモンド社。
[17] 野中郁次郎・紺野登（2003）『知識創造の方法』東洋経済新報社。
[18] 西澤昭夫・忽那憲治・樋原伸彦・佐分利応貴・若林直樹・金井一頼（2012）『ハイテク産業を創る地域エコシステム』有斐閣。
[19] 島本実（2014）『計画の創発－サンシャイン計画と太陽光発電』有斐閣。
[20] 関満博（1997）『空洞化を越えて－技術と地域の再構築』中公新書。
[21] 武石彰・青島矢一・軽部大（2012）『イノベーションの理由　資源動員の創造的正当化』有斐閣。
[22] 福嶋路（2013）『ハイテク・クラスターの形成とローカル・イニシアティブ：テキサス州オースティンの奇跡はなぜ起こったのか』東北大学出版会。
[23] 松原宏（2013）『日本のクラスター政策と地域イノベーション』東京大学出版会。
[24] 水野由香里（2005）「場のメカニズムの変化をもたらした中核企業の役割」『日本経営学会誌』日本経営学会，第13号，pp.36-47。
[25] 水野由香里（2009）「企業城下町中小製造業における取引拡大の論理的解釈（試論）－

ネットワーク理論からみた取引拡大の意味とは－」『西武文理大学サービス経営学部研究紀要』西武文理大学サービス経営学部，第14号，pp.43-54。
[26] 水野由香里（2015）『小規模組織の特性を活かすイノベーションのマネジメント』碩学舎。
[27] 水野由香里（2016）「"成功"という名の失敗－"成功"企業の意思決定はどこで間違ったのか？－」『経営論叢』国士舘大学経営学会，第6巻，第1号，pp.87-128。
[28] 山﨑朗編（2002）『クラスター戦略』有斐閣。
[29] 渡辺幸男（1997）『日本機械工業の社会的分業構造―階層構造・産業集積からの下請制把握』有斐閣。
[30] 渡辺幸男（2012）『現代日本の産業集積研究－実態調査研究と論理的含意』慶應義塾大学出版会。

あとがき

　ここに10人の国内外の研究者の執筆による『産業クラスター戦略による地域創造の新潮流』(New Trends of Local Creativity by the Industry Cluster Strategy) と題した書籍を出版することができた。この書籍は，産業クラスター，および産業集積を研究テーマのひとつとする日本と中国の研究者による研究成果である。

　10人の執筆者は，日本人研究者と中国人研究者，欧米または日本への留学経験のある研究者，日本在住研究者と海外在住研究者，あるいはアカデミックの世界で継続して活躍している研究者と実業界での実務経験を活かしてアカデミックの世界に転任した研究者，大学所属の研究者と大学以外の研究機関所属の研究者，それぞれのバックグラウンドを持った各研究者の視点からの考察である。

　したがって，本書は，これまでの産業クラスター関係の書籍と比べると，よりインディビジュアルな研究書としての位置付けが高まった書籍であると自負している。

　また，本書は，複数の研究論文を産業クラスター戦略 (industrial cluster strategy) という視点を縦串にして，各著者の独自の視点の下，現地調査に基づいて収集した特異な事例 (case study) の下，それぞれ独立した研究論文を横串であるひとつの章として全体を構成した研究書である。したがって，読者の方の興味や問題意識によって，興味ある章へ飛び越えて，あるいは章を戻って読めるような内容となっている。

　第1章（税所哲郎）は，「カンボジアのプノンペン経済特区における産業集積の現状と投資環境からの課題」として，後発開発途上国 (LDCs: least developed countries) のひとつであり，東南アジア諸国連合 (ASEAN: Association of South-East Asian Nations) の一員でもあるカンボジアにおける産業クラスターへの取り組みを論じたものである。

　カンボジアの事例では，伝統的な農業中心の産業構造からの脱却を目指して，首都プノンペンにおいて日系企業が推進しているプノンペン経

済特区による産業クラスター戦略の考察である。

　第2章（税所哲郎）は，「ミャンマーのミャンマーICTパークにおける産業集積の実態と課題」として，同じくLDCsのひとつであり，ASEANの一員でもあるミャンマーにおけるIT分野の産業クラスターへの取り組みを論じたものである。
　ミャンマーの事例では，労働集約的な産業構造からの脱却を目指して，前首都であるヤンゴン郊外で展開されるIT産業分野におけるミャンマーICTパークによる産業クラスター戦略の考察である。

　第3章（税所哲郎）は，「タイにおける物流システムを利用した産業集積の連携によるイノベーションの創出」として，伝統的な農業中心の産業構造から工業やサービス業を中心とする社会構造に変化をとげており，ASEANの一員でもあるタイにおける産業クラスターへの取り組みを論じたものである。
　タイの事例では，自国内のすべての賃金体系が全国一律であるということから，自国の産業集積とともに近隣国との国境沿いに労働集約的な業種による産業集積を設置，それらの産業集積を連携（低賃金を活用する労働集約的な工程作業）させた産業クラスター戦略の考察である。

　第4章（佐藤進）は，「ベトナムにおけるソフトウェア分野の産業集積の現状と課題」として，近年，LDCsから脱却し，世界銀行とアジア開発銀行から中所得国（MICs：middle income countries）としての認定を受けており，ASEANの一員でもあるベトナムにおけるIT分野の産業クラスターへの取り組みを論じたものである。
　ベトナムの事例では，中央政府および地方政府が地域の産業政策として，ITを積極的に推進しており，最近，その発展が著しいIT産業分野における産業クラスター戦略の考察である。

　第5章（孟勇・張強）は，「中国・上海における科学技術型中小企業の発明特許転化の現状と課題」として，産業クラスター内で行われる科学技術成果転化に注目し，上海地域における科学技術型中小企業の科学

技術成果転化の制度背景，現況と主な課題を俯瞰，科学技術型中小企業が発明特許の成果を転化するプロセスと経路モデルを論じている。

また，その典型的な事例から，技術型中小企業の科学技術成果転化を促進するための戦略と政策意思決定についての考察である。

第6章（張強・孟勇）は「中国におけるインキュベータの経営革新の現状と課題」として，中国の産業集積において様々なネットワークを生み出すインキュベータの発展と経営革新に焦点を当て，その歴史的経緯を俯瞰し，諸現象の背後に潜む戦略的・制度的論理を論じている。

中国のインキュベータ発展における政治・政策背景を紹介して，その段階区分に関する諸学説の主張をまとめたうえで，制度環境の変化が激しい「新時期」において，インキュベータの経営革新の特徴と傾向性を持ち合わせた産業クラスター戦略の考察である。

第7章（葛永盛・税所哲郎）は，「中国（上海）自由貿易試験区における産業集積の現状と改革推進からの課題」として，中国の産業政策の中で国家戦略の一環として，グローバルを視野にした経済・貿易の発展状況に応じて，より積極的な開放戦略を実施することを目指した産業クラスターへの取り組みを論じている。

従来の税制優遇や補助金提供といった政策を実施して外資系企業を誘致するのではなく，開放型経済体制を構築し，貿易と投資の利便性を促進，新しい制度設計の下に新しい産業集積を形成する産業クラスター戦略の考察である。

第8章（近藤信一）は，「日本におけるスマートシティ導入による新しい産業集積の形成と地域産業の活性化」として，わが国におけるスマートシティ導入による地域産業の活性化と雇用拡大を目指した新しい産業クラスターへの取り組みを論じたものである。

わが国では，スマートシティ導入による地域産業の活性化が推進されており，近年，その発展が著しいスマートシティ分野の推進による産業クラスター戦略の考察である。

第9章（今井健一）は,「日本におけるグリーンテクノロジーの集積に向けた自治体の取り組み」として,わが国の自治体における環境エネルギー関連技術であるグリーンテクノロジーによる新しい産業クラスターへの取り組みを論じたものである。
　わが国におけるエコシティや環境産業クラスターの事例を通して,その研究開発と国内外普及の視点からのグリーンテクノロジー分野の推進による産業クラスター戦略の考察である。

　第10章（高橋賢）は,「フランス・ブルゴーニュ州におけるイノベーション創出政策と産業クラスター政策の現状」として,産業クラスター政策の推進が省庁縦割り型ではなく,国をあげての省庁横断型の政策であるフランスにおける産業クラスターへの取り組みを論じたものである。
　フランスでのイノベーション創出の取り組みとして,ブルゴーニュ州の競争力拠点であるVITAGORAの活動を取り上げた産業クラスター戦略の考察である。

　第11章（稲垣京輔）では,「イタリア・ミランドラ地域のバイオメディカル・バレーにおける起業家輩出と企業間ガバナンス」として,従来の産業集積とは異なるモデルとして提示の集積プロセスを明らかにし,イタリアにおける産業クラスターへの取り組みを論じたものである。
　イタリアの医療機器部門における中小企業の創業と企業間関係を中心にして,過去に蓄積されてきた研究分野を概観しての産業クラスター戦略の考察である。

　第12章（水野由香里）では,「産業クラスターのライフ・サイクルと政策的支援の意義」として,これまで事例分析で考察してきた個別具体的なミクロの分析から,産業クラスターを分析の単位として捉えて,インプリケーションであるマクロ的な視点での産業クラスターへの取り組みを論じたものである。
　また,その際,産業クラスターを「ライフ・サイクルの論理」と「政策的に支援することの意義」の2つの観点から捉え直すことによる産業クラスター戦略の考察である。

また，本書は，マイケル・ポーターが提示した産業クラスター戦略の概念に基づいて，マクロ的なプロセスやイノベーションの解明をキーワードにして，企業間連携，地域間連携，産学官連携，インキュベータ，人材育成，技術移転という観点から構成されている。ただし，産業クラスター戦略に基づくプロセスやイノベーションの解明をキーワードとしているが，本書で取り扱う研究領域や対象地域の内容が幅広いため，紙面の関係上，ミクロ的な産業クラスターを構成する企業や大学，研究機関，行政機関などの個別組織間関係やネットワーク組織の内容などを取り上げて深く考察することはできなかった。

　したがって，読者の方々の専門領域から見ると，考察が尽くせなかったり，議論が拡散したりして，雑駁かつ稚拙な記述との評価をいただくことになるかもしれない。しかし，本書の内容が，この分野の研究者や専門家および実務家に対して，少しでも何らかのヒントや示唆を供することができれば筆者の望外の幸いである。

　今回は，取り上げなかった研究領域からの考察についても，それらの内容とともにプロセスやイノベーションの創出との関係を明確にしたうえで，その意義と影響・効果を今後の研究課題としていきたい。もちろん，本書の記載内容についての最終責任は，各筆者が負うことは言うまでもない。

　加えて，現地調査の際には，調査先国家の中央政府や地方政府，現地の日本国大使館，各産業集積・産業クラスターの管理委員会，現地の外資系（日系含む）企業や現地のローカル企業を始め，国際機関 日本アセアンセンター（ASEAN-JAPAN CENTRE），わが国の経済産業省，国土交通省，文部科学省，会計検査院，日本貿易振興機構（JETRO），国際協力事業団（JICA），および神奈川県，川崎市，川崎商工会議所，公益財団法人川崎市産業振興財団，公益財団法人神奈川産業振興センター，公益財団法人横浜企業経営支援財団（IDEC）など，様々な組織の責任者や担当者の方々には，執筆に必要な資料を提供して頂いた他，インタビューや電子メールでの問い合わせなどにも細かく対応してもらった。快く対応していただいたことに対して，お礼を申し上げたい。

最後に，本書は，公益財団法人産業構造調査研究支援機構・平成28年度産業構造調査研究事業助成金「産業集積・産業クラスターの実態およびその変化が産業構造や産業政策に与える影響に関する研究」の支援を受けて行った研究成果の公開である。

　また，本書の出版に際しては，出版状況が厳しいなかで出版を快くお引き受けいただくとともに，編集を担当していただいた株式会社白桃書房の大矢栄一郎代表取締役社長にはひとかたならぬお世話になった。この場を借りて，お礼を申し上げたい。

2017年2月9日
世田谷キャンパスの研究室にて
編著者　税所哲郎

■執筆者紹介

税所　哲郎（さいしょ　てつろう）
まえがき・第1章・第2章・第3章・あとがき

　編著者欄参照。

佐藤　進（さとう　すすむ）　第4章

　日本貿易振興機構（ジェトロ）ハノイ事務所所員，修士（法学）愛知大学。愛知大学大学院法学研究科修士課程修了。2006年より現職。主に調査・事業を担当。共著（1998）『アジアの地方制度』東京大学出版会，共著（2012）『ベトナム経済の基礎知識』ジェトロなど。

孟　勇（もう　ゆう）　第5章・第6章

　上海工程技術大学管理学院副院長・準教授（中国上海），博士（経済学）専修大学。1992年日本留学，2006年専修大学大学院経済学研究科博士後期課程修了。2007年中国上海・復旦大学ポストドクターを経て，2009年より現職。単著（2007）『日本企業の組織行動研究』専修大学出版局，単著（2009）「上海都市再生と文化・商業集積の形成－上海租界から「上海新天地」へ」『川崎都市白書（第2版）』都市政策研究センター，単著（2010）「"人為為人"思想の制度的実践」『上海管理科学』上海管理科学学会，共著（2009）「北京・上海のハイテク産業クラスターの現状と課題」『専修大学社会科学研究所月報』専修大学，共著（2012）「人本主義視角からのコーポレート・ガバナンス制度」『経済管理』中国社会科学院，など。

張　強（ちょう　きょう）　第5章・第6章

　上海工程技術大学講師（中国上海），博士（マネジメント）筑波大学。2014年筑波大学大学院システム情報工学研究科博士後期課程修了。2014年より現職。単著（2014）"Institutional embeddedness renewal or overembeddedness: The case of business groups in China", *Asia-Pacific Journal of Business Administration*, Vol.6,

Iss.2, pp.148-167. など。

葛　永盛（かつ　えいせい）　第7章

　華東理工大学商学院副教授（中国上海），博士（総合政策）中央大学。中央大学大学院総合政策研究科博士後期課程修了。華東理工大学財務処副処長兼務。1995年北京工商大学卒業，同年中国建設銀行入社，1999年日本留学，2007年博士号取得，同年より現職。共著（2014）『日中オフショアビジネスの展開』同友館，共著（2009）『中国における企業と市場のダイナミクス』中央大学出版部など。

近藤　信一（こんどう　しんいち）　第8章

　岩手県立大学総合政策学部講師，修士（国際関係学）立命館大学。早稲田大学大学院アジア太平洋研究科博士後期課程単位修得満期退学。國學院大学経済学部，法政大学大学院政策創造研究科，福井県立大学大学院経済・経営学研究科兼任講師，2001年NEC総研，2004年機械振興協会経済研究所を経て，2013年より現職。共著（2014）『日中オフショアビジネスの展開』同友館など。

今井　健一（いまい　けんいち）　第9章

　公益財団法人アジア成長研究所主席研究員，博士（経済学）コロラド大学。米国コロラド大学ボルダー校博士課程修了。九州大学大学院経済学府客員教授兼務。1977年国際協力事業団（現国際協力機構），2001年地球環境戦略研究機関などを経て，2014年より現職。主な研究分野は，グリーンテクノロジー，インド地方農村部電化，自治体排出権取引制度。共著（2004）『図解　スーパーゼミナール環境学　第2版』東洋経済新報社，共著（2003）『環境再生と情報技術：地球新時代の技法』東洋経済新報社など。

高橋　賢（たかはし　まさる）　第10章

　横浜国立大学大学院国際社会科学研究院教授，博士（商学）一橋大学。一橋大学大学院商学研究科博士後期課程単位修得満期退学。千葉大学講師，助教授，横浜国

立大学助教授，准教授を経て，2011年より現職。単著（2008）『直接原価計算論発達史』中央経済社，共編著（2013）『管理会計の変革』中央経済社，共編著（2014）『地域再生のための経営と会計：産業クラスターの可能性』中央経済社など。

稲垣　京輔（いながき　きょうすけ）　第11章

　法政大学経営学部教授，博士（経済学）東北大学。東北大学大学院経済学研究科博士課程修了。1995年イタリア政府給費留学生としてボローニャ大学経営学研究科大学院留学。尚美学園大学総合政策学部専任講師，横浜市立大学経済研究所助教授，同大学国際総合科学部准教授を経て，2009年より現職。単著（2003）『イタリアの起業家ネットワーク：産業集積プロセスとしてのスピンオフの連鎖』白桃書房など。

水野　由香里（みずの　ゆかり）　第12章

　国士舘大学経営学部准教授，修士（経営学）一橋大学。一橋大学商学研究科博士後期課程単位修得満期退学。西武文理大学を経て，2016年より現職。単著（2005）「場のメカニズムの変化をもたらした中核企業の役割」『日本経営学会誌』（平成17年度日本経営学会学会賞受賞），単著（2013）「組織のライフステージをたどる組織の成功要因」『赤門マネジメントレビュー』，単著（2015）『小規模組織の特性を活かすイノベーションのマネジメント』碩学舎（碩学叢書）など。

■編著者紹介

税所　哲郎（さいしょ　てつろう）

　国士舘大学経営学部教授。博士（工学）中央大学。1986年中央大学経済学部卒業，同年日興證券（現SMBC日興証券）入社。同社IT部門・国際部門・アセットマネジメント部門などを経て，2004年関東学院大学経済学部助教授・准教授，2009年同教授，2010年群馬大学社会情報学部教授，2016年より現職。その間，2002年中央大学大学院理工学研究科博士後期課程修了。

【専門分野】
　経営情報，経営戦略，情報システム，情報セキュリティ

【主要著書】
　単著（2016）『マッチング・ビジネスが変える企業戦略−情報化社会がもたらす企業境界の変化−』白桃書房〈日本生産管理学会・第18回（2016年度）学会賞受賞〉，単著（2014）『中国とベトナムのイノベーション・システム−産業クラスターによるイノベーション創出戦略−【第2版】』白桃書房，単著（2012）『現代組織の情報セキュリティ・マネジメント−その戦略と導入・策定・運用−』白桃書房，単著（2009）『現代企業の情報戦略と企業変容』白桃書房，共編著（2013）*CORPORATE STRATEGY FOR DRAMATIC PRODUCTIVITY SURGE*, World Scientific Publishing Company，共著（2014）『最新ITを活用する経営情報論』テンブックス，共著（2009）『日本と中国の現代企業経営』八千代出版，共著（2008）*CREATIVE MARKETING FOR NEW PRODUCT AND NEW BUSINESS DEVELOPMENT*, World Scientific Publishing Company.

【主要所属学会・研究会・その他】
　日本経営学会，日本情報経営学会，組織学会，日本セキュリティ・マネジメント学会，戦略研究学会，アジア経営学会，工業経営研究学会，日本生産管理学会，日本経営システム学会，地域デザイン学会，情報通信技術研究会，アジア物流研究会など。
　日本学術会議「学術振興の観点から国立大学の教育研究と国による支援のあり方を考える検討委員会」，および九州ICT教育支援協議会，九州半導体イノベーション協議会，全国地域情報化推進協会，デジタルコンテンツ協会，ベトナム協会など。

■ 産業クラスター戦略による地域創造の新潮流

■ 発行日──2017年2月28日　初版発行　　　　　〈検印省略〉
■ 編著者──税所哲郎
■ 発行者──大矢栄一郎
■ 発行所──株式会社　白桃書房
　　　　〒101-0021　東京都千代田区外神田5-1-15
　　　　☎03-3836-4781　📠03-3836-9370　振替00100-4-20192
　　　　http://www.hakutou.co.jp/

■ 印刷・製本──藤原印刷

　　　ⒸTetsuro Saisho 2017 Printed in Japan　ISBN 978-4-561-26689-1 C3034

本書のコピー，スキャン，デジタル化等の無断複製は著作権法上での例外を除き禁じられています。本書を代行業者等の第三者に依頼してスキャンやデジタル化することは，たとえ個人や家庭内の利用であっても著作権法上認められておりません。

JCOPY　〈㈳出版者著作権管理機構　委託出版物〉
本書の無断複写は著作権法上の例外を除き禁じられています。複写される場合は，そのつど事前に，㈳出版者著作権管理機構（電話 03-3513-6969，FAX 03-3513-6979，e-mail：info@jcopy.or.jp）の許諾を得てください。

落丁本・乱丁本はおとりかえいたします。

好 評 書

税所哲郎【著】
マッチング・ビジネスが変える企業戦略 本体 3,000 円
　―情報化社会がもたらす企業境界の変化

税所哲郎【著】
中国とベトナムのイノベーション・システム[第2版] 本体 3,300 円
　―産業クラスターによるイノベーション創出戦略

税所哲郎【著】
現代組織の情報セキュリティ・マネジメント 本体 3,300 円
　―その戦略と導入・策定・運用

稲垣京輔【著】
イタリアの起業家ネットワーク 本体 3,600 円
　―産業集積プロセスとしてのスピンオフの連鎖

中村裕一郎【著】
アライアンス・イノベーション 本体 3,500 円
　―大企業とベンチャー企業の提携：理論と実際

藤原綾乃【著】
技術流出の構図 本体 3,500 円
　―エンジニアたちは世界へとどう動いたか

氏家　豊【著】
イノベーション・ドライバーズ 本体 3,000 円
　―IoT時代をリードする競争力構築の方法

黒田秀雄【編著】
わかりやすい現地に寄り添うアジアビジネスの教科書 本体 2,500 円
　―市場の特徴から「BOPビジネス」の可能性まで

東京　**白桃書房**　神田

本広告の価格は本体価格です。別途消費税が加算されます。